法学案例教学系列
【第二版】

民事诉讼法案例与法条教程

丁兆增　林艺容　编著

撰稿人：

丁兆增　林艺容　林文涛

前　言

民事诉讼法在我国法律体系中具有重要地位，也是历来高校法律教学和法律资格考试的重点和难点。为培养教育学习者对法律条文的理解能力、分析法律问题的具体能力和解决法律适用问题的应用能力，本书编著者在认真调查研究现有案例教材、法律职业资格考试辅导资料利弊得失的基础上，汲取各方面意见和建议，以新颖的体例方式，对民事诉讼法重点知识进行深入浅出解读，以期对高校学生、法律职业资格考试人员、社会法律工作者具有一定的参考和启发价值。

本书作者的具体分工如下：福建师范大学法学院诉讼法学专业硕士生导师丁兆增副教授、福建师范大学法学院林艺容讲师负责全书的统筹与修改；丁兆增、林艺容、福建师范大学法学院2018级法律硕士林文涛共同参与本书撰写。本书各篇章力争将理论与实务相结合，各专题讲解严格按照经典案例、编著者点评、知识结构回忆、真题链接、综合案例分析的体例方式编排。全书有以下几个特点：一是编排新颖，力求科学，使读者易于学习和理解；二是知行合一，通过对典型案例的深入解读和点评，提高读者应用适用法律解决问题能力的培养；三是注重实用，梳理了法律职业资格考试最新真题，给读者以充分的启发思考和自检自测。

由于水平所限，不足和疏漏在所难免，真诚期待读者朋友的批评指正。

本书编著者
2019年7月

目 录

专题一 民事诉讼法总论 ··· 1
 第一讲 民事诉讼基本原则和基本制度 ··············· 1
 第二讲 主管与管辖 ··· 18
 第三讲 当事人与诉讼代理人 ······························ 42
 第四讲 证据 ··· 69
 第五讲 诉讼保障制度 ··· 100

专题二 民事诉讼法分论 ··· 120
 第一讲 一审程序 ··· 120
 第二讲 二审程序 ··· 144
 第三讲 审判监督程序 ··· 156
 第四讲 非诉讼程序 ··· 170
 第五讲 执行程序 ··· 190
 第六讲 涉外诉讼程序 ··· 207

专题一　民事诉讼法总论

第一讲　民事诉讼基本原则和基本制度

【案情】被誉为网络侵权第一案的王菲、张乐奕案

王菲与死者姜岩系夫妻关系,双方于 2006 年 2 月 22 日登记结婚。2007 年 12 月 29 日晚,姜岩从自己居住的楼房的 24 层跳楼自杀死亡。姜岩生前在网络上注册了名为"北飞的候鸟"的个人博客,以日记形式记录了因丈夫有第三者而受到极大伤害以致绝望的事实,对丈夫的不忠及冷漠进行了控诉,并对此类社会现象表达了无奈。姜岩的日记中显示出了丈夫王菲的姓名、工作单位、地址等信息。

张乐奕系姜岩的大学同学。得知姜岩死亡后,张乐奕于 2008 年 1 月 11 日注册了非经营性网站,名称与姜岩博客的名称相同,即"北飞的候鸟"(网址:http://orionchris.cn/)。在该网站首页,张乐奕介绍该网站是"祭奠姜岩和为姜岩讨回公道的地方"。张乐奕、姜岩的亲属及朋友先后在该网站上发表纪念姜岩的文章。张乐奕还将该网站与天涯网、新浪网进行了链接。张乐奕在管理网站的过程中,曾经删除了部分网友的留言,并在网站上留言,倡导网友"不要在这里发报复性的贴、任何人的通信方式、家庭住址,网络上有太多的地方可以搜索到,不要再让他们出现在这里"。

2008年3月11日,王菲委托北京市方圆公证处对从互联网中下载的"北飞的候鸟"网站、大旗网和天涯网三个网站中与本案相关的网页进行了证据保全,花费公证费2050元。

王菲诉称,"北飞的候鸟"网站上刊登的《哀莫大于心死》《静静的》《心上的月光》《青春透明如醇酒,可饮可尽可别离》等文章中披露了其"婚外情"以及姓名、工作单位、住址等信息,并包含有侮辱和诽谤的内容,侵犯了其隐私权和名誉权,请求法院判令张乐奕立即停止侵害、删除"北飞的候鸟"网站上有关侵权信息,并在"北飞的候鸟"网站上为其恢复名誉,消除影响,赔礼道歉,赔偿工资损失3.5万元,精神损害抚慰金2万元,支付2050元公证费用的1/3。

张乐奕辩称,"北飞的候鸟"网站发表的相关文章对事件经过的陈述符合事实,对相关事件及人物的评价符合公序良俗,因此,王菲诉其侵害名誉权、隐私权的主张不成立。请求法院判决驳回王菲的全部诉讼请求。在本案的审理中,王菲承认与东某确实曾有"婚外情"。综上,法院判决如下:"一、被告张乐奕于本判决生效后七日内停止对原告王菲的侵害行为,删除刊登在'北飞的候鸟'网站(http://orionchris.cn/)上的《哀莫大于心死》《静静的》《心上的月光》三篇文章及原告王菲与案外人东某的合影照片。二、被告张乐奕于本判决生效后七日内在'北飞的候鸟'网站首页上刊登向原告王菲的道歉函,刊登天数不得少于十天,道歉函的内容由本院核定;否则本院将本案判决书主要内容刊登于其他媒体上,费用由被告张乐奕承担。三、被告张乐奕于本判决生效后七日内赔偿原告王菲精神损害抚慰金五千元。四、被告张乐奕于本判决生效后七日内赔偿原告王菲公证费用六百八十四元。"①

点评:王菲、张乐奕在法庭上唇枪舌剑,正是辩论原则在司法实践中的体现,当事人有权就案件事实和争议问题,各自陈述自己的主张和根据,互相进行反驳和答辩,以维护自己的合法权益。辩论不仅是庭审的核心环节,而且还展现了法律无穷的魅力。

---

① 参见 http://www.110.com/ziliao/article-135597.html。

知识结构回忆

一、民事诉讼法基本原则

根据我国《民事诉讼法》的规定,这里仅分析其中几项民事诉讼基本原则。

1. 当事人诉讼权利平等原则

《民事诉讼法》第8条规定:"民事诉讼当事人有平等的诉讼权利。人民法院审理民事案件,应当保障和便利当事人行使诉讼权利,对当事人在适用法律上一律平等。"

[提示:诉讼权利同等、诉讼义务对等≠诉讼权利义务相同。]

[例1] 在民事诉讼中,当事人诉讼权利平等包括以下哪些内容?(　　　)

A.当事人享有平等的诉讼权利

B.人民法院保障和便利当事人行使诉讼权利

C.对当事人在适用法律上一律平等

D.当事人诉讼权利绝对平等

2. 同等原则和对等原则

《民事诉讼法》第5条规定:"外国人、无国籍人、外国企业和组织在人民法院起诉、应诉,同中华人民共和国公民、法人和其他组织有同等的诉讼权利义务。外国法院对中华人民共和国公民、法人和其他组织的民事诉讼权利加以限制的,中华人民共和国人民法院对该国公民、企业和组织的民事诉讼权利,实行对等原则。"

[提示:注意区分平等原则、同等原则和对等原则的区别。平等原则主要强调当事人双方权利义务的平等。而同等原则和对等原则是指在涉外民事诉讼中,我国法院在诉讼中给予外国当事人国民待遇,而且可以根据外国法院对我国公民诉讼权利的限制而对其国民进行相应的限制。]

3. 法院调解原则

《民事诉讼法》第9条规定:"人民法院审理民事案件,应当根据自愿和合法的原则进行调解;调解不成的,应当及时判决。"

《民事诉讼法》第93条规定:"人民法院审理民事案件,根据当事人自愿的原则,在事实清楚的基础上,分清是非,进行调解。"

法院调解原则适用于解决民事权利义务争议的审判程序的全过程。包括:第一审程序、第二审程序以及审判监督程序。而且2012年修法时,增设先行调解的规定,《民事诉讼法》第122条规定:"当事人起诉到人民法院的民事纠纷,适宜调解的,先行调解,但当事人拒绝调解的除外。"

除上述审判程序之外,非诉讼程序、破产程序以及强制执行程序不适用调解原则。

4.辩论原则

《民事诉讼法》第12条规定:"人民法院审理民事案件时,当事人有权进行辩论。"

(1)当事人依法享有辩论权。

(2)辩论的内容:可以是实体上的问题,也可以是程序上的问题。

(3)辩论的方式:可以是口头方式,也可以是书面方式。

(4)辩论的过程:民事诉讼程序的全部过程,特别程序、非讼程序和执行程序除外。

[例2]王某与钱某系夫妻,因感情不和王某提起离婚诉讼,一审法院经审理判决不准予离婚。王某不服提出上诉,二审法院经审理认为应当判决离婚,并对财产分割与子女抚养一并作出判决。关于二审法院的判决,下列哪些选项违反了《民事诉讼法》的原则或制度?(　　)

A.处分原则　　　　　　　　B.辩论原则

C.两审终审制度　　　　　　D.回避制度

[例3]民事诉讼中,下列属于辩论内容的是(　　)

A.争议的法律关系是否存在

B.当事人是否合格

C.诉讼代理人是否有代理权

D.证据的形式和证据的取得是否合法

5.诚实信用原则

《民事诉讼法》第13条第1款规定:"民事诉讼应当遵循诚实信用原则。"

民事诉讼诚实信用原则在民事诉讼法律制度中的具体体现:

(1)当事人及时提供证据的义务与证据失权制度。

《民事诉讼法》第65条规定:当事人对自己提出的主张应当及时提供证据。人民法院根据当事人的主张和案件审理情况,确定当事人应当提供的证据及其期限。当事人在该期限内提供证据确有困难的,可以向人民法院申请延长期限,人民法院根据当事人的申请适当延长。当事人逾期提供证据的,人民法院应当责令其说明理由；拒不说明理由或者理由不成立的，人民法院根据不同情形可以不予采纳该证据，或者采纳该证据但予以训诫、罚款。

2015年《最高人民法院关于适用〈中华人民共和国民事诉讼法〉的解释》（以下简称《民诉法解释》）第101条、第102条对逾期举证的法律后果作了细化规定。

《最高人民法院关于民事诉讼证据的若干规定》第3条第1款规定：人民法院应当向当事人说明举证的要求及法律后果，促使当事人在合理期限内积极、全面、正确、诚实地完成举证。

（2）新增的对恶意诉讼、恶意调解等行为的规制措施。

①禁止恶意诉讼。当事人之间如果恶意串通，企图通过诉讼、调解等方式侵害他人合法权益的，人民法院应当驳回其诉讼请求，并根据情节轻重予以罚款、拘留；构成犯罪的，如虚构事实、伪造证据骗取了人民法院的生效裁判，甚至被实际执行的，则要移送其他司法机关作为刑事案件来追究其相应的刑事责任。（《民事诉讼法》第112条）

②禁止恶意逃债。进入强制执行程序，债务人或者被执行人可能与他人恶意串通，通过虚假诉讼或虚假调解（还可能包括虚假支付令、虚假司法确认、虚假仲裁、虚假公证书等形式）转移财产，逃避履行法律文书所确定的义务，也同样要受到相应的处置和制裁。（《民事诉讼法》第113条）

（3）第三人撤销之诉制度。（《民事诉讼法》第56条第3款）

（4）对当事人撤回自认的严格限制。（《最高人民法院关于民事诉讼证据的若干规定》第8条）

（5）法官在各类诉讼程序、非诉程序中遵守审限的职责（《民事诉讼法》第149条、第161条、第176条、第180条、第226条）；法官遵守执行期限的职责。

（6）法院保障当事人依法行使的申请调取证据权的职责；法院在符合法定情形时，主动采取诉前财产保全措施和行为保全措施。

（7）证人出庭如实作证的义务。（《民事诉讼法》第72条、《民诉法解释》第119条）

《民诉法解释》第119条：人民法院在证人出庭作证前应当告知其如实作证的义务以及作伪证的法律后果，并责令其签署保证书，但无民事行为能力人和限制民事行为能力人除外。

（8）鉴定人在法定情形下的出庭义务。（《民事诉讼法》第78条）

(9)二审中的禁反言。(《民诉法解释》第342条)

《民诉法解释》第342条:当事人在第一审程序中实施的诉讼行为,在第二审程序中对该当事人仍具有拘束力。当事人推翻其在第一审程序中实施的诉讼行为时,人民法院应当责令其说明理由。理由不成立的,不予支持。

(10)检察机关行使民事检察权时的诚信义务。

《人民检察院民事诉讼监督规则(试行)》第4条规定:人民检察院办理民事诉讼监督案件,应当坚持公开、公平、公正和诚实信用原则。

[例4] 关于民事诉讼诚实信用原则,下列哪些说法是正确的?(　　)

A.诚实信用原则仅约束诉讼中的当事人和法官

B.恶意诉讼违背了诚实信用原则

C.根据诚实信用原则,当事人起诉后一律不得再撤诉

D.诚实信用原则要求当事人禁反言

6.处分原则

《民事诉讼法》第13条第2款规定:"当事人有权在法律规定的范围内处分自己的民事权利和诉讼权利。"

(1)对法院来说,判决的内容不得超过原告的请求范围,对于当事人超出诉讼请求的调解协议内容,可以准许。

(2)对当事人来说,当事人可以在法律允许的范围内,自由处分自己的民事实体权利和诉讼权利。

[例5]《民事诉讼法》第13条规定:"当事人有权在法律规定的范围内处分自己的民事权利和诉讼权利。"下列关于该说法正确的是(　　)

A.处分原则以民事实体法的意思自治原则为基础

B.处分的对象包括民事权利和诉讼权利

C.处分原则贯穿于诉讼的全过程

D.当事人行使处分权应当依法进行

[例6] 张三起诉李四,要求归还借款5万元,法院经审理,借款事实得以确认,同时法院认为,李四拖欠借款达半年之久,遂根据银行同期存款利率,判令被告归还原告借款5万元,利息2000元。问题:(1)如何评价法院的行为?(2)如果在诉讼中,原、被告达成调解协议,协议内容为:被告在2个月内向原告支付本金5万元,同时向原告支付利息1000元。调解协议效力如何?

7.人民检察院的法律监督原则

《民事诉讼法》第 14 条规定:"人民检察院有权对民事诉讼实行法律监督。"

关于检察监督要注意以下几个方面:

第一,扩大了监督范围。

(1)将人民检察院对民事审判活动实行法律监督,修改为对民事诉讼实行法律监督。

(2)对调解书也可以提出抗诉。但限于发生法律效力的调解书损害国家利益、社会公共利益的情形。

(3)对审判人员的违法行为进行监督。

第二,增加了监督的方式。

(1)抗诉。(传统方式)但必须遵循上抗下(最高人民检察院抗诉最高人民法院除外),即下级检察院发现自己同级法院的生效裁判有错,只能提请自己的上级检察院进行抗诉。

(2)检察建议。(修改后)地方各级人民检察院对同级人民法院已经发生法律效力的判决、裁定,发现有《民事诉讼法》第 200 条规定情形之一的,或者发现调解书损害国家利益、社会公共利益的,可以向同级人民法院提出检察建议,并报上级人民检察院备案。

第三,强化了监督手段。

人民检察院因履行法律监督职责提出检察建议或者抗诉的需要,可以向当事人或者案外人调查核实有关情况。(《民事诉讼法》第 210 条)

[例 7] 根据民事诉讼中的检察监督原则,以下哪些说法是正确的?(   )

A.可以对当事人的违法行为进行法律监督

B.可以对人民法院的审判活动进行监督

C.对错误的生效判决,必须以抗诉的方式进行监督

D.可以对法官的审判行为进行监督

[例 8] 下列哪一种情形属于人民检察院进行民事检察监督的范围?(   )

A.陪审员丁某在审理合同纠纷案件的过程中接受当事人礼金 1000 元

B.证人马某接受当事人礼金 2000 元并提出了对该当事人有利的证言

C.法官周某就某仲裁案件向仲裁院提供了对该案件当事人凯龙公司有利的咨询意见,凯龙公司以咨询费名义给付给周法官8000元

D.法官吴某长期为某公司免费做法律顾问

8.支持起诉原则

《民事诉讼法》第15条规定:"机关、社会团体、企业事业单位对损害国家、集体或者个人民事权益的行为,可以支持受损害的单位或者个人向人民法院起诉。"

[前提:受害人没有提起诉讼,如果受害人已经提起诉讼,则无须支持起诉。]

支持起诉不等于代为提起诉讼,即支持不等于代替,支持起诉的机关、社会团体、企业事业单位不能以自己的名义提起诉讼,其本身不是适格的当事人。

《最高人民法院关于审理环境民事公益诉讼案件适用法律若干问题的解释》第11条规定:"检察机关、负有环境保护监督管理职责的部门及其他机关、社会组织、企业事业单位依据民事诉讼法第十五条的规定,可以提供法律咨询、提交书面意见、协调调查取证等方式支持社会组织依法提起环境民事公益诉讼。"

[例9]关于民事诉讼的支持起诉原则,下列说法错误的是(　　)

A.公民个人可以成为支持起诉的主体

B.支持起诉的主体可以代被支持人提起诉讼

C.支持起诉的对象只能是公民个人,不能是单位

D.支持起诉的主体不能对损害个人民事权益的行为支持起诉

二、民事诉讼法基本制度

(一)合议制度

1.合议制是指由3名以上单数审判人员组成合议庭对民事案件进行审理的制度。

2.与合议制相对应的审判组织形式是独任制。

独任制的组织形式:由审判员一人独任审判。陪审员不得独任审判。

独任制的适用范围:(1)基层人民法院及其派出法庭审理的简单第一审民事案件。(2)适用特别程序审理的非重大、疑难的宣告公民失踪、死亡案件,认

定公民无民事行为能力、限制民事行为能力案件,认定财产无主案件,确认调解协议的案件,实现担保物权的案件。(3)公式催告程序的公示催告阶段。(4)督促程序。

3.按合议制组成的审判组织,称为合议庭。

根据民事诉讼法的规定,在不同的审判程序中,合议庭的组成人员有所不同。具体如下:(1)第一审程序:审判员组成或审判员与陪审员共同组成,并且陪审员在执行陪审职务时,与审判员有同等的权利义务;(2)第二审程序:只能由审判员组成;(3)发回重审的案件:原审人民法院应当按照第一审程序另行组成合议庭;(4)审理再审案件:原来是第一审的,按照第一审程序另行组成合议庭;原来是第二审的或者上级人民法院提审的,按照第二审程序另行组成合议庭。

审判长的选任:(1)院长或者庭长参加审判的,由院长或者庭长担任审判长;(2)院长或者庭长未参加审判的,由院长或庭长指定一名审判员担任审判长。

合议庭评议的原则:少数服从多数。评议应当制作笔录,由合议庭成员签名,评议中的不同意见,应当如实记入笔录。

合议庭的审判工作,由审判长负责主持。审判长由院长或庭长担任,院长或庭长未参加合议庭的,由庭长指定合议庭中的审判员1人担任。合议庭评议,实行少数服从多数的原则。评议中的不同意见,必须如实记入评议笔录。

4.陪审制的适用范围:适用第一审普通程序审理的争讼案件。

(1)不限于基层法院,各级法院适用一审程序审理的诉讼案件均可吸收陪审员参加。

(2)陪审员参加的是争议案件的合议庭;在非讼程序中,陪审员不参加案件的合议庭。

(3)只要是适用第一审普通程序审理的案件,均可吸收陪审员参加合议庭,包括二审发回重审的案件和适用第一审程序进行再审的案件。

(4)陪审员不能担任审判长,不能在简易程序中担任独任审判员。

[提示:合议制不等于普通程序,普通程序适用合议制,但合议制还适用于其他程序。独任制不等于简易程序,简易程序适用独任制,但独任制还适用于其他程序。]

[例10]人民法院在审理下列案件中,哪些必须采用合议制进行审理?(   )

A. 某基层人民法院受理的案情简单,事实清楚,但一方当事人为外国人的离婚案件
B. 上级人民法院发回重审的案件
C. 某市中级人民法院受理的合同纠纷案件,事实清楚,双方争议不大
D. 经利害关系人申请,宣告某人死亡的案件

(二)回避制度

回避制度指为了保证案件的公正审判,而要求与案件有一定的利害关系的审判人员或其他有关人员,不得参与本案的审理活动或诉讼活动的审判制度。该项制度的基本内容有:

1. 回避适用的对象

回避适用的对象为审判人员(包括参与本案审理的人民法院院长、副院长、审判委员会委员、庭长、副庭长、审判员、助理审判员和人民陪审员)、书记员、翻译人员、鉴定人、勘验人、检察人员、执行人员。

需要注意的是:诉讼代理人、证人不适用回避。

检察人员办理民事诉讼监督案件,实行回避制度,其回避的事由同样是《民事诉讼法》第44条规定的情形。[《人民检察院民事诉讼监督规则(试行)》第9条、第18条]

2. 适用回避的情形(《民事诉讼法》第44条,《民诉法解释》第43条至第46条)

根据《民事诉讼法》第44条的规定,审判人员具有下列情形之一的,应予以回避:第一,审判人员或其他人员是本案当事人或当事人、诉讼代理人的近亲属。第二,审判人员或其他人员与本案有利害关系。第三,与本案当事人有其他关系可能影响对案件的公正审理。所谓"其他关系",是指有除与案件有利害关系及与当事人近亲属关系之外的特殊亲密或仇嫌关系的存在,足以影响案件的公正审理。第四,审判人员接受当事人、诉讼代理人请客送礼,或者违反规定会见当事人、诉讼代理人的,当事人有权要求他们回避。

《民诉法解释》第43条对审判人员的回避情形作了进一步的规定:"审判人员有下列情形之一的,应当自行回避,当事人有权申请其回避:(一)当事人或者当事人近亲属的;(二)本人或者其近亲属与本案有利害关系的;(三)担任过本案的证人、鉴定人、辩护人、诉讼代理人、翻译人员的;(四)本案诉讼代理人近亲属的;(五)本人或者近亲属持有本案非上市公司当事人的股份或者股

权的;(六)与本案当事人或者诉讼代理人有其他利害关系,可能影响公正审理的。"第44条规定:"审判人员有下列情形之一的,当事人有权申请其回避:(一)接受本案当事人及其受托人宴请,或者参加由其支付费用的活动的;(二)索取、接受本案当事人及其受托人财物或者其他利益的;(三)违反规定会见本案当事人、诉讼代理人的;(四)为本案当事人推荐、介绍诉讼代理人,或者为律师、其他人员介绍代理本案的;(五)向本案当事人及其受托人借用款物的;(六)有其他不正当行为,可能影响公正审理的。"第45条规定:"在一个审判程序中参与过本案审判工作的审判人员,不得再参与该案其他程序的审判。发回重审的案件,在一审法院作出裁判后又进入第二审程序的,原第二审程序中合议庭组成人员不受前款规定的限制。"

3.回避的程序

回避的提出,可以是当事人提出申请,也可以是审判人员或其他人员主动自行提出。回避应当在案件开始审理时提出,回避事由在案件开始审理后知道的,可以在法庭辩论终结前提出。提出回避申请应当说明理由。回避申请提出后,是否准许申请,由法院决定,具体程序为:院长担任审判长时的回避,由审判委员会决定;审判人员的回避,由法院院长决定;其他人员的回避,由审判长决定。

此外,《民诉法解释》第46条规定:"审判人员有应当回避的情形,没有自行回避,当事人也没有申请其回避的,由院长或者审判委员会决定其回避。"

法院对当事人提出的回避申请,应当在申请提出3日内,以口头或书面形式作出决定,申请人对决定不服的,可以在接到决定时申请复议一次。

4.回避的法律后果

在当事人提出回避申请到法院作出是否同意申请的决定期间,除案件需要采取紧急措施的外,被申请回避的人员应暂停执行有关本案的职务。法院决定同意申请人回避申请的,被申请回避人退出本案的审判或诉讼;法院决定驳回回避申请而当事人申请复议的,复议期间,被申请回避的人员不停止参与本案的审判或诉讼。

[例11]王某因张某婚外情而起诉离婚一案,在案件开始审理时,王某提出书记员杨某曾接受张某的宴请,要求书记员回避,在法庭辩论进行阶段,王某又提出证人李某与张某之间存在近亲属关系,也要求其回避。下列关于回避的说法正确的是( )

A.对于王某在法庭辩论阶段提出的回避申请,法院可以直接驳回

B.证人的回避应当由审判长决定

C.若审判人员回避后则不得再参与本案后续程序的审理

D.对于回避决定,当事人可以向上一级人民法院申请复议一次

(三)公开审判制度

公开审判制度指人民法院审理民事案件,除法律规定的情况外,审判过程及结果应当向群众、社会公开。

公开审判也有两种情况例外:(1)一律不公开审理的案件:涉及国家秘密的案件,包括党的秘密、政府的秘密和军队的秘密;涉及个人隐私的案件。(2)经过当事人申请不公开的案件:离婚案件;涉及商业秘密的案件。

[提示:无论是否公开审理,判决书一律公开,合议庭评议笔录一律不公开。]

[例12] 小宝和小贝系小学同班同学,一日玩耍间,小宝不慎将小贝的眼睛弄伤,送至医院花医疗费不菲。小贝家人以小宝为被告,提起诉讼。下列说法正确的是(　　)

A.本案被告系未成年人,应当不公开审理

B.本案经双方当事人同意,应当不公开审理

C.本案经双方当事人同意,可以不公开审理

D.本案应当公开审理,合议庭的宣判应当公开

(四)两审终审制度

两审终审制度指一个民事案件经过两级人民法院审判后即告终结的制度。

例外,对以下案件实行一审终审:

(1)最高人民法院作为一审法院审理的案件。

(2)督促程序、公示催告程序、特别程序审理的案件。

(3)确认婚姻效力的案件。

《最高人民法院关于适用〈中华人民共和国婚姻法〉若干问题的解释(一)》第9条规定:"人民法院审理宣告婚姻无效案件,对婚姻效力的审理不适用调解,应当依法作出判决;有关婚姻效力的判决一经做出,即发生法律效力。对财产分割和子女抚养问题的判决不服,当事人可以上诉。"(注意:确认婚姻效力的案件≠离婚案件)

(4)一审以诉讼调解方式结案的:民事调解书自签收之日起生效,不得上诉。

(5)大多数裁定一审终审(裁定不予受理、驳回起诉和管辖权异议可以上诉)。

(6)小额诉讼案件。

[例13]下列不违反两审终审制度的是( )

A.在二审法院审理的过程中,原审被告提出反诉,法院就反诉部分调解不成后作出判决

B.对人民法院认定财产无主案件作出的一审判决不能上诉

C.上诉人在上诉状中增加了新的诉讼请求,二审法院对此经过审理作出判决

D.二审追加共同原告张某,经调解未达成协议,作出终审判决

真题解析

1.某区法院审理原告许某与被告某饭店食物中毒纠纷一案。审前,法院书面告知许某合议庭由审判员甲、乙和人民陪审员丙组成时,许某未提出回避申请。开庭后,许某始知人民陪审员丙与被告法定代表人是亲兄弟,遂提出回避申请。关于本案的回避,下列哪一说法是正确的?( )(2015)

A.许某可在知道丙与被告法定代表人是亲兄弟时提出回避申请

B.法院对回避申请作出决定前,丙不停止参与本案审理

C.应由审判长决定丙是否应回避

D.法院作出回避决定后,许某可对此提出上诉

【答案】A

【考点】回避制度

【解析】《民诉法解释》第43条规定:"审判人员有下列情形之一的,应当自行回避,当事人有权申请其回避:(一)是本案当事人或者当事人近亲属的;(二)本人或者其近亲属与本案有利害关系的;(三)担任过本案的证人、鉴定人、辩护人、诉讼代理人、翻译人员的;(四)是本案诉讼代理人近亲属的;(五)本人或者其近亲属持有本案非上市公司当事人的股份或者股权的;(六)与本案当事人或者诉讼代理人有其他利害关系,可能影响公正审理的。"

《民事诉讼法》第45条第1款规定:"当事人提出回避申请,应当说明理由,在案件开始审理时提出;回避事由在案件开始审理后知道的,也可以在法庭辩论终结前提出。"因此,A选项正确。

《民事诉讼法》第45条第2款规定:"被申请回避的人员在人民法院作出是否回避的决定前,应当暂停参与本案的工作,但案件需要采取紧急措施的除外。"因此,B选项错误。

《民事诉讼法》第46条规定:"院长担任审判长时的回避,由审判委员会决定;审判人员的回避,由院长决定;其他人员的回避,由审判长决定。"因此,C选项错误。

《民事诉讼法》第47条规定:"人民法院对当事人提出的回避申请,应当在申请提出的三日内,以口头或者书面形式作出决定。申请人对决定不服的,可以在接到决定时申请复议一次。复议期间,被申请回避的人员,不停止参与本案的工作。人民法院对复议申请,应当在三日内作出复议决定,并通知复议申请人。"因此,D选项错误。

2.不同的审判程序,审判组织的组成往往是不同的。关于审判组织的适用,下列哪一选项是正确的?(　　)(2016)

A.适用简易程序审理的案件,当事人不服一审判决上诉后发回重审的,可由审判员独任审判

B.适用简易程序审理的案件,判决生效后启动再审程序进行再审的,可由审判员独任审判

C.适用普通程序审理的案件,当事人双方同意,经上级法院批准,可由审判员独任审判

D.适用选民资格案件审理程序的案件,应组成合议庭审理,而且只能由审判员组成合议庭

【答案】D

【考点】不同审判程序的审判组织

【解析】《民事诉讼法》第40条第2款规定,发回重审的案件,原审人民法院应当按照第一审程序另行组成合议庭,不得实行独任审判。故A项错误。

《民事诉讼法》第40条第2款规定,无论是适用一审程序还是二审程序进行审理,均须组成合议庭。故B项错误。

《民事诉讼法》第39条第1款规定,普通程序的审判组织只能实行法定的合议庭,不能由当事人协商确定。故C项错误。

《民事诉讼法》第178条规定,选民资格案件,须由审判员组成合议庭审理。故D项正确。

3.甲公司因合同纠纷向法院提起诉讼,要求乙公司支付货款280万元。在法院的主持下,双方达成调解协议。协议约定:乙公司在调解书生效后10日内支付280万元本金,另支付利息5万元。为保证协议履行,双方约定由丙公司为乙公司提供担保,丙公司同意。法院据此制作调解书送达各方,但丙公司反悔拒绝签收。关于本案,下列哪一选项是正确的?(　　)(2016)

A.调解协议内容尽管超出了当事人诉讼请求,但仍具有合法性
B.丙公司反悔拒绝签收调解书,法院可以采取留置送达
C.因丙公司反悔,调解书对其没有效力,但对甲公司、乙公司仍具有约束力
D.因丙公司反悔,法院应当及时作出判决

【答案】A
【考点】法院调解制度
【解析】A是关于超出诉讼请求的调解协议是否有效。《最高人民法院关于人民法院民事调解工作若干问题的规定》第9条规定:"调解协议内容超出诉讼请求的,人民法院可以准许。"可见,A项正确。

B关于调解书可否适用留置送达。《民诉法解释》第133条规定:"调解书应当直接送达当事人本人,不适用留置送达。"故B项错误。

C关于担保人反悔会否影响调解协议的效力。《民事诉讼法》第97条第3款规定,调解书经双方当事人签收后,即具有法律效力。换言之,担保人拒签调解书,不影响调解书的生效。《最高人民法院关于人民法院民事调解工作若干问题的规定》第11条规定:"调解协议约定一方提供担保或者案外人同意为当事人提供担保的,人民法院应当准许。案外人提供担保的,人民法院制作调解书应当列明担保人,并将调解书送交担保人。担保人不签收调解书的,不影响调解书生效。当事人或者案外人提供的担保符合担保法规定的条件时生效。"据此,即使担保人反悔,在担保符合法定条件时调解书仍然对担保人有效。故C项错误。

D是关于拒签调解书时的处理。《民事诉讼法》第99条规定:"调解未达成协议或者调解书送达前一方反悔的,人民法院应当及时判决。"该条规定是针对当事人反悔而言,而不是针对担保人反悔。如前所述,担保人反悔,不影响调解书的效力,也就不需要法院再作出判决。故D项错误。

4.刘某因买卖合同纠纷向法院起诉,要求被告冯某履行合同并承担违约责任。法院按照普通程序审理该案件,决定由法官张某和人民陪审员乔某、吉某组成合议庭,张某任审判长。刘某得知陪审员乔某是被告的表弟,便要求其回避,但回避申请被张法官当场拒绝。法庭审理后作出判决,原告不服判决,提起上诉。关于本案,下列说法正确的是( )(2018年)

A.刘某申请回避理由成立

B.乔某作为人民陪审员,其是否应当回避审判长有权决定

C.对法院作出的决定不服的,刘某可以提出上诉

D.发回重审后,应当组成新的合议庭进行审理,且合议庭组成人员中不得有人民陪审员

【答案】A

【考点】回避制度

【解析】《民事诉讼法》第44条规定:"审判人员有下列情形之一的,应当自行回避,当事人有权用口头或者书面方式申请他们回避:(一)是本案当事人或者当事人、诉讼代理人近亲属的;(二)与本案有利害关系的;(三)与本案当事人、诉讼代理人有其他关系,可能影响对案件公正审理的。审判人员接受当事人、诉讼代理人请客送礼,或者违反规定会见当事人、诉讼代理人的,当事人有权要求他们回避。"故A项正确。

《民事诉讼法》第46条规定:"院长担任审判长时的回避,由审判委员会决定;审判人员的回避,由院长决定;其他人员的回避,由审判长决定。"《民诉法解释》第48条:"民事诉讼法第四十四条所称的审判人员,包括参与本案审理的人民法院院长、副院长、审判委员会委员、庭长、副庭长、审判员、助理审判员和人民陪审员。"乔某作为人民陪审员,也属于审判人员,其回避由院长决定,故B项错误。

《民事诉讼法》第47条规定:"人民法院对当事人提出的回避申请,应当在申请提出的三日内,以口头或者书面形式作出决定。申请人对决定不服的,可以在接到决定时申请复议一次。复议期间,被申请回避的人员,不停止参与本案的工作。人民法院对复议申请,应当在三日内作出复议决定,并通知复议申请人。"故C项错误。

《民事诉讼法》第40条第2款规定:"发回重审的案件,原审人民法院应当按照第一审程序另行组成合议庭。"发回重审按照第一审程序另行组成合议庭,而一审普通程序合议庭组成人员中仍然可以有人民陪审员,故D项错误。

5.甲公司与乙公司于2016年10月签订《房屋租赁合同》一份,甲公司将房屋出租给乙公司使用。该合同约定:租赁期限自2016年10月30日起至2026年10月29日止,每月租金为人民币11.8万元,装修免租期为五个月,逾期支付租金需按日租金千分之五支付违约金,逾期支付租金累计超过一个月,出租方可提前解除合同,承租方应支付违约金11.8万元。合同签订后,乙公司自2017年7月起拒不履行支付租金的义务。甲公司经多次催讨无果,2018年2月诉至法院,要求支付自2017年7月30日起至2018年2月28日止的房屋租金70.8万元。一审法院审理后作出判决,支付拖欠的房屋租金70.8万元,并支付逾期付款的利息3600元,解除双方之间的租赁合同。关于法院对该案判决的评论,下列哪一选项是正确的?(　　)(2018年)

A.该判决符合法律规定,实事求是,全面保护了权利人的合法权益

B.该判决不符合法律规定,违反了民事诉讼的处分原则

C.该判决不符合法律规定,违反了民事诉讼的公开审判制度

D.该判决不符合法律规定,违反了民事诉讼的两审终审制度

【答案】B

【考点】处分原则

【解析】处分原则是指民事诉讼当事人有权在法律规定的范围内,处分自己的民事权利和诉讼权利。本案中,当事人提出的诉讼请求是要求支付租金,并没有提出利息和解除合同的诉求,故B项正确。ACD错误。

案例分析

1.王某是大唐商贸有限公司(以下简称大唐公司)的会计,某日,王某出差将一张支票遗失。虽然大唐公司通过公示催告程序挽回了损失,但是由于这次失误,大唐公司将王某开除,王某不服,便向人民法院提起诉讼。与此同时由于王某心情不佳,其与丈夫程某的关系骤然紧张。后双方大打出手,程某遂向法院起诉离婚。人民法院认为该案案情简单,于是指定审判员张某独立审理该案。在审理过程中,王某认为家丑不可外扬,所以向法院申请不公开审理。但在法庭辩论阶段中,其发现本案的书记员黄某是自己的邻居,于是王某便向审判员张某要求黄某回避。后张某作出决定,驳回王某的申请,王某不服,要求复议一次,法院经复议,在第三天作出复议决定,维持驳回王某回避申请的决定,并通知了王某。

问:(1)对于王某与程某的离婚案件,法院派审判员张某独立审理该案的做法是否正确?为什么?

(2)法院是否可以不公开审理本案?为什么?

(3)在本案中王某在法庭辩论阶段中申请回避是否恰当?本案由张某作出回避决定是否恰当?驳回王某的申请是否正确?为什么?

(4)在作出是否回避的决定前,黄某应否停止参加本案的审理?

(5)在本案中法院的复议时间是否恰当?复议期间,黄某是否继续参加本案的审理?

2.某县法院以简易程序审理许某诉方某人身伤害侵权纠纷一案,由审判长高某、陪审员郑某、卢某组成合议庭,并将合议庭成员通知了当事人,被告以审判长高某与原告曾经是邻居为由申请高某回避。合议庭讨论后认为理由不成立,驳回申请,方某不服,向上一级法院提起上诉,3日后被驳回,维持原决定。在审理前的准备阶段,高某认为原、被告本是朋友,应以调解解决为妥,虽许某表示不愿调解,仍进行三次调解,因调解无效,遂开庭审理。在合议庭评议时,合议庭成员在案件处理上发生分歧,最后以审判长的意见作出判决,判决方某败诉。方某不服,于上诉期内向上一级人民法院提起上诉,请求降低赔偿额。二审法院对上诉案件在认定事实和适用法律上进行了全面审查,经过阅卷和询问当事人,认为事实清楚,不需要开庭,遂径行判决,驳回上诉,维持原判。

请指出此案审理过程中程序上违法之处,简要说明理由。

第二讲 主管与管辖

【案情】章子怡跨国打官司因管辖权问题产生争议

2012年9月28日,章子怡起诉海外某中文网站诽谤,美国当地法院将于10月5日开庭。事件起因为海外某中文网站,利用网络发布了一篇章子怡遭禁止出境的消息,章子怡团队称其是"诽谤"。该案件将推迟到2012年11月16日开庭,目前该网站已收到了美国加州法院开庭的通知法律文书。

据悉,此案之所以推迟到2012年11月16日开庭,是因为该网站对法院管辖权产生怀疑,他们认为加州法院没有此案的管辖权。该海外中文网站所在地是美国北卡罗来纳州。而章子怡方面则在美国加州联邦法院起诉某海外中文网站。但加州联邦法院早已受理了章子怡的起诉,且决定于11月16日开庭。章子怡起诉该网站的罪名共有6项,包括诽谤、具有误导性质的对隐私权之侵害和违反商业经营行为等。

据了解,2012年5月下旬,海外某中文网站,未向章子怡本人核实,利用网络发布了一篇章子怡遭禁止出境的消息,被多家媒体转载传播。2012年5月29日,香港《苹果日报》未向章子怡本人核实,也转载了这家中文网站的消息。此消息引发了公众的热议。

点评:章子怡的官司虽发生在美国,但美国的法院一样有对受理的民事案件是否有管辖权问题,美国是一个非常注重程序规则的国家,希望章子怡一方能将案件的程序方面问题处理清楚,中国人能跨出国门勇敢地去维权毕竟是少数,应该给章子怡敢作敢当的行为多一些掌声。

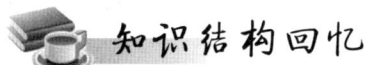

一、主管

(一)主管的概念及法院主管的内容

主管是指人民法院与其他国家机关、社会团体之间解决民事纠纷的分工和权限。根据我国《民事诉讼法》第3条的规定,人民法院受理公民之间、法人之间、其他组织之间以及他们相互之间的财产关系和人身关系提起的民事诉讼。具体包括:

1.由民法调整的平等主体之间的财产关系和人身关系的案件。

2.由婚姻法、继承法、收养法调整的婚姻家庭关系、继承关系、收养关系产生的案件。

3.由商法调整的商事关系引起的民事案件。

4.由经济法调整的部分经济关系产生的案件(属于平等主体之间权利义务关系纠纷形成的民事案件)。

5.由劳动法调整的劳动合同关系和劳资关系产生的案件。

劳动者与用人单位之间产生劳动争议,劳动争议的解决方式有四种方式:即和解、调解、仲裁与诉讼,其中和解、调解不是劳动争议的必经阶段,完全由当事人自行决定,而劳动争议仲裁则是一个必经阶段,而且是劳动争议诉讼的前置程序。只有对仲裁裁决不服的,当事人才可以依照民事诉讼法的规定向人民法院起诉。因此,不经过劳动争议仲裁委员会的仲裁,人民法院不予受理。依据我国《劳动法》《企业劳动争议处理条例》的规定,属于人民法院受理的劳动争议案件具体包括:(1)因企业开除、除名、辞退职工和职工辞职、自动离职发生的争议;(2)因执行国家有关工资、保险、福利、培训、劳动保护的规定发生的争议;(3)因履行劳动合同发生的争议;(4)法律、法规规定应当按照《企业劳动争议处理条例》解决的其他劳动争议。

6.法律规定的人民法院适用民事诉讼法解决的其他事项。如宣告失踪、宣告死亡案件,选民资格案件等。

[例1]金某系某医药公司的职员,2002年3月12日上班时间在其负责的中药材收购门市部与朱某等人进行赌博时,被当地公安干警抓获,并被处以没收赌资和罚款的处理。该医药公司认为金某的行为败坏了公司的形象。在社会上造成了不良影响,为杜绝类似的事件再次发生,3月18日召开了公司领导成员会议,根据公司的有关规定,决定对其处以留厂察看1年的处分。对此,金某不服,向法院提起诉讼。问:法院应不应该受理本案?

[例2]甲公司和乙公司签订了一份机械设备修理合同,乙公司在甲公司所在地修理机械设备时,不慎将甲公司职工田某的脚砸成粉碎性骨折。围绕田某的损失赔偿问题,各方当事人发生争议。问:田某可以通过哪种法律方式解决自己的损失赔偿问题?

[例3]吴某大学毕业后到武汉自谋职业,由武汉市人才交流服务中心推荐到某信息中心工作。吴某到该中心正式上班后,双方并未签订聘用合同。上班不久,吴某生病住院,花去了医疗费若干,该信息中心以未签劳动合同为由拒付医疗费。吴某应如何请求解决?( )

A.吴某必须首先向该信息中心劳动争议调解委员会申请调解;调解不成,可向劳动争议仲裁委员会申请仲裁

B.吴某可直接向劳动争议仲裁委员会申请仲裁,无须先行经过调解

C.吴某只能向法院起诉,因为其与用人单位未签仲裁协议

D.吴某必须先向劳动争议仲裁委员会申请仲裁,对此仲裁裁决不服的,方可向法院起诉

(二)法院主管与其他国家机关、社会组织主管民事纠纷的关系

1. 法院与人民调解委员会

(1)人民调解委员会处理民间纠纷的效力

《人民调解法》第17条规定:当事人可以向人民调解委员会申请调解;人民调解委员会也可以主动调解。当事人一方明确拒绝调解的,不得调解。

《人民调解法》第31条规定:经人民调解委员会调解达成的调解协议,具有法律约束力,当事人应当按照约定履行。人民调解委员会应当对调解协议的履行情况进行监督,督促当事人履行约定的义务。

(2)人民调解委员会的调解不是民事诉讼的必经阶段,即是否经过调解,完全由当事人自行确定

《人民调解法》第32条规定:人民调解委员会调解达成调解协议后,当事人之间就调解协议的履行或者调解协议的内容发生争议的,一方当事人可以向人民法院提起诉讼。

(3)人民调解协议的司法确认制度

《人民调解法》第33条规定:经人民调解委员会调解达成调解协议后,双方当事人认为有必要的,可以自调解协议生效之日起30日内共同向人民法院申请司法确认,人民法院应当及时对调解协议进行审查,依法确认调解协议的效力。人民法院依法确认调解协议有效,一方当事人拒绝履行或者未全部履行的,对方当事人可以向人民法院申请强制执行。人民法院依法确认调解协议无效,当事人可以通过人民调解的方式变更原调解协议或者达成新的调解协议,也可以向人民法院提起诉讼。

[例4]张某与李某产生邻里纠纷,张某将李某打伤。为解决赔偿问题,双方同意由人民调解委员会进行调解。经调解员黄某的调解,双方达成赔偿协议。问题:(1)张某如果反悔不履行人民调解协议,李某能否就人身损害赔偿起诉张某?(2)张某如果反悔不履行人民调解协议,李某能否向法院申请强制执行人民调解协议?

2. 法院与仲裁机构

(1)民商事仲裁和民事诉讼相互排斥

民事诉讼与民商事仲裁是两种并列的具有法律效力的争议解决方式,处于或裁或审的状态,当事人一旦以协议的方式选择仲裁,则只能提起仲裁,而不得再向人民法院提起诉讼;当事人选择了民事诉讼方式解决纠纷的,就不得

向仲裁委员会申请仲裁。

[提示：当事人达成仲裁协议，一方向人民法院起诉未声明有仲裁协议，人民法院受理后，另一方在首次开庭前提交仲裁协议的，人民法院应当驳回起诉，但仲裁协议无效的除外；另一方在首次开庭前未对人民法院受理该案提出异议的，视为放弃仲裁协议，人民法院应当继续审理。]

[例5]北京甲公司与河北乙公司签了一份专利转让合同，合同约定："因本合同发生的争议交石家庄仲裁委员会进行仲裁。"在合同履行过程中双方发生了争议，甲公司向石家庄仲裁委员会申请仲裁，乙公司则向甲公司所在地的北京市海淀区人民法院提起诉讼。该法院立案受理后，甲公司对该院的受理提出异议。在这种情况下，该法院应如何处理？（　　）

A.裁定驳回起诉

B.裁定不予受理

C.裁定本院具有管辖权

D.裁定异议成立，移送有管辖权的仲裁机关受理

(2)劳动争议仲裁是民事诉讼的前置程序

劳动争议发生后，双方当事人应当向劳动争议仲裁委员会申请仲裁；当事人对劳动争议仲裁裁决不服的，自收到裁决书之日起15日内，可以向人民法院提起劳动争议诉讼。

二、管辖

管辖是指确定上下级法院之间以及同级法院之间受理第一审民事案件的分工和权限。

(一)级别管辖

级别管辖是指按照一定的标准，划分上下级法院之间受理第一审民事案件的分工和权限。（纵向划分）

1.基层人民法院管辖的第一审民事案件

基层人民法院管辖上级人民法院管辖的案件以外的所有案件。因此，绝大多数第一审民事案件均由基层人民法院管辖。此外，特别程序、督促程序、公示催告程序、简易程序和小额程序也由基层人民法院管辖。

2.中级人民法院管辖的第一审民事案件

(1)重大涉外案件

重大:争议标的额大的案件、案情复杂的案件,或者一方当事人人数众多等具有重大影响的案件。(《民诉法解释》第1条)

涉外:指具有涉外因素的民事案件,即当事人、经常居住地、法律事实、诉讼标的物四者之一涉外即可。

(2)在本辖区内有重大影响的案件

判断案件是否具有重大影响时考虑的因素有:①案件的繁简程度;②诉讼标的金额的大小;③在该地区的影响等情况。

(3)最高人民法院确定由中级人民法院管辖的案件

目前这类案件主要有:

A.海事和海商案件由海事法院管辖(海事法院为中级人民法院)。

B.部分专利纠纷案件。

《民诉法解释》第2条第1款:"专利纠纷案件由知识产权法院、最高人民法院确定的中级人民法院和基层人民法院管辖。"其中,知识产权法院与中院级别相当。

《最高人民法院关于审理专利纠纷案件适用法律问题的若干规定(2015年修正)》第2条规定:"专利纠纷第一审案件,由各省、自治区、直辖市人民政府所在地的中级人民法院和最高人民法院指定的中级人民法院管辖。最高人民法院根据实际情况,可以指定基层人民法院管辖第一审专利纠纷案件。"因此,专利纠纷案件的级别管辖不再一律要求中级以上法院。在审判实践中应当注意:①知识产权法院职能和审级为中级人民法院,可以受理一审、二审和再审的案件。②知识产权法院所在市辖区内的第一审知识产权民事案件,除法律和司法解释规定应由知识产权法院管辖外,由基层人民法院管辖,不受诉讼标的额的限制。③不具有知识产权民事案件管辖权的基层人民法院辖区内知识产权案件,由所在地高级人民法院报请最高人民法院指定具有知识产权民事案件管辖权的基层人民法院跨区域管辖。④当事人对知识产权法院所在市的基层人民法院作出的第一审著作权、商标、技术合同、不正当竞争等知识产权民事和行政判决、裁定提起的上诉案件,由知识产权法院审理。

C.商标民事纠纷案件,原则上第一审由中级以上人民法院管辖。(《最高人民法院关于审理商标案件有关管辖和法律适用范围问题的解释》第2条第3款至第4款)例外:各高级人民法院根据本辖区的实际情况,经最高人民法院批准,可以在较大城市确定1~2个基层人民法院受理第一审商标权民事纠纷案件。

D.著作权民事纠纷案件,原则上由中级以上人民法院管辖。(《最高人民法院关于审理著作权民事纠纷案件适用法律若干问题的解释》第2条)

例外:各高级人民法院根据本辖区的实际情况,可以确定若干个基层人民法院受理第一审著作权民事纠纷案件,无须报最高人民法院批准。

E.重大涉港、澳、台案件。(可以参照涉外案件来确定)

F.诉讼标的金额大或者诉讼主体属省、自治区、直辖市以上的经济纠纷案件。

G.虚假陈述证券民事赔偿案件,由省、直辖市、自治区人民政府所在的市、计划单列市和经济特区中级人民法院管辖。

H.涉及驰名商标认定的民事纠纷案件。

I.公司强制清算案件。

J.反垄断民事纠纷案件。

K.域名侵权纠纷案件。由侵权行为地或者被告住所地的中级人民法院管辖。

L.与仲裁相关的案件:与仲裁相关的案件原则上都由中级法院管辖,只有一个例外,即国内仲裁中的证据保全与财产保全由基层法院管辖。

(与仲裁相关的案件:①确认仲裁协议的效力,由选定的仲裁委员会所在地的中级人民法院管辖;②申请撤销仲裁裁决的,由仲裁委员会所在地的中级人民法院管辖;③申请执行或不予执行仲裁裁决,由被执行人住所地或被执行的财产所在地中级人民法院管辖;④涉外仲裁的证据、财产保全)

M.公益诉讼案件

《民诉法解释》第285条规定,公益诉讼案件由侵权行为地或者被告住所地中级人民法院管辖。

[提示:(1)并非所有的中级人民法院都能管辖专利纠纷案件。(2)并非所有的著作权、商标权纠纷均有中级人民法院管辖,部分基层法院也有管辖权。]

[例6] 下列应当属于中级人民法院管辖的案件有( )

A.甲公司以乙公司的名称注册为域名,乙公司因而对甲公司提起诉讼的

B.李某对王某提起的专利侵权纠纷案件

C.德国人波尔等18人在我国对我国某公司提起的合同违约之诉,案件的标的额为1万元,而且案情简单

D.李某对某出版社提起的著作权许可合同纠纷案件,受诉法院所属高级法院没有对此类案件的管辖作出规定

3.高级人民法院管辖的第一审民事案件

高级人民法院管辖在本辖区内有重大影响的案件。对于以财产为内容的第一审"有重大影响的民事案件",以争议金额为量化指标分别作了明确的规定。

4.最高人民法院管辖的第一审民事案件

(1)在全国范围内有重大影响的案件。

(2)认为应当由最高人民法院受理的案件。

5.专门法院的管辖

(1)铁路运输法院的管辖

按照《民事诉讼法》第30条的规定,铁路运输合同纠纷及与铁路运输有关的侵权纠纷,由铁路运输法院管辖。

(2)海事法院的管辖

下列案件专属于海事法院管辖:①因沿海港口作业纠纷提起的诉讼;②因船舶排放、泄漏、倾倒油类或者其他有害物质,海上生产、作业或者拆船、修船作业造成海域污染损害提起的诉讼;③因在中华人民共和国领域和有管辖权的海域履行的海洋勘探开发合同纠纷提起的诉讼。

(3)军事法院的管辖

双方当事人均为军人或者军队单位的民事案件由军事法院管辖。(《民诉法解释》第11条)

(二)地域管辖

地域管辖,又称区域管辖、土地管辖,是指按照人民法院的不同辖区确定同级人民法院之间受理第一审民事案件的分工和权限。(横向划分)

1.一般地域管辖

(1)原则规定——被告住所地法院管辖(原告就被告)

①对公民提起的民事诉讼,由被告住所地人民法院管辖。"被告住所地"指公民的户籍所在地。被告住所地与经常居住地不一致的,由经常居住地人民法院管辖。

补充:《民诉法解释》第7条:当事人的户籍迁出后尚未落户的,有经常居住地的,由该地人民法院管辖;没有经常居住地的,由其原户籍所在地人民法院管辖。

②对法人或者其他组织提起的民事诉讼,由被告住所地人民法院管辖。"被告住所地"是指法人或其他组织的主要办事机构所在地。不能确定主要办

事机构所在地时,以法人或者其他组织的注册地或者登记地为住所地。

③此外,《民诉法解释》作了相应补充规定:

A.第8条:双方当事人都被监禁或被采取强制性教育措施的,由被告原住所地法院管辖。被告被监禁或被采取强制性教育措施1年以上的,由被告被监禁地或被采取强制性教育措施所在地法院管辖。

B.第6条:双方当事人均被注销户口的,由被告居住地人民法院管辖。(户口注销是个法律概念,是户口管理中的具体表现,包括因失踪而宣告死亡户口注销登记和死亡办理户口注销登记。)

C.第12条:夫妻双方离开住所地超过1年,一方起诉离婚的案件,由被告经常居住地人民法院管辖;没有经常居住地的,由原告起诉时被告居住地法院管辖。

[例7] 王某住所地在A市B区,2013年2月,王某前往B市C区开了一家玩具店并长期居住在玩具店顶层的阁楼里。2014年6月,因为拆迁,王某关闭了玩具店并前往B市D区的新南方厨师学校学习烹饪,2014年9月,王某的老朋友居住在A市B区的陈某向法院提起诉讼,要求王某返还借款5万元。请问,本案应由( )法院管辖?

A.A市B区

B.B市C区

C.B市D区

D.A市B区或B市C区

[例8] 李萍(女)与王坚(男)二人于2003年在A市甲区某街道办事处登记结婚,婚后两人一直居住在B市乙区。2007年李萍与王坚因在C市从事假烟生产被公安机关查获,C市丙区法院于同年12月以生产假冒产品罪判处李萍与王坚有期徒刑5年。判决生效后,李萍与王坚被关押在位于C市丁区的监狱。2010年5月,李萍拟向法院起诉离婚,问:下列哪个法院对本案有管辖权?( )

A.A市甲区法院　　　　　　　　B.B市乙区法院

C.C市丙区法院　　　　　　　　D.C市丁区法院

[例9] 2014年8月,住在A市甲区的张三向李四的户口所在地A市乙区人民法院起诉,要求解除与李四的婚姻关系,乙区人民法院已经受理了此案,2014年12月,经当地政府批准,李四户口所在地的街道划归A市丙区,此外,乙区人民法院发现自2013年10月起,李四开始与张三分居,以后李四一

直居住在 A 市丁。乙区人民法院受理案件后一个月,李四在丁区居住的时间满一年。根据这些情况,张三诉李四离婚一案,关于管辖法院的说法正确的是( )

A.应当由乙区人民法院继续审理

B.乙区人民法院应当将本案移送到丙区人民法院

C.乙区人民法院应当将本案移送到丁区人民法院

D.乙区人民法院应当将本案报请 A 市中级人民法院指定管辖

(2)例外规定——原告住所地法院管辖(被告就原告)

《民事诉讼法》第 22 条规定了四种例外情形:

①对不在中华人民共和国领域内居住的人提起的有关身份关系的诉讼。

②对下落不明或者宣告失踪的人提起的有关身份关系的诉讼。

③对被采取强制性教育措施的人提起的诉讼。

④对被监禁的人提起的诉讼。

前两类案件的共性在于身份诉讼,如果是财产诉讼,则仍然由被告住所地人民法院管辖。而后两类案件的共性在于被告被限制了人身自由。

此外,《民诉法解释》作了相应扩大解释:

第 6 条:被告一方被注销户籍的,由原告住所地人民法院管辖。

第 9 条:追索赡养费、抚育费、扶养费案件的几个被告住所地不在同一辖区的,可以由原告住所地人民法院管辖。

第 12 条:夫妻一方离开住所地超过 1 年,另一方起诉离婚的案件,可以由原告住所地人民法院管辖。

[例 10] 原告刘某是被告赵某 2008 年收养的儿子,2016 年 5 月被告去美国,至今未归。在赵某出国前两人共同居住于住所地甲地,但赵某出国后,刘某就搬到乙地居住。原告现在起诉要求解除与被告的收养关系。起诉时被告尚未取得美国国籍。问:哪个法院有管辖权?

[例 11] 张某和薛某均为甲县人,双方在乙县登记结婚,后薛某在丙县被判处有期徒刑 3 年,薛某服刑 1 年后张某将户口迁至丁县,欲起诉与尚在服刑的薛某离婚,对此案哪一个法院有管辖权?( )

A.甲县   B.乙县   C.丙县   D.丁县

[例 12] 根据《民事诉讼法》的规定,下列哪些案件由原告住所地的法院管辖?( )

A.重庆市周某起诉居住在美国的刘某要求支付赡养费

B.武汉市邓某起诉下落不明的李某要求确认婚姻关系无效

C.深圳市公务员徐某对被采取强制性教育措施的胡某提起侵权之诉

D.上海市教师陈某对被劳教的曹某提起侵权之诉

2.特殊地域管辖

特殊地域管辖,又称为特别管辖,是指以诉讼标的物所在地或者因其民事法律关系发生、变更、消灭的法律事实所在地为标准确定的管辖。

特殊地域管辖确定有以下规律:第一,除海难救助费用与共同海损引起的纠纷以外,其他各类案件,被告住所地均有管辖权;第二,密切联系是确定特殊地域管辖的重要原则。

(1)一般合同纠纷的管辖

《民事诉讼法》第23条规定:"因合同纠纷提起的诉讼,由被告住所地或者合同履行地人民法院管辖。"这里的合同是指一般合同,保险合同、运输合同等管辖,法律另有规定。

合同纠纷诉讼的法定管辖中被告住所地恒有,复杂之处在于合同履行地的确定。

①合同中明确约定履行地的,以双方约定的履行地为合同履行地。(合同已实际履行)

②当事人没有约定或者约定不明确的,争议标的为给付货币的,接受货币一方所在地为合同履行地;交付不动产的,不动产所在地为合同履行地;其他标的,履行义务一方所在地为合同履行地。

③即时结清的合同,以交易行为地为合同履行地。

④合同没有实际履行,但一方当事人的住所地在约定的履行地,被告住所地和约定的履行地均有管辖权;当事人双方住所地都不在合同约定的履行地的,仅由被告住所地人民法院管辖。

综上,合同履行地原则上以当事人约定为准,在当事人没有约定或者约定不明确的,根据"争议标的履行地"原则予以确定,即只需对双方当事人争议的标的进行确定,则可明确有管辖权的人民法院。

[例13] A市甲区的陈某与A市乙区的王某,在B市丙区签订一份合同,约定陈某的一批珠宝在C市丁区卖给王某,后陈某将珠宝卖给了出价更高的李某,现王某欲追究陈某的违约责任。问:哪家法院有管辖权?

⑤财产租赁合同、融资租赁合同:以租赁物使用地为合同履行地,但合同中对履行地有约定的从其约定。(《民诉法解释》第19条)

⑥以信息网络方式订立的买卖合同,通过信息网络交付标的的,以买受人住所地为合同履行地,通过其他方式交付标的的,收货地为合同履行地。合同对履行地有约定的,从其约定。(《民诉法解释》第 20 条)

(2)保险合同纠纷的管辖

①一般情形下,因保险合同纠纷提起的诉讼,由被告住所地或者保险标的物所在地人民法院管辖。

②财产保险合同:如果保险标的物是运输工具或者运输中的货物,由被告住所地或者运输工具登记注册地、运输目的地、保险事故发生地的人民法院管辖。

③人身保险合同:可以由被保险人住所地人民法院管辖。(《民诉法解释》第 21 条新增)

[例 14] 东方运输公司对其运输车辆向某保险公司投保,后投保车辆发生事故,该运输公司即向保险公司要求理赔,由于双方对保险合同条款的理解发生分歧,遂引起诉讼。下列哪些法院对该案有管辖权?(　　)

A.投保车辆的购买地法院

B.投保车辆运输目的地人民法院

C.被告住所地

D.保险事故发生地

(3)票据纠纷的管辖

①因票据权利纠纷提起的诉讼,由票据支付地或者被告住所地人民法院管辖。

②非因票据权利纠纷提起的诉讼,依法由被告住所地人民法院管辖。

(4)公司诉讼:公司住所地法院管辖

《民事诉讼法》第 26 条规定:"因公司设立、确认股东资格、分配利润、解散等纠纷提起的诉讼,由公司住所地人民法院管辖。"

《民诉法解释》第 22 条规定:"因股东名册记载、请求变更公司登记、股东知情权、公司决议、公司合并、公司分立、公司减资、公司增资等纠纷提起的诉讼,依照民事诉讼法第二十六条规定确定管辖。"

(5)运输合同纠纷的管辖

因铁路、公路、水上、航空运输和联合运输合同纠纷提起的诉讼,由运输始发地、目的地或者被告住所地人民法院管辖。

(6)侵权纠纷的管辖

因侵权行为提起的诉讼,由侵权行为地或者被告住所地人民法院管辖。侵权行为地既包括侵权行为实施地,也包括侵权行为结果发生地。

几类特殊侵权纠纷的地域管辖规定:

①因产品、服务质量不合格造成他人财产、人身损害提起的诉讼:产品制造地、产品销售地、侵权行为地、服务提供地和被告住所地人民法院都有管辖权。(《民诉法解释》第26条)

②侵犯知识产权(商标权、著作权)的诉讼:侵权行为实施地、复制品的储藏地或查封、扣押地,被告住所地法院。若案件中储藏地有多个,均有管辖权。

《民诉法解释》第25条规定:"信息网络侵权行为实施地包括实施被诉侵权行为的计算机等信息设备所在地,侵权结果发生地包括被侵权人住所地。"

③侵犯名誉权的诉讼:侵权行为实施地、侵权结果发生地、被告住所地法院均有管辖权。其中侵权结果发生地通常是指原告的住所地;侵权产品的传播地也属于侵权行为实施地。

[例15] 北京海淀区赵某在西城区某出版社出版《论民诉管辖》一书,该书出版后,上海A区某公司认为盗版该书有利可图,遂在上海B区非法复制该书1万册,该公司将这些盗版书藏在C区,后来在D区销售时被版权局查封。赵某欲对该公司起诉要求赔偿。该案应当由下列哪些法院管辖?(　　)

A.A区法院　　　　　　　　B.B区法院
C.C区法院　　　　　　　　D.D区法院

[例16] 甲市A区的李某在乙市B区的网吧上网时通过网络散布了大量对丙市C区居住的吴某的恶意诋毁谣言,造成吴某名誉上的巨大损失,给其精神上造成巨大的痛苦。若吴某欲起诉李某的网络侵权行为,对本案具有管辖权的法院有(　　)

A.甲市A区人民法院

B.乙市B区人民法院

C.丙市C区人民法院

D.甲可以向国内任意法院提起诉讼

(7)交通事故损害赔偿纠纷的管辖

因铁路、公路、水上和航空事故请求损害赔偿提起的诉讼,由事故发生地或者车辆船舶最先到达地、航空器最先降落地或者被告住所地人民法院管辖。

(8)海损事故损害赔偿纠纷的管辖(由海事法院专属管辖)

因船舶碰撞或者其他海事损害事故请求损害赔偿提起的诉讼,由碰撞发生地、碰撞船舶最先到达地、加害船舶被扣留地或者被告住所地人民法院管辖。

(9)海难救助费用纠纷的管辖(由海事法院专属管辖)

因海难救助费用提起的诉讼,由船舶最先到达地、共同海损理算地或者航程终止地的人民法院管辖。

需要注意的是,这里排除了被告所在地的法院管辖。

(10)共同海损分担的纠纷(由海事法院专属管辖)

因共同海损提起的诉讼,有船舶最先到达地、共同海损理算地或者航程终止地的人民法院管辖。

需要注意的是,这里排除了被告所在地的法院管辖。

[例17]上海某航运公司所属的客轮"海峡"号在上海驶往大连港途中,在青岛海域被厦门某航运公司的货轮"夏风"号碰撞。"海峡"号被迫驶往青岛港靠岸。"夏风"号没有停留,继续行驶至广州港被扣留。现在上海某航运公司欲就船舶碰撞起诉厦门某航运公司。

(1)请问下列哪些地方的法院对该案有管辖权?(　　)

A.大连　　　B.青岛　　　C.广州　　　D.厦门

(2)上例中,如果由于碰撞,"海峡"号上的乘客因此依运输合同请求上海某航运公司赔偿,就该案应当由下列哪些地方的法院管辖?(　　)

A.上海　　　B.大连　　　C.青岛　　　D.广州

(3)"夏风"号停留在广州港期间因船舶所有权发生纠纷,原告武汉某航运公司主张该船归其所有,因而对厦门某航运公司起诉。经查,该船船籍港为大连。该案应当由哪些地方的法院管辖?(　　)

A.广州　　　B.厦门　　　C.大连　　　D.武汉

[例18]位于A县的某热水瓶厂生产了一个热水瓶,其在B县与代理商签订合同协议约定由代理商负责在C县销售,住在D县的杨某在旅游到C县时购买了该热水瓶,后在拿回家使用的过程中因为该热水瓶爆炸了造成杨某面部严重受伤,杨某欲以侵权损害赔偿为由提起诉讼,则对该案具有管辖权的法院是(　　)

A.A县人民法院　　　　　　B.B县人民法院
C.C县人民法院　　　　　　D.D县人民法院

3.专属管辖

专属管辖是指法律强制规定的某些特殊类型的案件专门由特定的法院来审理,其他法院无管辖权,当事人也不得协议变更管辖法院。

我国《民事诉讼法》第33条规定的属于专属管辖的诉讼有以下三类:

(1)因不动产纠纷提起的诉讼,由不动产所在地人民法院管辖。

①《民诉法解释》第28条确定不动产纠纷是指因不动产权利确认、分割、相邻关系等引起的物权纠纷。

②农村土地承包经营合同纠纷、房屋租赁合同纠纷、建设工程施工合同纠纷、政策性房屋买卖合同纠纷,按照不动产纠纷确定管辖。

③不动产已登记的,以不动产登记簿记载的所在地为不动产所在地;不动产未登记的,以不动产实际所在地为不动产所在地。

[例19] 甲公司与乙公司签订了一份建筑写字楼的建设工程施工合同。工程竣工并验收后,甲公司仅仅付了部分工程款,拖欠450万元一直未付。乙公司决定起诉。问:此时应当适用合同纠纷的管辖规定还是专属管辖的规定?

(2)因港口作业中发生的纠纷提起的诉讼,由港口作业所在的人民法院管辖。

(3)因继承遗产纠纷提起的诉讼,由被继承人死亡时的住所地或者主要遗产所在地人民法院管辖。

此外,因在中华人民共和国履行中外合资经营企业合同、中外合作经营企业合同、中外合作勘探开发自然资源合同发生纠纷提起的诉讼,由中华人民共和国人民法院管辖。这是对外国法院管辖的排斥。

4.协议管辖

协议管辖,又称约定管辖、合意管辖,是指双方当事人在纠纷发生前或纠纷发生之后诉讼之前,以书面的方式约定诉讼的管辖法院。

《民事诉讼法》第34条规定:"合同或者其他财产权益纠纷的当事人可以书面协议选择被告住所地、合同履行地、合同签订地、原告住所地、标的物所在地等与争议有实际联系的地点的人民法院管辖,但不得违反本法对级别管辖和专属管辖的规定。"

(1)适用于合同或其他财产权益纠纷。

《民诉法解释》第34条规定:"当事人因同居或者在解除婚姻、收养关系后发生财产争议,约定管辖的,可以适用民事诉讼法第三十四条规定确定管辖。"(注意:仍不包括人身权益纠纷)

(2)管辖必须采用书面方式。可以是附在合同中的协议管辖条款或者在合同之外的单独管辖协议。

《民诉法解释》第31条规定:"经营者使用格式条款与消费者订立管辖协议,未采取合理方式提醒消费者注意,消费者主张管辖协议无效的,人民法院应当支持。"

(3)协议时间为纠纷发生之前或纠纷发生之后诉讼之前,仅适用于确定一审案件的管辖。

(4)在规定范围内选择:被告住所地、合同履行地、合同签订地、原告住所地、标的物所在地等与争议有实际联系的地点的人民法院均可管辖。

《民诉法解释》第32条规定:"管辖协议约定由一方当事人住所地人民法院管辖,协议签订后当事人住所地变更的,由签订管辖协议时的住所地人民法院管辖,但当事人另有约定的除外。"

(5)管辖法院的选择不再要求选择的唯一性,当事人选择两个以上的法院,并不必然导致管辖协议无效。

《民诉法解释》第30条第2款规定:"管辖协议约定两个以上与争议有实际联系的地点的人民法院管辖,原告可以向其中一个人民法院起诉。"

(6)不得违反民事诉讼法和其他法律对级别管辖和专属管辖的规定。

(7)合同中协议管辖的条款具有独立性,即便合同是无效的,管辖条款的效力也不受影响。

[例20]甲(住所地为A)与乙(住所地为B)在C地签订了一份政策性房屋买卖合同,作为标的物的房屋位于D地。合同中约定,如果因为合同履行发生争议,由D地或A地法院管辖。后甲、乙因为房屋质量问题发生争议,甲决定将乙诉至法院。问:该管辖协议是否有效?为什么?

(三)裁定管辖

与法定管辖不同,裁定管辖是指人民法院以裁定的形式所确定的管辖。作为法定管辖的必要补充,裁定管辖主要包括移送管辖、管辖权转移与指定管辖制度。

1.移送管辖

移送管辖,是指人民法院受理民事案件后,发现自己对案件无管辖权,依法将案件移送给有管辖权的人民法院审理的制度。

(1)移送管辖的条件:①移送法院已经受理了案件;②移送法院对案件无

管辖权;③受移送的法院对案件有管辖权。

(2)移送管辖的程序问题。

①移送的次数问题:移送管辖只能进行一次。受移送的人民法院即使认为对移送来的案件无管辖权,也不得自行将案件再移送到其他法院或者将案件退回移送的法院,只能报请上级人民法院指定管辖。这里的上级法院是指自己的上级法院。

②管辖恒定问题:所谓管辖恒定,是指某个法院对某个案件是否享有管辖权,应当以原告起诉时的状态为准,法院在原告起诉时依法对该案享有管辖权的,该案件自始至终由其管辖,不因管辖的因素变化而变更管辖法院。管辖恒定包括级别管辖恒定和地域管辖恒定。

级别管辖恒定——主要是指级别管辖按照起诉时的标的额确定后,不因为诉讼过程中标的额的增加或减少而变动。但当事人故意规避有关级别管辖等规定的除外。

地域管辖恒定——指地域管辖按起诉时的标准确定后,不因诉讼过程中据以确定管辖的因素的变动而受影响。具体说来,当事人住所地、经常居住地的变更以及案件起诉后行政区域(法院辖区)的变更均不能引起管辖权的变化。

[例21] 孔某在 A 市甲区拥有住房两间,在孔某外出旅游期间,位于 A 市的乙区的建筑工程队对孔某隔壁李某房屋进行翻修。在翻修的过程中,施工队不慎将孔某家的墙砖块碰掉,砖块落入孔某家中,损坏电视机等家用物品。孔某旅游回来后发现此情,虽交涉,但未获结果。孔某向乙区法院起诉。乙区法院认为甲区法院审理更方便,故根据被告申请裁定移送至甲区法院。甲区法院却认为乙区法院审理更为便利,不同意接受移送。以下哪些说法是正确的( )

A.甲、乙二区对本案都有管辖权

B.向何法院起诉,由原告选择决定

C.乙区法院的移送管辖是错误的

D.甲区法院不得再自行移送,如果认为无管辖权,应报 A 市中级人民法院指定管辖

2.指定管辖

指定管辖,是指上级人民法院以裁定的方式指定下级人民法院对某一案件行使管辖权。指定管辖需要明确在哪些情况下发生,应由哪个法院行使指

定管辖权。具体包括:

(1)受移送人民法院认为自己对移送的案件无管辖权时,可以报请自己的上级人民法院指定管辖。

(2)有管辖权的人民法院由于特殊原因,不能行使管辖权的,由上级人民法院指定管辖。此"特殊原因",包括事实原因和法律原因,如地震、全体回避等。

(3)人民法院因管辖权发生争议协商不成时,由共同上级人民法院指定管辖,并且应当逐级进行。

管辖权争议,是指法院之间对案件管辖权发生的争议,或相互推诿,或相互争夺管辖权。具体的程序如下:

(1)两个以上的人民法院之间对地域管辖有争议的案件,有关法院均应当立即停止进行实体审理,进行协商,协商不成的,报请他们的共同上级法院指定管辖。

(2)上级法院应当在收到下级法院报告之日起30日内,作出指定管辖的决定。

(3)在管辖权争议未解决之前,任何一方法院均不得对案件作出判决。对抢先作出判决的,上级法院应当以违反程序为由撤销其判决,并将案件移送或者指定其他人民法院审理,或者由自己提审。

[提示:跨省或者跨地区之间的争议,举例说,A省甲县法院与B省乙县法院之间发生争议,此时因跨省,共同上级法院为最高人民法院。但是,甲县法院与乙县法院发生争议协商解决不了时,不能直接报请最高人民法院管辖。《最高人民法院关于适用〈中华人民共和国民事诉讼法〉若干问题的意见》规定,报请上级人民法院指定管辖时,应当逐级进行,也就是说,甲县法院与乙县法院协商不成时,应各自报请中级人民法院,中级人民法院也协商不成时,应再各自报请高级人民法院,高级人民法院协商不成的,由最高人民法院及时指定管辖。]

[例22]以下哪些案件应当适用指定管辖?(　　)

A.甲地法院受理其案件后,认为该案应当由乙地法院管辖

B.乙地法院接到甲地法院移送来的案件,认为自己也没有管辖权而应当由丙地法院管辖

C.甲地法院因建办公楼而欠建筑工程款,建筑公司以该法院为被告向该法院起诉的

D.某法院因为受到自然灾害影响无法办案,不能对应当由其行使管辖权的案件行使管辖权

3.管辖权的移转

《民事诉讼法》第38条规定:"上级人民法院有权审理下级人民法院管辖的第一审民事案件;确有必要将本院管辖的第一审民事案件交下级人民法院审理的,应当报请其上级人民法院批准。下级人民法院对它所管辖的第一审民事案件,认为需要由上级人民法院审理的,可以报请上级人民法院审理。"

根据新《民诉法解释》第42条的规定,这里的"确有必要"的情形是指:(1)破产程序中有关债务人的诉讼案件;(2)当事人人数众多且不方便诉讼的案件;(3)最高人民法院确定的其他类型案件。

(四)管辖权异议

管辖权异议,是指当事人向受诉法院提出的该法院对受理案件无管辖权的意见和主张。

《民事诉讼法》第127条第1款规定:"人民法院受理案件后,当事人对管辖权有异议的,应当在提交答辩状期间提出。人民法院对当事人提出的异议,应当审查。异议成立的,裁定将案件移送有管辖权的人民法院;异议不成立的,裁定驳回。"

1.当事人提出管辖权异议必须符合下列条件

(1)提出管辖权异议的主体只能是案件当事人,通常是被告。

[提示:所有第三人均无权提出管辖权异议。]

(2)提出管辖权异议的时间:提交答辩状期间(即被告收到起诉状副本之日起15日内提出)。

例外:①原告增加诉讼标的金额,被告可对级别管辖提出异议;②原告在举证期限届满前变更诉的原因,被告可以对地域管辖提出管辖权异议。

(3)管辖权异议只能向一审法院提出,不能向二审法院提出。

(4)对管辖权异议,法院应当以裁定的形式作出,该裁定可以上诉。

[例23]关于管辖权异议的表述,下列哪一个选项是错误的?(   )

A.当事人对一审案件的地域管辖和级别管辖均可提出异议

B.通常情况下,当事人只能在提交答辩状期间提出管辖异议

C.管辖权异议成立的,法院应当裁定将案件移送有管辖权的法院;异议不成立的,裁定驳回

D. 对于生效的管辖权异议裁定,当事人可以申请复议一次,但不影响法院对案件的审理

[例24] 居住在A市桃园区的甲因生意周转向居住在B市松德区的朋友乙借款50万元,后因甲生意失败迟迟未还清,乙在多次要求还钱无果的情况下向A市桃园区法院提起诉讼,要求乙归还其中的10万元,桃园区法院受理了此案,在此案答辩期届满后,乙增加了诉讼请求要求甲归还借款50万。此时甲提出管辖权异议,认为50万已经超出了A市桃园区法院的管辖标准,此案应当由A市中级人民法院管辖,关于本案的管辖下列说法错误的是( )

A. 由于答辩期已经届满,甲无权再提出管辖权异议
B. 根据管辖权恒定原则,即使乙增加了诉讼金额,该案还是由A市桃园区法院管辖
C. 如果增加金额后应由A市中级人民法院管辖,则应当裁定甲的管辖区异议成立并移送A市中级人民法院
D. 本案B市松德区法院也有管辖权

2. 新增:国内诉讼的应诉管辖(默示管辖)制度

《民事诉讼法》第127条第2款规定:"当事人未提出管辖异议,并应诉答辩的,视为受诉人民法院有管辖权,但违反级别管辖和专属管辖规定的除外。"

成立应诉管辖须同时满足三个条件:(1)当事人未在答辩期内提出管辖权异议;(2)当事人应就案件实体内容进行答辩、陈述或者反诉;(3)应诉管辖不得违反专属管辖和级别管辖的规定。

3. 管辖权异议与撤诉的关系

《最高人民法院关于审理民事级别管辖异议案件若干问题的规定》第2条规定:"在管辖权异议裁定作出前,原告申请撤回起诉,受诉法院作出准予撤回起诉裁定的,对管辖权异议不再审查,并在裁定书中一并写明。"

 真题解析

1. 住所地在H省K市L区的甲公司与住所地在F省E市D区的乙公司签订了一份钢材买卖合同,价款数额为90万元。合同在B市C区签订,双方约定合同履行地为W省Z市Y区,同时约定如因合同履行发生争议,由B市

仲裁委员会仲裁。合同履行过程中,因钢材质量问题,甲公司与乙公司发生争议,甲公司欲申请仲裁解决。因 B 市有两个仲裁机构,分别为丙仲裁委员会和丁仲裁委员会(两个仲裁委员会所在地都在 B 市 C 区),乙公司认为合同中的仲裁条款无效,欲向有关机构申请确认仲裁条款无效。如仲裁条款被确认无效,甲公司与乙公司又无法达成新的协议,甲公司欲向法院起诉乙公司。关于对本案享有管辖权的法院,下列选项正确的是(　　)(2016)

A.H 省 K 市 L 区法院　　　　B.F 省 E 市 D 区法院
C.W 省 Z 市 Y 区法院　　　　D.B 市 C 区法院

【答案】BC

【考点】合同纠纷案件管辖法院的确定

【解析】仲裁条款被确认无效后,本案若通过法院解决,则只能以购销合同纠纷确定管辖法院。《民事诉讼法》第 23 条规定:"因合同纠纷提起的诉讼,由被告住所地或者合同履行地人民法院管辖。"据此,B、C 两项正确。

2.法院受理案件后,被告提出管辖异议,依据法律和司法解释规定,其可以采取下列哪些救济措施?(　　)(2016)

A.向受诉法院提出管辖权异议,要求受诉法院对管辖权的归属进行审查

B.向受诉法院的上级法院提出异议,要求上级法院对案件的管辖权进行审查

C.在法院对管辖异议驳回的情况下,可以对该裁定提起上诉

D.在法院对案件审理终结后,可以以管辖错误作为法定理由申请再审

【答案】AC

【考点】管辖异议及其救济

【解析】《民事诉讼法》第 127 条第 1 款规定:"人民法院受理案件后,当事人对管辖权有异议的,应当在提交答辩状期间提出。人民法院对当事人提出的异议,应当审查。异议成立的,裁定将案件移送有管辖权的人民法院;异议不成立的,裁定驳回。"可见,管辖权异议只能向受诉法院提出而不能向上级法院提出,即 A 项正确、B 项错误。

从《民事诉讼法》第 154 条第 1 款、第 2 款的规定看,可以上诉的裁定有三种:不予受理的裁定、对管辖权有异议的裁定、驳回起诉的裁定。故 C 项正确。

2007 年《民事诉讼法》第 179 条曾将"违反法律规定,管辖错误的"列为当事人申请再审的事由之一,但 2012 年《民事诉讼法》第 200 条将其从再审事由

中删除,因为2012年《民事诉讼法》第127条第2款确定了应诉管辖(默示协议管辖):"当事人未提出管辖异议,并应诉答辩的,视为受诉人民法院有管辖权,但违反级别管辖和专属管辖规定的除外",所谓的管辖错误也就不成立了。故D项错误。

3.A市东区居民朱某(男)与A市西县刘某结婚,婚后双方住A市东区。一年后,公司安排刘某赴A市南县分公司工作。三年之后,因感情不和朱某向A市东区法院起诉离婚。东区法院受理后,发现刘某经常居住地在南县,其对该案无管辖权,遂裁定将案件移送南县法院。南县法院收到案件后,认为无管辖权,将案件移送刘某户籍所在地西县法院。西县法院收到案件后也认为无管辖权。关于本案的管辖问题,下列哪些说法是正确的?(　　)(2016)

A.东区法院有管辖权

B.南县法院有管辖权

C.西县法院有管辖权

D.西县法院认为自己没有管辖权,应当裁定移送有管辖权的法院

【答案】AB

【考点】离婚案件的地域管辖和移送管辖

【解析】《民诉法解释》第12条规定:"夫妻一方离开住所地超过一年,另一方起诉离婚的案件,可以由原告住所地人民法院管辖。夫妻双方离开住所地超过一年,一方起诉离婚的案件,由被告经常居住地人民法院管辖;没有经常居住地的,由原告起诉时被告居住地人民法院管辖。"本案被告离开住所地超过三年,原告起诉离婚,可由原告住所地法院管辖,即东区法院有管辖权。故A项正确。

《民事诉讼法》第21条第1款规定:"对公民提起的民事诉讼,由被告住所地人民法院管辖;被告住所地与经常居住地不一致的,由经常居住地人民法院管辖。"当被告住所地与经常居住地不一致时,只能由被告经常居住地法院按管辖,被告住所地法院丧失管辖权。本案被告的经常居住地在南县,即南县法院有管辖权。故B项正确。

西县法院虽为被告住所地,但被告已另有经常居住地,西县法院已丧失管辖权。故C项错误。

移送管辖实行一次移送原则,不得多次移送。受移送法院对移送来的案件必须接受,不得再自行移送;如认为本院对移送来的案件也无管辖权,则只能由相关法院协商确定管辖,协商不成,就需报请有关法院的共同上级法院指

定管辖。本案中,若西县法院认为自己没有管辖权,还裁定将案件移送有管辖权的法院,则此次移送已是第三次移送管辖,那明显是错误的。故 D 项错误。

4.住所在 A 市 B 区的甲公司与住所在 A 市 C 区的乙公司签订了一份买卖合同,约定履行地为 D 县。合同签订后尚未履行,因货款支付方式发生争议,乙公司诉至 D 县法院。甲公司就争议的付款方式提交了答辩状。经审理,法院判决甲公司败诉。甲公司不服,以一审法院无管辖权为由提起上诉,要求二审法院撤销一审判决,驳回起诉。关于本案,下列哪一表述是正确的(　　)(2017 年)

A.D 县法院有管辖权,因 D 县是双方约定的合同履行地

B.二审法院对上诉人提出的管辖权异议不予审查,裁定驳回异议

C.二审法院应裁定撤销一审判决,发回一审法院重审

D.二审法院应裁定撤销一审判决,裁定将案件移送有管辖权的法院审理

【答案】B

【考点】管辖规则

【解析】《民事诉讼法》第 23 条规定,因合同纠纷提起的诉讼,由被告住所地或合同履行地法院管辖。然而,关于合同履行地,不能笼统记忆,要看合同是否实际履行。具体而言,(1)如果合同履行了,那就直接按一般规定,被告住所地和合同履行地人民法院都有管辖权;(2)如果合同没有实际履行,当事人双方住所地又都不在合同约定的履行地的,应当由被告住所地人民法院管辖。本题的合同没有履行,约定的履行地为 D 县又不在双方当事人的住所地,因此 D 县法院没有管辖权,A 项错误。

该法第 127 条第 2 款规定:当事人未提出管辖异议,并应诉答辩的,视为受诉人民法院有管辖权,但违反级别管辖和专属管辖规定的除外。在乙公司诉至 D 县法院的情况下,甲公司就争议的付款方式提交了答辩状,已经构成应诉管辖。同时,《民诉法解释》第 39 条第 2 款规定,人民法院发回重审或者按第一审程序再审的案件,当事人提出管辖异议的,人民法院不予审查,即现行立法将管辖权异议的时间限定在初始一审的答辩期间。据此,对于甲公司以一审法院无管辖权为由提起上诉,要求二审法院撤销一审判决,驳回其上诉之请求,二审法院应当不予审查,裁定驳回异议,故 B 项正确。

5.住所在 M 省甲县的旭日公司与住所在 N 省乙县的世新公司签订了一份建筑工程施工合同,工程地为 M 省丙县,并约定如合同履行发生争议,在北京适用《中国国际经济贸易仲裁委员会仲裁规则》进行仲裁。履行过程中,因

工程款支付问题发生争议,世新公司拟通过仲裁或诉讼解决纠纷,但就在哪个仲裁机构进行仲裁,双方产生分歧。对此,下列哪一部门对该案享有管辖权?(　　)(2017)

A.北京仲裁委员会

B.中国国际经济贸易仲裁委员会

C.M省甲县法院

D.M省丙县法院

【答案】D

【考点】仲裁协议的效力和法院管辖的确定

【解析】《最高人民法院关于适用〈中华人民共和国仲裁法〉若干问题的解释》第4条规定,仲裁协议仅约定纠纷适用的仲裁规则的,视为未约定仲裁机构,但当事人达成补充协议或者按照约定的仲裁规则能够确定仲裁机构的除外。根据该条文,本案中的仲裁协议约定了所适用的仲裁规则,应视为无效;而且从题干介绍的案情看,当事人已不能达成补充协议,无法再适用仲裁解决争议,故只能通过诉讼解决争议。《民诉法解释》第28条规定:"民事诉讼法第三十三条第一项规定的不动产纠纷是指因不动产的权利确认、分割、相邻关系等引起的物权纠纷。农村土地承包经营合同纠纷、房屋租赁合同纠纷、建设工程施工合同纠纷、政策性房屋买卖合同纠纷,按照不动产纠纷确定管辖。不动产已登记的,以不动产登记簿记载的所在地为不动产所在地;不动产未登记的,以不动产实际所在地为不动产所在地。"据此,建设工程施工合同纠纷由工程所在地法院专属管辖。而本案中的工程地在M省丙县,即M省丙县法院对此案享有专属管辖权。故,D项正确。

案例分析

A地甲公司与B地乙公司签订一份购销合同,约定:由甲公司向乙公司购买电脑1000台,每台3000元。乙公司在合同生效后的10日内在C地交付货物。甲公司在收到乙公司货物后3日内付清款项,并约定若因合同发生纠纷由合同签订地D地的法院管辖。但由于乙公司内部原因无法交货,其没有按照合同约定在规定的时间内交货,甲公司要求乙公司承担违约责任,乙公司拒绝,甲公司遂向法院提起诉讼。

问:(1)若甲公司没有按照管辖协议的约定向D地法院起诉,而是向E地法院起诉,E地法院在什么情况下享有对此案的管辖权?

(2)若当事人并未在合同中约定纠纷的管辖法院,甲公司应向哪地法院起诉?

(3)若当事人只是口头约定纠纷由合同签订地D地法院管辖,现甲公司反悔,向合同履行地C地法院提起诉讼,C地法院是否有管辖权?

(4)若当事人并未在合同中约定纠纷的管辖法院,而是在合同发生纠纷后,才约定合同签订地D地为管辖法院,此时的管辖协议是否有效?

第三讲　　当事人与诉讼代理人

【案情】瞿颖贷款买车案

北京亚辰伟业汽车销售中心的经销商起诉称,2002年10月9日,瞿颖与其签了一份贷款购车合同。约定瞿颖以贷款方式从他们中心买下一辆价值96万多元的宝马车,首付款为28万多元,贷款67万多元,他们中心为贷款提供担保。按规定瞿颖需每月归还本息12720.34元,还60期。但随后他们发现,瞿颖拿了车后,刚开始按时还款,但从2006年8月起,就没有按约定还款,导致银行从他们中心保证金账户中划走贷款本息88841.03元。为此该公司起诉到法院,要求瞿颖给付为其代付的贷款本息(包括罚息)88841.03元。在法庭上,瞿颖的代理律师完全否认了贷款购车的事实,并称贷款购车合同、借款合同等材料中瞿颖的签名均不是瞿颖本人的签名,瞿颖也从未见过这些合同。2002年,瞿颖确实想买车,当时瞿颖认识了亚运村车市一个姓赵的人,赵某称可以帮瞿颖购车,于是瞿颖就将自己的身份证原件、户口本原件及房产证原件交给了赵某。2002年,瞿颖也确实买了一辆宝马车,现在还开着,但当时是一次性付清了全款的。2002年至2006年8月,每月的银行贷款不是瞿颖本人还的,至于是谁贷款买的车、这一期间是谁在偿还的银行贷款、现在车辆是谁在使用,瞿颖都不知道。对合同签名真伪一事,瞿颖的律师当庭申请进行笔迹鉴定。这时,经销商的代理人当即反驳说,当时可能是瞿颖委托他人买车,因此很可能出现受托人代签姓名的情况。结果:名模瞿颖被指拖欠宝马贷款案,在等待瞿颖笔迹鉴定结果期间突然了结。19日下午,原告北京亚辰伟业汽车销售中心撤诉。据了解,撤诉原因是还贷账户中莫名其妙地有了钱。

点评:只要权利义务发生争议或与他人发生纠纷就可以被列为当事人,贷款购车合同中有瞿颖的签字,瞿颖在程序上可以成为被告,至于瞿颖的当事人资格是否适格,是否为正当当事人,瞿颖是否与本案有直接利害关系则属于案件实体审理的范畴,瞿颖一方有权利提出对合同中的签字进行鉴定,若合同及原告方提供的其他材料中的瞿颖签字经鉴定均非瞿颖所签,毫无疑问原告方认定瞿颖为本案被告就无事实基础,好在本案最后以原告撤诉而告终,事实真相如何,或许只有本案的原、被告方最清楚。

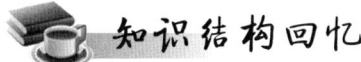

知识结构回忆

一、当事人

当事人,是指因民事权利义务关系发生争执或受侵害,以自己的名义进行诉讼,并受人民法院的裁判或者调解书约束的人。

(一)诉讼权利能力

民事诉讼权利能力,又称当事人能力,是指一定的主体能够成为民事诉讼当事人的法律资格。

[**提示**:有民事权利能力,必有民事诉讼权利能力;但有民事诉讼权利能力,不一定有民事权利能力。]

《民事诉讼法》第48条规定:公民、法人和其他组织可以作为民事诉讼的当事人。

1.公民:其诉讼权利能力和民事权利能力是一致的,始于出生,终于死亡。任何公民都具备这两项能力,包括未成年人和精神病人在内。

2.法人:诉讼权利能力与民事权利能力,均始于法人的成立而终于法人的撤销或解散。

3.其他组织:是指不具有法人资格的一些组织或团体。

《民诉法解释》第52条规定:"民事诉讼法第四十八条规定的其他组织是指合法成立、有一定的组织机构和财产,但又不具备法人资格的组织,包括:(一)依法登记领取营业执照的个人独资企业;(二)依法登记领取营业执照的合伙企业①;(三)依法登记领取我国营业执照的中外合作经营企业、外资企业②;(四)依法成立的社会团体的分支机构、代表机构;(五)依法设立并领取营业执照的法人的分支机构③;(六)依法设立并领取营业执照的商业银行、政策性银行和非银行金融机构的分支机构;(七)经依法登记领取营业执照的乡镇企业、街道企业;(八)其他符合本条规定条件的组织。"

(二)诉讼行为能力

诉讼行为能力,又称为诉讼能力,是指能够独自进行民事诉讼活动,具有独立行使诉讼权利和履行诉讼义务的能力。

(三)当事人适格问题

当事人适格,又称为正当当事人,是指能在具体的诉讼中,以自己的名义作为原告起诉或者作为被告应诉,并受本案判决约束的当事人。

举例:在2005年,中石油公司污染了松花江,以汪劲、甘培忠为代表的6名北京大学法学院师生起诉中石油公司,要求法院判决被告赔偿100亿人民币用于设立松花江流域污染治理基金;同时列为原告的还有鲟鳇鱼、松花江、太阳岛。请分析本案当事人。

分析:首先,松花江、太阳岛、鲟鳇鱼不能作为本案原告,因为它们不具有诉讼权利能力,不能以自己的名义起诉、应诉;其次,北大的6名师生作为自然人,虽有诉讼权利能力,但并非本案的适格当事人,不能作为本案原告起诉。

1.当事人适格与否的判断标准——以当事人是否是所争议的民事法律关系的主体为标准。

当事人适格与民事诉讼权利能力的关系:民事诉讼权利能力或民事诉讼行为能力是作为抽象的诉讼当事人的资格,即有无作为当事人或参加诉讼的资格或能力问题,它与具体的诉讼无关,通常取决于有无民事权利能力。

---

① 注意:(1)依法登记领取营业执照的个体工商户,应以营业执照上登记的业主为当事人,其字号不能成为当事人;(2)个人合伙应以全体合伙人作为共同诉讼人。

② 注意:这里针对的是不具有法人资格的中外合作经营企业、外资企业,而如果该企业取得了法人资格,则当然具有诉讼权利能力,不属于民事权利能力与诉讼权利能力分离的现象。

③ 注意:法人非依法设立的分支机构,或者虽然依法设立,但是没有领取营业执照的分支机构,以设立该分支机构的法人为当事人。

当事人适格是作为具体的诉讼当事人的资格,是针对具体的诉讼而言的,当事人适格与否,只能将当事人与具体的诉讼联系起来,看当事人与特定的诉讼标的有无直接联系,即是不是具体案件中实体法律关系的主体(即直接利害关系人)或属于法定的适格当事人。

举例:张某下班回家,途中看到城管与街边卖烤地瓜的男子黄某发生了肢体冲突,城管将黄某打伤。张某虽然是成年人,具有民事诉讼权利能力和民事行为能力,却不是该案件的适格当事人。因为其有无民事诉讼权利能力和民事诉讼行为能力是一种抽象的资格,取决于其民事权利能力和民事行为能力等自然状态;而其能否成为适格当事人,必须结合具体的个案,来判断其是否属于案件中实体法律权利义务关系的直接主体(即直接利害关系人),该案中的实体法律关系是城管与黄某之间的人身侵权关系,该实体关系的直接主体为侵权人城管与被侵权人黄某,张某显然不是该法律关系的直接主体,因此不是适格当事人。

简言之,判断当事人适格的原则——本案争议的实体法律关系的双方当事人就是案件的适格当事人。诉讼权利能力,是当事人适格的前提,即:适格当事人一定具有诉讼权能力;但具有诉讼权利能力的人不一定是适格当事人。

2.当事人适格的例外情形:诉讼担当

通常情况下,只有实体法律权利义务关系的直接主体才能够成为适格当事人,但也存在一些由非实体当事人作为正当当事人的情形,这些情形统称为诉讼担当。

诉讼担当指实体法上的权利主体或者法律关系以外的第三人,以自己的名义,为了他人的利益或者代表他人的利益,就因该实体权利或者法律关系所产生的纠纷而提起诉讼,所受判决的效力及于原来的权利主体的情形。

诉讼担当有以下几种情形:

(1)对他人的权利或者法律关系依法享有管理权的人,如失踪人的财产代管人、遗产管理人、遗嘱执行人、破产管理人享有诉讼实施权。

举例:张三被法院宣告失踪,法院指定李四担任财产代管人。李四在家中找到一张借条载明王五曾向张三借款万元,李四能否起诉王五要求归还借款,为什么?

分析:可以。李四虽然不是本案争议的实体借款合同关系的双方当事人(该实体借款合同关系双方当事人为张三和王五),但作为失踪人张三的财产代管人,依法对张三的财产享有管理权,是适格当事人,故李四是本案适格原告。当然既然李四是适格原告,则应当以自己的名义起诉王五,而不是以张三的名义起诉。

(2)为了保护死者的人格权、著作权等权益,死者的近亲属享有诉讼实施权。

《民诉法解释》第69条:"对侵害死者遗体、遗骨以及姓名、肖像、名誉、荣誉、隐私等行为提起诉讼的,死者的近亲属为当事人。"

近亲属:包括配偶、父母、子女、兄弟姐妹、祖父母、外祖父母、孙子女、外孙子女。

(3)确认之诉中对诉讼标的有确认利益的人。

举例:甲被一块飞来的石头砸伤,怀疑这块石头从乙家阳台掉落,于是成天纠缠乙要求赔偿。乙确信不是自家阳台掉下的石头致甲损害,但不胜其扰,诉至法院,要求法院判决确认乙与甲不存在侵权法律关系,乙能否作为本案适格原告起诉?

分析:乙虽然不是侵权实体法律关系的双方当事人,但对本案(确认之诉)的诉讼标的享有确认利益(即法院一旦确定乙与甲不存在侵权法律关系,乙即可从纠纷中解脱),故乙仍然是本案的适格当事人。

(4)因他人侵权而死亡的公民,其继承人享有诉讼实施权。

举例:2013年"韩亚空难"中不幸死去的浙江江山中学的学生,其父母享有提起侵权损害赔偿的权利,虽然父母并非侵权法律关系的直接主体,但是法律赋予其诉讼实施权,也即非实体当事人的法定诉讼担当。

(5)公益诉讼中的原告。

民事公益诉讼,是指基于维护受到损害的公共利益,特定的诉讼主体依法向人民法院提起的民事诉讼。该公共利益属于社会利益范畴,其利益主体不特定、不具体,是比较广泛意义上的人民、国家和社会。

只有在公共利益受到损害时,才可基于维护社会公共利益提起公益诉讼。如果针对污染环境、侵害消费者合法权益的行为,直接请求保护个体利益,则不属于民事公益诉讼的范围,而属于一般普通民事诉讼即私益诉讼。公共利益的核心在于公共性,涉及不特定多数人的利益。

提起公益诉讼的主体:法律规定的机关和有关组织。

[例1]陈水的同村老乡陈财在某建筑公司工地当工头,陈水被陈财招募到工地打工。工地工程完工后,陈财以公司没有结账为由拒绝发放工资。陈水和工友们准备向法院起诉讨要欠薪。

问:(1)陈水应当诉告谁?(2)如果以某建筑公司为被告,被告人如何具体列明?

[例2]李亮和赵梅夫妇坐出租车去医院做围产期例行检查,途中遇车祸,赵梅腹部受到冲撞和挤压。经医院检查诊断:胎儿受到一定程度的损伤,但损伤程度无法确定。双方经协商无法达成赔偿协议。李亮和赵梅以胎儿名义提出诉讼。问:李亮和赵梅夫妇的起诉是否得当?为什么?

(四)特殊情形下,当事人的确定

1.不以直接行为的行为人为当事人的情形

(1)分支机构的行为

法人非依法设立的分支机构,或者虽依法设立,但没有领取营业执照的分支机构,以设立该分支机构的法人为当事人。(《民诉法解释》第53条)

[提示:如果是法人依法设立并领取营业执照的分支机构,则属于具有民事诉讼权利能力的"其他组织",可以以自己的名义成为当事人。]

(2)职务行为

法人或者其他组织的工作人员执行工作造成他人损害的,该法人或者其他组织为当事人。(《民诉法解释》第56条)

(3)主体的承担

①企业法人合并的,因合并前的民事活动发生的纠纷,以合并后的企业为当事人;企业法人分立的,因分立前的民事活动发生的纠纷,以分立后的企业为共同诉讼人。(《民诉法解释》第63条)

②企业法人解散的,依法清算并注销前,以该企业法人为当事人;未依法清算即被注销的,以该企业法人的股东、发起人或者出资人为当事人。(《民诉法解释》第64条)

③在诉讼中,一方当事人死亡,需要等待继承人表明是否参加诉讼的,裁定中止诉讼。人民法院应当及时通知继承人作为当事人承担诉讼,被继承人已经进行的诉讼行为对承担诉讼的继承人有效。(《民诉法解释》第55条)

(4)法人名称被冒用或被借用

①法人或者其他组织应登记而未登记即以法人或其他组织的名义进行民事活动,或者他人冒用法人、其他组织的名义进行民事活动,或者法人或者其他组织依法终止后仍以其名义进行民事活动的,以直接责任人即行为人为当事人。

②因借用也无介绍信、合同专用章、盖章的空白合同书或者银行账户而产生的诉讼,出借单位和借用人为共同诉讼人。

(5)机动车使用人责任(《侵权责任法》第49条、第50条、第52条)

因租赁、借用、买卖、盗窃、抢劫或者抢夺,所有人与使用人分离,以侵权人为被告。但租赁、借用时,若机动车所有人对损害的发生有过错,使用人与所有人是共同被告。

2.与其他组织竞合

(1)在诉讼中,个体工商户以营业执照上登记的经营者为当事人。有字号的,以营业执照上登记的字号为当事人,但应同时注明该字号经营者的基本信息。(《民诉法解释》第59条)

(2)在诉讼中,未依法登记领取营业执照的个人合伙的全体合伙人为共同诉讼人。个人合伙有依法核准登记的字号的,应在法律文书中注明登记的字号。(《民诉法解释》第60条)

(3)个体工商户、个人合伙或私营企业以挂靠形式从事民事活动,当事人请求由挂靠人和被挂靠人依法承担民事责任的,该挂靠人和被挂靠人为共同诉讼人。(《民诉法解释》第54条)

3.侵权案件的当事人确定

(1)雇主与雇工的关系

①雇员在从事雇佣活动中致人损害的,雇主应当承担赔偿责任;雇员因故意或重大过失致人损害的,应当与雇主承担连带赔偿责任。

②雇工受到伤害:A.雇工在从事雇佣活动中遭受人身损害,雇主应当承担赔偿责任。B.雇佣关系以外的第三人造成雇工人身损害的,赔偿权利人可以请求第三人承担赔偿责任,也可以请求雇主承担赔偿责任。雇主承担赔偿责任后,可以向第三人追偿。

(2)劳务关系

《民诉法解释》第57条规定:"提供劳务一方因劳务造成他人损害,受害人提起诉讼的,以接受劳务一方为被告。"

(3)新闻报道侵权

因新闻报道或其他作品发生的名誉权纠纷,应根据原告的起诉确定被告。《最高人民法院关于审理名誉权案件若干问题的解答》第6条规定,有下列情形:

①只诉作者的,列作者为被告。

②只诉新闻出版单位的,列新闻出版单位为被告。

③对作者和新闻出版单位都提起诉讼的,将作者和新闻出版单位均列为被告。但作者与新闻出版单位为隶属关系,作品系作者履行职务所形成的,只列单位为被告。

(4)安全保障义务

①教育机构责任

A.过错推定责任:无民事行为能力人在幼儿园、学校或者其他教育机构学习、生活期间受到人身损害的,幼儿园、学校或者其他教育机构应当承担责任,但能够证明尽到教育、管理职责的,不承担责任。(《侵权责任法》第38条)

B.一般过错责任:限制民事行为能力人在学校或者其他教育机构学习、生活期间受到人身损害,学校或其他教育机构未尽到教育、管理职责的,应当承担责任。(《侵权责任法》第39条)

C.补充责任:无民事行为能力人或者限制民事行为能力人在幼儿园、学校或者其他教育机构学习、生活期间,受到幼儿园、学校或者其他教育机构以外的人员人身损害的,由侵权人承担侵权责任;幼儿园、学校或者其他教育机构未尽到管理职责的,承担相应的补充责任。(《侵权责任法》第40条)

②公共场所或群众性活动的安保义务

A.宾馆、商场、银行、车站、娱乐场所等公共场所的管理人或者群众性活动的组织者,未尽到安全保障义务,造成他人损害的,应当承担侵权责任。

B.因第三人的行为造成他人损害的,由第三人承担侵权责任;管理人或者组织者未尽到安全保障义务的,承担相应的补充责任。(《侵权责任法》第37条)

[例3]下列关于法人作为民事诉讼当事人的说法错误的是( )

A.法人依法成立但没有领取营业执照的分支机构,应该以该分支机构为当事人

B.法人的工作人员因职务行为或者授权行为发生的诉讼,该法人为当事人

C.法人或者其他组织依法终止后仍以其名义进行民事活动,以直接责任人为当事人

D.企业法人未经清算即被撤销,并没有成立清算组织,应以作出该撤销决定的机构为当事人

[例4]甲、乙、丙三人合伙开办电脑修理店,店名为"一通电脑行",依法登记。甲负责对外执行合伙事务。顾客丁进店送修电脑时,被该店修理人员戊

的工具碰伤。丁拟向法院起诉。关于本案被告的确定,下列哪一个选项是正确的?(　　)

A."一通电脑行"为被告

B.甲为被告

C.甲、乙、丙三人为共同被告,并注明"一通电脑行"字号

D.甲、乙、丙、戊四人为共同被告

[例5] 甲在丽都酒店就餐,顾客乙因地板湿滑不慎滑倒,将热汤洒到甲身上,甲被烫伤。甲拟向法院提起诉讼。关于本案当事人的确定,下列哪一种说法是正确的?(　　)

A.甲起诉丽都酒店,乙是第三人

B.甲起诉乙,丽都酒店是第三人

C.甲起诉,只能以乙或丽都酒店为单一被告

D.甲起诉丽都酒店,乙是共同被告

二、共同诉讼

(一)普通共同诉讼

普通共同诉讼,是指当事人一方或者双方为两人以上,诉讼标的是同一种类,法院认为可以合并审理,当事人也同意合并审理但需要分别裁判的诉讼。

普通共同诉讼具有以下特征:

(1)普通共同诉讼的诉讼标的是同一种类的,有数个诉讼请求。

(2)普通共同之诉是可分之诉。

(3)同一法院管辖,并且适用同一诉讼程序。

(4)当事人一方或双方为两人以上,且当事人(起诉方当事人)同意合并审理。

(二)必要共同诉讼

必要的共同诉讼,是指当事人一方或双方为两人以上,参加诉讼的同一方当事人之间对诉讼标的有共同的利害关系而形成的共同诉讼,人民法院必须合并审理的诉讼。

1.必要共同诉讼的特征

(1)必要的共同诉讼诉讼标的必须是同一法律关系,各诉之间具有不可分

割的联系。

(2)人民法院不能分案审理,必须合并审理,对于原告遗漏被告的人民法院则应当告知。

(3)共同诉讼人原先对于诉讼标的就有共同的权利义务。

(4)因为同一事实或法律上的原因,共同诉讼人之间产生了共同的权利或义务。

2.根据司法解释和审理实践,必要共同诉讼的法定情形

(1)挂靠关系中的共同诉讼人,即挂靠者和被挂靠者作为共同诉讼人。(《民诉法解释》第54条)

[例6]个体修理户孙某为了有利于承揽机动车修理业务,挂靠在集体企业泰华修理厂名下,并以泰华修理厂的名义对外承揽修理业务,为此,孙某每年给泰华修理厂上交2万元管理费。后孙某雇用的修理工李某为张强修理了一辆红旗牌轿车,在李某为张强试车时,不慎将车撞在路边的树上,造成该红旗车报废。就损失赔偿问题双方发生争议,经协商未能解决。问:此时,张强可以谁为被告提起诉讼?为什么?

(2)个体工商户登记的经营者与实际经营者不一致,应作为共同诉讼人。(《民诉法解释》第59条第2款)

(3)个人合伙中的共同诉讼人,即个人合伙的全体合伙人作为共同诉讼人。(《民诉法解释》第60条)

(4)企业法人分立中的共同诉讼人,即应以分立后的法人为共同诉讼人。(《民诉法解释》第63条)

(5)借用业务介绍信、合同专用章、盖章的空白合同书或者银行账户的,出借单位与借用人应为共同诉讼人。(《民诉法解释》第65条)

(6)保证关系中的共同诉讼人。(《民诉法解释》第66条)

①一般保证,仅起诉债务人的,以债务人为被告;仅起诉一般保证人的,法院应当将债务人列为共同被告;同时起诉债务人和一般保证人的,债务人和一般保证人为共同被告,但是法院应当在判决书中明确对债务人的财产依法强制执行后仍不能履行义务的,由保证人承担保证责任。

②连带保证,可以将债务人或者保证人作为被告提起诉讼;可以将债务人和保证人作为共同被告提起诉讼。

[提示:一般保证不能仅起诉保证人;连带保证中则完全按照债权人的起诉确定。]

(7)在继承遗产的诉讼中,部分继承人起诉的,人民法院应通知其他继承人作为共同原告参加诉讼;被通知的继承人不愿意参加诉讼又未明确表示放弃实体权利的,人民法院仍应将其列为共同原告。(《民诉法解释》第70条)

(8)代理关系中的共同诉讼人。即原告起诉被代理人和代理人,要求承担连带责任的,被代理人和代理人为共同被告。(《民诉法解释》第71条)

(9)共有财产关系中的共同诉讼人。即共有财产权受到他人侵害,部分共有权人起诉的,其他共有权人应当列为共同原告。(《民诉法解释》第72条)

(10)因共同侵权行为致人损害而产生的诉讼,共同侵权人对造成的损失承担连带赔偿责任,因为侵权行为的共同性决定了赔偿责任的连带性,共同侵权人对受害人承担共同的义务,由此而产生的诉讼属于必要的共同诉讼。

需要注意的是:《最高人民法院关于审理人身损害赔偿案件适用法律若干问题的解释》第5条规定,赔偿权利人在诉讼中放弃对部分共同侵权人的诉讼请求的,其他共同侵权人对被放弃诉讼请求的被告应当承担的赔偿份额不承担连带责任。责任范围难以确定的,推定各共同侵权人承担同等责任。

(11)共同危险行为的共同诉讼人。即除非能够证明损害后果与自身无因果关系,否则实施共同危险行为的主体承担连带责任。

(12)无民事行为能力人、限制民事行为能力人造成他人损害的,无民事行为能力人、限制民事行为能力人和其监护人为共同被告。(《民诉法解释》第67条)

3.必要共同诉讼人的追加

《民诉法解释》第73条规定:"必须共同进行诉讼的当事人没有参加诉讼的,人民法院应当依照民事诉讼法第一百三十二条的规定,通知其参加;当事人也可以向人民法院申请追加。人民法院对当事人提出的申请,应当进行审查,申请理由不成立的,裁定驳回;申请理由成立的,书面通知被追加的当事人参加诉讼。"

《民诉法解释》第74条规定:"人民法院追加共同诉讼的当事人时,应当通知其他当事人。应当追加的原告,已明确表示放弃实体权利的,可不予追加;既不愿意参加诉讼,又不放弃实体权利的,仍应追加为共同原告,其不参加诉讼,不影响人民法院对案件的审理和依法作出判决。"

[例7]李某经营个人小吃店,并且在工商行政管理部门进行了登记,生意一直很不错,后来由于李某意外受伤无法再经营店面,遂将小吃店转让给了侄子钱某,但未到工商部门办理变更登记,由于生意红火,钱某雇用了王某前来

帮忙。一日王顾客陈某在汤中发现死苍蝇,陈某现欲通过诉讼来维护自己的权利。如果陈某向法院提起诉讼应以谁为被告?( )

A.李某   B.钱某   C.王某   D.小吃店

[例8]老王过世后给三个儿子王大、王二、王三留有三套房子,其中一套房屋长期被老张租用。在继承遗产的过程中,王大要求老张在租赁期满后搬出房屋,老张拒绝搬出房屋并主张自己已经合法取得该房屋的所有权,在交涉无果的情况下,王大将老张起诉至法院,关于本案的当事人下列说法正确的是( )

A.人民法院应当通知王二和王三作为共同原告参加诉讼

B.因为是王大起诉,人民法院应当直接将王大列为单独原告

C.如果人民法院通知了王二和王三,其表示不愿意参加诉讼,则不应再将其列为共同原告

D.由于是部分继承人起诉,主体资格不健全,法院应当驳回起诉

[例9]新胜公司向洁惠家政公司要求委派一名清洁人员,洁惠家政公司遂将小丽派送给新胜公司,新胜公司让小丽清洁公司大厅地板,小丽在打扫时,陈某因没注意摔倒受伤。陈某向新胜公司要求赔偿,新胜公司称小丽不是该公司员工,不予赔偿,陈某遂向法院提起诉讼要求洁惠家政公司赔偿损失,本案的被告是( )

A.小丽为被告

B.洁惠家政公司是被告

C.新胜公司为被告

D.新胜公司和洁惠公司为共同被告

[例10]自2010年起,于某一直与其小儿子于五一起居住在自己的一套4居室房里。2012年12月,于某去世后,于五仍然居住在父亲遗留的4居室住房内,并于2013年5月将该套房过户在自己名下。为此,于五和四个哥哥发生争议。于大向法院起诉,认为于五侵犯了自己的合法继承权。法院受理案件后,通知其余继承人参加诉讼。于二表示愿意参加诉讼,于三表示放弃继承权,于四表示他不放弃继承权,但也不参加诉讼。问:在本案中,法院可否追加于二、于三和于四作为必要共同诉讼人参加诉讼?

三、诉讼代表人

诉讼代表人,是指为了便于诉讼,由人数众多的一方当事人推选出来,代

表其利益实施诉讼行为的人。

(一)诉讼代表人的确定

《民事诉讼法》第53条规定:"当事人一方人数众多的共同诉讼,可以由当事人推选代表人进行诉讼。代表人的诉讼行为对其所代表的当事人发生效力,但代表人变更、放弃诉讼请求或者承认对方当事人的诉讼请求,进行和解,必须经被代表的当事人同意。"

《民事诉讼法》第54条第1款和第2款规定:"诉讼标的是同一种类、当事人一方人数众多在起诉时人数尚未确定的,人民法院可以发出公告,说明案件情况和诉讼请求,通知权利人在一定期间向人民法院登记。向人民法院登记的权利人可以推选代表人进行诉讼;推选不出代表人的,人民法院可以与参加登记的权利人商定代表人。"

根据《最高人民法院关于适用〈中华人民共和国民事诉讼法〉若干问题的意见》第62条的规定,诉讼代表人的人数为2～5人,每位代表人可以委托1～2人作为诉讼代理人。

1.人数确定的代表人之诉
(1)特征:起诉时,人数众多的一方当事人人数确定。
(2)共同诉讼形式:可以是必要共同诉讼,也可以是普通共同诉讼。
(3)代表人的确定方式:
①全体当事人推选共同代表人或者部分当事人推选自己的代表人;
②选不出代表人:A.必要共同诉讼:选不出代表人的当事人自己参加诉讼;B.普通共同诉讼:选不出代表人的当事人自己另行起诉。

2.人数不确定的代表人之诉:
(1)起诉时的人数:不确定。
(2)共同诉讼形式:只能是普通共同诉讼。
(3)代表人的确定方式:
①推选代表人;
②法院提出人选与当事人协商;
③法院在起诉的当事人中指定,如果不同意法院指定的代表人,当事人可以另行起诉。
(4)人数不确定的代表人之诉的特别程序(《民诉法解释》第79条、第80条):

①公告:说明案件情况和诉讼请求,通知权利人向法院登记,公告期不得少于30日。

②权利人登记权利:应证明其与对方当事人的法律关系和所受到的损害,否则不予登记,但当事人可以另行起诉。

③法院作出的判决、裁定对参加登记的全部权利人发生效力,未登记的权利人在诉讼时效期间提起诉讼的,法院裁定适用该判决、裁定。

[例11] A厂生产的一批酱油由于香精投放过多,对人体有损害。报纸披露此消息后,购买过该批酱油的消费者纷纷起诉A厂,要求赔偿损失。甲和乙被推选为诉讼代表人参加诉讼。下列哪一个选项是正确的?(　　)

A.甲和乙因故不能参加诉讼,法院可以指定另一名当事人为诉讼代表人代表当事人进行诉讼

B.甲因病不能参加诉讼,可以委托一至两人作为诉讼代理人,而无须征得被代表的当事人的同意

C.甲和乙可以自行决定变更诉讼请求,但事后应当及时告知其他当事人

D.甲和乙经超过半数原告方当事人同意,可以和A厂签订和解协议

(二)诉讼代表人的权限

《民事诉讼法》第54条第3款和第4款规定:"代表人的诉讼行为对其所代表的当事人发生效力,但代表人变更、放弃诉讼请求或者承认对方当事人的诉讼请求,进行和解,必须经被代表的当事人同意。人民法院作出的判决、裁定,对参加登记的全体权利人发生效力。未参加登记的权利人在诉讼时效期间提起诉讼的,适用该判决、裁定。"

(三)公益诉讼

《民事诉讼法》第55条规定:"对污染环境、侵害众多消费者合法权益等损害社会公共利益的行为,法律规定的机关和有关组织可以向人民法院提起诉讼。"

公益诉讼制度是2012年《民事诉讼法》修改时增设的一项制度。此外,2015年1月1日起施行的修正后的《环境保护法》、2015年1月7日施行的《最高人民法院关于审理环境公益诉讼案件适用法律若干问题的解释》和2015年《民诉法解释》,对环境民事公益诉讼的起诉条件、诉权主体、级别管辖和地域管辖、审理程序、证据调取、举证责任、诉讼请求类型、裁判、诉讼费用等

问题,进行了细化规定。

2017年《民事诉讼法》再次修改,对第55条增加了第2款:"人民检察院在履行职责中发现破坏生态环境和资源保护、食品药品安全领域侵害众多消费者合法权益等损害社会公共利益的行为在没有前款规定的机关和组织或者前款规定的机关和组织不提起诉讼的情况下,可以向人民法院提起诉讼。前款规定的机关或者组织提起诉讼的,人民检察院可以支持起诉。"

1.案件范围

公益诉讼的案件范围暂定但不限于两类民事公益诉讼

在公益诉讼的案件范围,法律进行了开放式的规定,基本归纳为"损害社会公共利益的行为",大致包括:

(1)环境污染的行为;

(2)侵害众多消费者合法权益行为;

(3)其他损害社会公共利益的行为。

从立法表述上看,可以提起公益诉讼的案件包括但不限于"污染环境""侵害众多消费者合法权益"两类案件。也就是说,公益诉讼的适用范围还可以根据实践的发展稳步拓展。但是,鉴于民事公益诉讼还处于初步施行阶段,最高人民法院建议,目前的使用范围应暂限于"污染环境""侵害众多消费者合法权益"这两类情形为宜。

2.提起公益诉讼的主体

(1)法律规定的机关

例如:《中华人民共和国海洋环境保护法》第90条第2款规定的"对破坏海洋生态、海洋水产资源、海洋保护区,给国家造成重大损失的,由依照本法规定行使海洋环境监督管理权的部门代表国家对责任者提出损害赔偿要求"。该条明确授权国家海洋渔业局这一行政机关被授权代表国家对责任者提起公益诉讼。

(2)法律规定的有关组织

①《消费者权益保护法》(2013年)第47条规定:对侵害众多消费者合法权益的行为,中国消费者协会以及在省、自治区、直辖市设立的消费者协会,可以向人民法院提起诉讼。

②《环境保护法》(2014年)第58条规定:"对污染环境、破坏生态,损害社会公共利益的行为,符合下列条件的社会组织可以向人民法院提起诉讼:(一)依法在设区的市级以上人民政府民政部门登记;(二)专门从事环境保护

公益活动连续五年以上且无违法记录。"该条同时规定,提起诉讼的社会组织不得通过诉讼牟取经济利益。

(3)人民检察院

根据《民事诉讼法》第55条第2款和《最高人民法院、最高人民检察院关于检察公益诉讼案件适用法律若干问题的解释》规定,人民检察院提起公益诉讼包括以下内容:

对象:破坏生态环境和资源保护、食品药品安全。

条件:①法定机关和组织不提起诉讼的情况下,可以向人民法院提起诉讼。②法定机关和组织提起诉讼的情况下,人民检察院可以支持起诉。

注意:

A.个人不得提起公益诉讼。

《民事诉讼法》和《民诉法解释》均未把个人纳入可提起公益诉讼的主体范围,主要是基于开放个人提起公益诉讼的权利,可能会造成诉讼数量过多的局面,大大增加法院负担。此外,个人力量薄弱,存在举证困难的问题,在目前的社会条件下并不适合作为公益诉讼的起诉主体。

B.提起公益诉讼不以存在实际损害为前提,可以针对潜在危害行为提起。

3.起诉条件(《民诉法解释》第284条)

(1)有明确的被告;

(2)有具体的诉讼请求;

(3)有社会公共利益受到损害的初步证据;

(4)属于人民法院受理民事诉讼的范围和受诉人民法院管辖。

4.管辖(《民诉法解释》第285条)

公益诉讼案件由侵权行为地或者被告住所地中级人民法院管辖。但法律、司法解释另有规定的除外。

因污染海洋环境提起的诉讼,由污染发生地、损害结果地或者采取预防污染措施地海事法院管辖。

环境民事公益诉讼案件,由污染环境、破坏生态行为发生地、损害结果地或者被告住所地的中级以上人民法院管辖。

5.审理程序

(1)法院告知程序

人民法院受理公益诉讼案件后,应当在10日内书面告知相关行政主管部门。

(2) 与个体诉讼的关系

法院受理公益诉讼案件不影响同一侵权行为的受害人自行向法院提起诉讼。

(3) 与其他民事公益诉讼主体的关系

人民法院受理公益诉讼案件后,依法可以提起诉讼的其他机关和有关组织,可以在开庭前向人民法院申请参加诉讼,人民法院准许参加诉讼的,列为共同原告。

(4) 和解、调解的公告程序

当事人达成和解或调解协议后,人民法院应当将和解或者调解协议进行公告,公告期间不得少于30日。

公告期满后,经人民法院审查:①和解或调解协议不违反社会公共利益的,应当出具调解书;②和解或调解协议违反社会公共利益的,不予出具调解书,继续对案件进行审理并依法作出裁判。

(5) 撤诉的时间限制

一般民事诉讼案件,原告在宣判前皆可撤诉。但是,在公益诉讼案件中,原告撤诉必须在法庭辩论结束前,原告在法庭辩论终结后申请撤诉的,法院不予准许。

(6) 一事不再理

法院对公益诉讼作出裁判后,其他依法具有起诉资格的机关和有关组织就同一侵权行为另行向法院提起诉讼的,法院不予受理,但法律、司法解释另有规定的除外。

[例12] 关于环境公益诉讼,下列说法正确的有(　　)

A. 在环境公益诉讼中,被告不得以反诉的方式提出诉讼请求

B. 某一社会环保组织在不设区的地级市人民政府的民政部门登记,尽管符合其他条件,也不能作为公益诉讼的原告起诉

C. 作为公益诉讼原告的社会环保组织提起的诉讼所涉及的社会公共利益,应与其宗旨和业务范围具有关联性

D. 因污染海洋环境提起的公益诉讼,由污染发生地海事法院专属管辖

[例13] 下列关于公益诉讼的说法,正确的是(　　)

A. 人民法院受理公益诉讼案件后,基于一事不再理原则,同一侵权行为的受害人不能再因此提起诉讼

B. 公益诉讼涉及公共利益,因此当事人不能和解,法院也不能进行调解

C.公益诉讼涉及公共利益,因此原告不能申请撤诉

D.人民法院受理公益诉讼案件后,依法可以提起诉讼的其他机关和有关组织经法院准许参加诉讼的,应列为共同原告

四、第三人

《民事诉讼法》第56条规定:"对当事人双方的诉讼标的,第三人认为有独立请求权的,有权提起诉讼。对当事人双方的诉讼标的,第三人虽然没有独立请求权,但案件处理结果同他有法律上的利害关系的,可以申请参加诉讼,或者由人民法院通知他参加诉讼。人民法院判决承担民事责任的第三人,有当事人的诉讼权利义务。"

(一)有独立请求权第三人

有独立请求权的第三人,是指对他人之间的诉讼标的,主张独立的请求权,而参加到原、被告之正在进行的诉讼的人。

1.参加诉讼的条件:(1)对本诉原、被告争议的诉讼标的,主张独立的请求权;(2)诉在进行;(3)以起诉的方式参加。

2.诉讼地位:相当于原告的诉讼地位,是诉讼的当事人,既反对本诉的原告,又反对本诉的被告。

根据《民诉法解释》第81条的规定,第一审程序中未参加诉讼的第三人,申请参加第二审程序的,法院可以准许。

(二)无独立请求权第三人

无独立请求权的第三人,是指对原告和被告争议的诉讼标的没有独立的请求权,但与案件的处理结果有法律上的利害关系,而参加诉讼的人。

1.参诉方式:(1)申请参加诉讼;(2)由法院通知其参加诉讼。

2.诉讼地位:无独立请求权的第三人的诉讼地位处于辅助人的地位,享有当事人的诉讼权利义务,但是要受到一定的限制。

3.所受限制:无独立请求权的第三人无权对案件的管辖权提出异议,无权放弃、变更诉讼请求或者申请撤诉,但判决承担民事责任的无独立请求权的第三人有权提起上诉。

[例14] 下列关于无独立请求权第三人的说法,哪些是正确的?(　　)

A.无独立请求权第三人无权提出管辖权异议

B.无独立请求权第三人是否享有上诉权取决于第一审法院是否判决其承担民事责任

C.无独立请求权第三人只能以申请的方式参加诉讼

D.无独立请求权第三人有权放弃、变更诉讼请求

[例15] 甲与乙结婚,住在A市,生有一女。后甲在B市遇到丙女,甲隐瞒了婚史与丙登记结婚,并在B市购得住房一套与丙共同生活,2年后丙以感情不和为由向B市法院提起诉讼,要求解除婚姻关系并分割财产。乙闻讯后也欲向B市法院起诉甲,要求确认在B市的住房为自己和甲的共同财产。法院应当如何处理?( )

A.法院应将乙列为无独立请求权第三人

B.法院应将甲、丙列为共同被告

C.法院应将甲、乙列为共同原告

D.法院应将乙列为有独立请求权第三人

[例16] A地的张某与B地的李某因一珠宝的归属发生争议,张某遂向C地的法院起诉,要求李某归还珠宝,D地的程某认为自己对该争议的珠宝享有所有权,要求参加诉讼,下列哪些说法是正确的?( )

A.程某必须在法院开庭审理前参加诉讼

B.程某参加诉讼后,有权提出管辖权异议

C.程某参加诉讼后,其作为无独立请求权第三人不能提出管辖权异议

D.即便程某参加诉讼,也不能提出管辖权异议,因为他不是本诉当事人

(三)第三人撤销之诉

2012年《民事诉讼法》增设了第三人撤销诉讼制度,2015年《民诉法解释》对其作了详细规定。

《民事诉讼法》第56条第3款规定:"前两款规定的第三人,因不能归责于本人的事由未参加诉讼,但有证据证明发生法律效力的判决、裁定、调解书的部分或者全部内容错误,损害其民事权益的,可以自知道或者应当知道其民事权益受到损害之日起六个月内,向作出该判决、裁定、调解书的人民法院提起诉讼。人民法院经审理,诉讼请求成立的,应当改变或者撤销原判决、裁定、调解书;诉讼请求不成立的,驳回诉讼请求。"

1.提起条件

(1)有权提起撤销权之诉的主体:案外第三人(包括有独立请求权第三人

和无独立请求权第三人)。

(2)程序条件:因不能归责于本人的事由未参加诉讼,是指没有被列为生效判决、裁定、调解书的当事人,且无过错或者无明显过错的情形。包括:不知道诉讼而未参加的;申请参加未获准许的;知道诉讼,但因客观原因无法参加的;因其他不能归责于本人的事由未参加诉讼的。(《民诉法解释》第295条)

(3)实体条件:有证据证明发生法律效力的判决、裁定、调解书的部分或者全部内容错误,损害其民事权益的。

(4)时间条件:自知道或应当知道其民事权益受到损害之日起6个月内提起。

2.法院不予受理第三人撤销之诉的情形(《民诉法解释》第297条)

(1)适用特别程序、督促程序、公示催告程序、破产程序等非讼程序处理的案件;

(2)婚姻无效、撤销或者解除婚姻关系等判决、裁定、调解书中涉及身份关系的内容;

(3)《民事诉讼法》第54条规定的未参加登记的权利人对代表人诉讼案件的生效裁判;

(4)《民事诉讼法》第55条规定的损害社会公共利益行为的受害人对公益诉讼案件的生效裁判。

3.管辖法院:由作出该判决、裁定、调解书的人民法院管辖。

4.审查起诉与受理:法院应当对第三人提交的起诉状、证据材料以及对方当事人的书面意见进行审查。必要时,可以询问双方当事人。经审查,符合起诉条件的,法院应当在收到起诉状之日起30日内立案。不符合条件的,应当在收到起诉状之日起30日内裁定不予受理。

5.审判组织:应当组成合议庭开庭审理。

6.诉讼地位:原告——提起撤销权之诉的第三人;被告——原审诉讼的原告和被告。原审诉讼中没有承担责任的无独立请求权的第三人列为第三人。

7.法院审理后的处理方式(《民诉法解释》第300条)

(1)请求成立且确认其民事权利的主张全部或部分成立的,改变原判决、裁定、调解书内容的错误部分;

(2)请求成立,但确认其全部或部分民事权利的主张不成立,或者未提出确认其民事权利请求的,撤销原判决、裁定、调解书内容的错误部分;

(3)请求不成立的,驳回诉讼请求。

对前款规定裁判不服的,当事人可以上诉。原判决、裁定、调解书的内容未改变或者未撤销的部分继续有效。

8.第三人撤销之诉与再审的关系(《民诉法解释》第301条)

第三人撤销之诉案件审理期间,人民法院对生效判决、裁定、调解书裁定再审的,受理第三人撤销之诉的人民法院应当裁定将第三人的诉讼请求并入再审程序。但有证据证明原审当事人之间恶意串通损害第三人合法权益的,人民法院应当先行审理第三人撤销之诉案件,裁定中止再审诉讼。

9.第三人撤销之诉与案外人执行异议的关系(《民诉法解释》第303条)

(1)第三人提起撤销之诉后,未中止生效判决、裁定、调解书执行的,执行法院对第三人依照《民事诉讼法》第227条的规定提出的执行异议,应予审查。第三人不服驳回执行异议裁定,申请对原判决、裁定、调解书再审的,人民法院不予受理。

(2)案外人对人民法院驳回其执行异议裁定不服,认为原判决、裁定、调解书内容错误损害其合法权益的,应当根据《民事诉讼法》第227条的规定申请再审,提起第三人撤销之诉的,人民法院不予受理。

五、诉讼代理人

(一)法定诉讼代理人

《民事诉讼法》第57条规定:"无诉讼行为能力人由他的监护人作为法定代理人代为诉讼。法定代理人之间互相推诿代理责任的,由人民法院指定其中一人代为诉讼。"

1.范围:一般与无民事行为能力的人或限制民事行为能力人的监护人一致。

2.代理权限:全权代理,包括起诉、应诉、放弃或者变更诉讼请求、进行和解、提起反诉等,具有类似于当事人的诉讼权利。

3.法定诉讼代理权的取得方式:根据法律规定而取得。其产生的基础是实体法上的监护权。

(二)委托诉讼代理人

《民事诉讼法》第58条规定:"当事人、法定代理人可以委托一至二人作为诉讼代理人。下列人员可以被委托为诉讼代理人:(一)律师、基层法律服务工作者；(二)当事人的近亲属或者工作人员；(三)当事人所在社区、单位以及有关社会团体推荐的公民。"

《民事诉讼法》第59条规定："委托他人代为诉讼，必须向人民法院提交由委托人签名或者盖章的授权委托书。

授权委托书必须记明委托事项和权限。诉讼代理人代为承认、放弃、变更诉讼请求，进行和解，提起反诉或者上诉，必须有委托人的特别授权。

侨居在国外的中华人民共和国公民从国外寄交或者托交的授权委托书，必须经中华人民共和国驻该国的使领馆证明；没有使领馆的，由与中华人民共和国有外交关系的第三国驻该国的使领馆证明，再转由中华人民共和国驻该第三国使领馆证明，或者由当地的爱国华侨团体证明。"

《民事诉讼法》第62条规定："离婚案件有诉讼代理人的，本人除不能表达意思的以外，仍应出庭；确因特殊情况无法出庭的，必须向人民法院提交书面意见。"

以下四类人不能作为委托代理人：无民事行为能力人、限制民事行为人、可能损害被代理人利益的人、人民法院认为不宜作诉讼代理人的人。需注意的是，委托诉讼代理人必须向法院提交授权委托书，法定诉讼代理人无此规定。委托诉讼代理的应在授权委托书中注明代理权限，只写"全权代理"而无具体授权的，诉讼代理人无权代为承认、放弃、变更诉讼请求，进行和解，提起反诉或上诉。

[例17] 甲公司拖欠乙公司的货款而被乙公司诉至法院，乙公司的委托代理律师王某未经乙公司特别授权，有权实施下列哪些诉讼行为？(   )

A.表示同意甲公司延期1个月还款

B.要求书记员赵某回避

C.陈述案情、出示证据

D.提出管辖权异议

[例18] 关于诉讼代理人的代理权限，下列说法正确的是(   )

A.委托诉讼代理人在第一审程序进行代理，第一审诉讼程序结束后，诉讼代理权不消灭

B.未成年人在诉讼过程中年满18周岁的，原监护人仍然可以代理其进行诉讼

C.委托诉讼代理人在第一审程序进行代理，第一审程序结束后代理权消灭

D.委托诉讼代理人在第一审程序进行代理,第一审程序结束后,如果当事人上诉,第二审程序的委托诉讼代理人与第一审程序相同,无须向第二审法院另行提交授权委托书

真题解析

1.精神病人姜某冲入向阳幼儿园将入托的小明打伤,小明的父母与姜某的监护人朱某及向阳幼儿园协商赔偿事宜无果,拟向法院提起诉讼。关于本案当事人的确定,下列哪一选项是正确的?(　　)(2016)

A.姜某是被告,朱某是无独立请求权第三人

B.姜某与朱某是共同被告,向阳幼儿园是无独立请求权第三人

C.向阳幼儿园与姜某是共同被告

D.姜某、朱某、向阳幼儿园是共同被告

【答案】D

【考点】当事人的确定

【解析】本案是无民事行为能力人姜某进入向阳幼儿园打伤入托幼儿小明所引发的侵权损害赔偿诉讼,涉及无民事行为能力人侵权案件之当事人的确定和发生在教育机构的侵权案件的当事人的确定。《侵权责任法》第40条规定:"无民事行为能力人或者限制民事行为能力人在幼儿园、学校或者其他教育机构学习、生活期间,受到幼儿园、学校或者其他教育机构以外的人员人身损害的,由侵权人承担侵权责任;幼儿园、学校或者其他教育机构未尽到管理职责的,承担相应的补充责任。"据此,侵权人姜某应承担侵权责任,向阳幼儿园应承担相应的补充责任。在损害赔偿诉讼中,姜某和向阳幼儿园就是共同被告。《民诉法解释》第67条规定:"无民事行为能力人、限制民事行为能力人造成他人损害的,无民事行为能力人、限制民事行为能力人和其监护人为共同被告。"据此,姜某和监护人朱某为共同被告。概言之,本案中姜某、朱某和向阳幼儿园为共同被告。

2.小桐是由菲特公司派遣到苏拉公司工作的人员,在一次完成苏拉公司分配的工作任务时,失误造成路人周某受伤,因赔偿问题,周某起诉至法院。关于本案被告的确定,下列哪一选项是正确的?(　　)(2016)

A.起诉苏拉公司时,应追加菲特公司为共同被告

B.起诉苏拉公司时,应追加菲特公司为无独立请求权第三人

C.起诉菲特公司时,应追加苏拉公司为共同被告

D.起诉菲特公司时,应追加苏拉公司为无独立请求权第三人

【答案】C

【考点】当事人的确定

【解析】本题涉及劳务派遣致人损害这一特殊类型侵权案件中当事人的确定。《侵权责任法》第34条规定:"用人单位的工作人员因执行工作任务造成他人损害的,由用人单位承担侵权责任。劳务派遣期间,被派遣的工作人员因执行工作任务造成他人损害的,由接受劳务派遣的用工单位承担侵权责任;劳务派遣单位有过错的,承担相应的补充责任。"《民诉法解释》第58条规定:"在劳务派遣期间,被派遣的工作人员因执行工作任务造成他人损害的,以接受劳务派遣的用工单位为当事人。当事人主张劳务派遣单位承担责任的,该劳务派遣单位为共同被告。"根据这两个条文的规定,受害人周某起诉时,原则上应以接受劳务派遣的用工单位苏拉公司为被告(即周某可以只诉苏拉公司);若劳务派遣单位菲特公司有过错需承担补充责任时,应以苏拉公司和菲特公司为共同被告;若只诉菲特公司(劳务派遣单位),则法院应追加接受劳务派遣的苏拉公司(用工单位)为共同被告。所以,本题的A、B、D三个选项错误。

3.丁一诉弟弟丁二继承纠纷一案,在一审中,妹妹丁爽向法院递交诉状,主张应由自己继承系争的遗产,并向法院提供了父亲生前所立的其过世后遗产全部由丁爽继承的遗嘱。法院予以合并审理,开庭审理前,丁一表示撤回起诉,丁二认为该遗嘱是伪造的,要求继续进行诉讼。法院裁定准予丁一撤诉后,在程序上,下列哪一选项是正确的?(　　)(2016)

A.丁爽为另案原告,丁二为另案被告,诉讼继续进行

B.丁爽为另案原告,丁一、丁二为另案被告,诉讼继续进行

C.丁一、丁爽为另案原告,丁二为另案被告,诉讼继续进行

D.丁爽、丁二为另案原告,丁一为另案被告,诉讼继续进行

【答案】B

【考点】有独立请求权的第三人

【解析】有独立请求权的第三人,是指对原告和被告争议的诉讼标的有独立的请求权,而参加诉讼的人。其参加诉讼后,既反对原告的主张,又反对被告的主张。他以起诉的方式参加诉讼,所提起的诉讼被称为参加之诉。在参

加之诉中,第三人为原告,本诉的原告和被告为共同被告。参加之诉是一个独立于本诉的诉,本诉的撤回不影响参加之诉的继续存在。《民诉法解释》第237条规定:"有独立请求权的第三人参加诉讼后,原告申请撤诉,人民法院在准许原告撤诉后,有独立请求权的第三人作为另案原告,原案原告、被告作为另案被告,诉讼继续进行。"故本题的四个选项中只有 B 项正确。

4.李立与陈山就财产权属发生争议提起确权诉讼。案外人王强得知此事,提起诉讼主张该财产的部分产权,法院同意王强参加诉讼。诉讼中,李立经法院同意撤回起诉。关于该案,下列哪些选项是正确的?(　　)(2017)

A.王强是有独立请求权的第三人

B.王强是必要的共同诉讼人

C.李立撤回起诉后,法院应裁定终结诉讼

D.李立撤回起诉后,法院应以王强为原告、李立和陈山为被告另案处理,诉讼继续进行

【答案】AD

【考点】有独立请求权的第三人

【解析】A、B 两项考查当事人诉讼地位的确定。对当事人双方的诉讼标的,第三人认为有独立请求权的,有权提起诉讼。在诉讼中,王强既要反对本诉原告李立的诉讼主张,也要反对本诉被告陈山的诉讼主张。因此,王强是有独立请求权的第三人,而不是必要共同诉讼人。即 A 项正确,B 项错误。

C、D 两项本诉与参加之诉的关系。本诉和参加之诉均为独立的诉,只是基于某种牵连关系法院才可将二者合并审理,但本诉的撤回不影响参加之诉的继续存在,法院对参加制度仍然要继续审理。故 C 项错误,D 项正确。

5.居住在 A 市甲区的蒋某在 A 市乙区某住宅楼拥有住房一套。为了能够顺利出租,蒋某雇佣住在 A 市丙区的杨某进行保洁处理。在工作过程中,杨某不慎将窗户上的玻璃撞破,其中的一块碎玻璃掉下来,将从住宅楼下经过的张某(女)的脸严重划伤。张某被送到医院紧急治疗后,与蒋某以及杨某进行交涉,但是因双方分歧较大,未取得任何结果。张某于是向人民法院提起诉讼。在本案中,张某应当以谁作为被告提起诉讼才是正确的(　　)(2018年)

A.应以蒋某作为被告

B.应以杨某作为被告

C.应以蒋某和杨某作为共同被告

D.可以蒋某或杨某作为被告

【答案】A

【解析】根据《民诉法解释》第57条规定,提供劳务一方因劳务造成他人损害,受害人提起诉讼的,以接受劳务一方为被告。因此,张某应当起诉雇主蒋某,A项正确。

6.大洲公司超标排污导致河流污染,公益环保组织甲向A市中级法院提起公益诉讼,请求判令大洲公司停止侵害并赔偿损失。法院受理后,在公告期间,公益环保组织乙也向A市中级法院提起公益诉讼,请求判令大洲公司停止侵害、赔偿损失和赔礼道歉。公益案件审理终结后,渔民梁某以大洲公司排放的污水污染了其承包的鱼塘为由提起诉讼,请求判令赔偿其损失。对乙组织的起诉,法院的正确处理方式是(　　)(2017年)

A.予以受理,与甲组织提起的公益诉讼合并审理

B.予以受理,作为另案单独审理

C.属重复诉讼,不予受理

D.允许其参加诉讼,与甲组织列为共同原告

【答案】D

【解析】《民诉法解释》第287条规定,人民法院受理公益诉讼案件后,依法可以提起诉讼的其他机关和有关组织,可以在开庭前向人民法院申请参加诉讼。人民法院准许参加诉讼的,列为共同原告。因此在公告期间,公益环保组织乙向A市中级法院提起公益诉讼的,人民法院的正确处理方式是允许其参加诉讼,与甲组织列为共同原告,D项正确。本题答案为D。

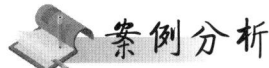

案例分析

1.张某(男)与刘某(女)系夫妻关系,二人居住在甲市A区。2014年3月,建成房屋公司与张某夫妻签订合同,由B区的建成房屋公司负责对张某夫妻房屋进行翻修,并对内墙进行重新粉刷。其中工人甲在粉刷工程中不慎将一珍贵瓷器打翻。粉刷完不久天气都持续阴雨,张某发现自家房屋刚刚粉刷过的内墙出现不同程度的涂料脱落现象,而且越来越严重,房屋的漏水情况依然很严重,不能正常居住。此时,张某与刘某因感情破裂而协议离婚,约定两人各拥有一室一厅。2014年8月3日,张某向B区法院起诉,称建成房屋公司修缮房屋后仍然漏水,且涂料系伪劣产品,脱落严重,已经不能居住,要求建成公司重新修缮且赔偿瓷器损坏的损失。张某委托了律师余某代理本案,

在授权委托书中写明全权代理而没有具体授权。刘某也于8月5日向B区法院提出了相同的诉讼请求,B区法院合并审理了本案。经查明,二人所述属实。另查明,2014年5月,该建成公司与B区的盛宇公司合并为新的龙泉公司,法定代表人为谢某。在案件审理过程中,该公司辩称其所使用的涂料购买于本市的新立涂料公司,应由新立涂料公司承担赔偿责任。①

问:(1)本案中B区人民法院是否具有管辖权?为什么?

(2)本案中建成公司一直全权委托宋某为其代理一切相关房屋修缮事宜,则在诉讼中宋某的诉讼地位如何?

(3)本案被告是谁,为什么?

(4)新立涂料公司如果参与诉讼,诉讼地位如何?该公司是否有权提出管辖权异议?

(5)诉讼代理人余某的诉讼权利如何?

(6)本案是必要还是普通共同诉讼?

2.2014年12月,浙江省杭州市6家化工企业将废酸委托给没有处理资质的公司和个人处理,这些公司和个人直接采用直接排放和船舶偷排等方式将废酸倒入当地河流中,造成了重大的环境损害。为了维护公众的环境权益,杭州市环保联合会向杭州市中级人民法院提起了环境民事公益诉讼,要求涉案的5家化工企业赔偿1.2亿元,用于水环境修复。杭州市中级人民法院受理该案件后,在杭州市环保联合会的请求下,于立案后的第13日将相关情况告知了当地环境行政主管部门。在案件的审理过程中,被告提出希望法院能帮助其与原告进行调解。②

问:(1)杭州市环保联合委员会是否有权提起环境民事公益诉讼?杭州市中级人民法院是否对该案件享有管辖权?为什么?

(2)法院受理环境民事公益诉讼的法定条件有哪些?

(3)如果原告方也愿意调解,法院可否以公益诉讼为由拒绝调解?为什么?

(4)如果法院受理杭州市环保联合会的起诉后,另一个享有民事公益诉讼

---

① 本案例根据法律考试中心组编:《2015年司法考试辅导用书配套测试题解》,法律出版社2015年版,第六章案例题改编。

② 参见《韩心怡民事诉讼法题库案例例题》,http://mp.weixin.qq.com/s?__biz=MzAxMzYzMzk0OA==&mid=207237626&idx=5&sn=7860325f21ab4655fa0c1cdb1c720e7a&3rd=MzA3MDU4NTYzMw==&scene=6#rd.

权的有关组织向法院申请参加诉讼,法院应当如何处理?

(5)如果在法院受理环保联合会的公益诉讼后,因水污染而导致鱼塘受灾的公民王某将被告诉至法院,要求其承担环境侵权损害赔偿责任,法院应否受理王某的起诉?为什么?

(6)本案中法院的做法是否存在违法之处?为什么?

第四讲 证据

【案情】南京彭宇案

2006年11月20日,南京市民彭宇陪同一名在路上跌倒的徐寿兰老太太前往医院检查,检查结果表明徐寿兰股骨骨折,需进行人造股骨头置换手术。徐寿兰随即向彭宇索赔医疗费,彭宇自称是乐于助人,拒绝了老人的要求。老人徐寿兰则坚持是彭宇撞伤自己。

2007年9月5日,南京市鼓楼区法院主审法官王浩对彭宇案作出一审判决,称"彭宇自认,其是第一个下车的人,从常理分析,他与老太太相撞的可能性比较大",并判断"如果被告是做好事,根据社会情理,在老太太的家人到达后,其完全可以说明事实经过并让老太太的家人将她送到医院,然后自行离开。但彭宇未作此等选择,他的行为显然与情理相悖"。对此案的结论是"本案中,发生事故时,老太太在乘车过程中无法预见将与彭宇相撞;同时,彭宇在下车过程中因为视野受到限制,无法准确判断车后门左右的情况,故对此次事故,彭宇和老太太均不具有过错","本案应根据公平原则合理分担损失,本院酌定被告补偿原告损失的40%较为适宜。被告彭宇在此判决生效的10日内一次性给付原告人民币45876元;1870元的诉讼费由老太太承担1170元,彭宇承担700元,并裁定彭宇补偿原告40%的损失,即45876元,10日内给付"。

点评: 南京彭宇案吸引了太多社会公众的眼球,本案已远远超出法律的范畴,甚至一些网民将中国社会道德滑坡的原因归咎于本案的判决,归咎于本案判决书中的推理,归咎于本案的主审法官,事实上本案的主审法官不堪重负已离开了法官岗位。先不论本案法官的推理是否存在问题,就从证据角度分析,从判决结果分析,本案的判决并不存在违反事实与违反法律规定的情形,南京彭宇案的走红,只能说明中国社会越来越浮躁,社会道德滑坡怎么能是一个案件引发的呢?恰恰相反,正是因为中国社会道德水准整体下降,才会导致本案的发生,才会导致本案被大众关注。

知识结构回忆

证据,是指证明案件真实情况的一切事实。

证据的基本特征:(1)客观性;(2)关联性;(3)合法性。只有同时具备"三性"的证据材料才具有证据资格。

《民诉法解释》第104条第2款规定:"能够反映案件真实情况、与待证事实相关联、来源和形式符合法律规定的证据,应当作为认定案件事实的根据。"

一、证据的种类

《民事诉讼法》第63条规定:"证据包括:(一)当事人的陈述;(二)书证;(三)物证;(四)视听资料;(五)电子数据;(六)证人证言;(七)鉴定意见;(八)勘验笔录。证据必须查证属实,才能作为认定事实的根据。"

(一)书证

书证是指以文字、符号、图形等所记载的内容或表达的思想来证明案件真实的证据。这种物品之所以称为书证,不仅因为它的外观呈书面形式,而更重要的是它记载或表示的内容能够证明案件事实。

《民事诉讼法》第70条规定:"书证应当提交原件。物证应当提交原物。提交原件或者原物确有困难的,可以提交复制品、照片、副本、节录本。提交外文书证,必须附有中文译本。"

(二)物证

物证是指以其存在的形状、质量、规格、特征等来证明案件事实的证据。物证是通过其外部特征和自身所体现的属性来证明案件的真实情况,它不受人们主观因素的影响和制约。

[例1]张某在购买电饭煲时,阅读了其包装上的性能说明,感觉不错,遂买下。后在使用过程中发生产品质量问题,引起争议。该电饭煲的包装可以

作为下列哪些种类的证据被法院采纳？（　　）

A.书证　　　　　　　　　B.物证

C.鉴定意见　　　　　　　D.视听资料

(三)视听资料

视听资料,是指利用录音、录像、电子计算机储存的资料和数据等来证明案件事实的一种证据。它包括录像带、录音片、传真资料、电影胶卷、微型胶卷、电话录音、雷达扫描资料和电脑贮存数据和资料等。

《民事诉讼法》第71条规定:"人民法院对视听资料,应当辨别真伪,并结合本案的其他证据,审查确定能否作为认定事实的根据。"

(四)证人证言

证人是指知晓案件事实并应当事人的要求和法院的传唤到法庭作证的人,证人就案件事实向法院所作的陈述称为证人证言。

《民事诉讼法》第72条规定:"凡是知道案件情况的单位和个人,都有义务出庭作证。有关单位的负责人应当支持证人作证。不能正确表达意思的人,不能作证。"

《民事诉讼法》第73条规定:"经人民法院通知,证人应当出庭作证。有下列情形之一的,经人民法院许可,可以通过书面证言、视听传输技术或者视听资料等方式作证:(一)因健康原因不能出庭的;(二)因路途遥远,交通不便不能出庭的;(三)因自然灾害等不可抗力不能出庭的;(四)其他有正当理由不能出庭的。"

《民事诉讼法》第74条规定:"证人因履行出庭作证义务而支出的交通、住宿、就餐等必要费用以及误工损失,由败诉一方当事人负担。当事人申请证人作证的,由该当事人先行垫付;当事人没有申请,人民法院通知证人作证的,由人民法院先行垫付。"

同时,根据《最高人民法院关于民事诉讼证据的若干规定》,证人在人民法院组织双方当事人交换证据时出席陈述证言的,可视为出庭作证。

证人作证程序要求人民法院在证人出庭作证前应当告知其如实作证的义务以及作伪证的法律后果,并责令其签署保证书,但无民事行为能力人和限制民事行为能力人除外。证人拒绝签署保证书的,不得作证,并自行承担相关费用。

[例2]下列关于证人及证人证言的表述,哪一项是错误的?(　　)

A.凡是了解案件情况的人都有义务出庭作证

B.当事人申请证人出庭作证应当经人民法院许可

C.与当事人一方有亲戚关系的人不能作为证人

D.无诉讼行为能力的人在一定情况下可以作为证人

[例3]根据我国《民事诉讼法》的规定,证人确有困难不能出庭的,经人民法院许可,可以提交书面证言,这里的"证人确有困难不能出庭"的情形具体包括(　　)

A.年迈体弱或者行动不便无法出庭的

B.特殊岗位确实无法离开的

C.路途特别遥远,交通不便难以出庭的

D.因自然灾害等不可抗力的原因无法出庭的

(五)当事人陈述

当事人陈述是指当事人在诉讼中就与本案有关的事实,向法院所作的陈述。

《民事诉讼法》第65条规定:"当事人对自己提出的主张应当及时提供证据,人民法院根据当事人的主张和案件审理情况,确定当事人应当提供的证据及其期限。当事人在该期限内提供证据确有困难的,可以向人民法院申请延长期限,人民法院根据当事人的申请适当延长。当事人逾期提供证据的,人民法院应当责令其说明理由;拒不说明理由或者理由不成立的,人民法院根据不同情形可以不予采纳该证据,或者采纳该证据但予以训诫、罚款。"

《民事诉讼法》第66条规定:"人民法院收到当事人提交的证据材料,应当出具收据,写明证据名称、页数、份数、原件或者复印件以及收到时间等,并由经办人员签名或者盖章。"

《民事诉讼法》第75条规定:"人民法院对当事人的陈述,应当结合本案的其他证据,审查确定能否作为认定事实的根据。当事人拒绝陈述的,不影响人民法院根据证据认定案件事实。"

(六)鉴定意见

鉴定人是指那些接受聘请或指派凭借自己的专门知识对案件中的疑难问题进行科学研究并作出具有法律效力结论的人。鉴定人运用专业知识、专门技术对案件中的专门性问题进行分析、鉴别、判断后作出的结论,称为鉴定意见。

《民事诉讼法》第76条规定:"当事人可以就查明事实的专门性问题向人民法院申请鉴定。当事人申请鉴定的,由双方当事人协商确定具备资格的鉴定人;协商不成的,由人民法院指定。当事人未申请鉴定,人民法院对专门性问题认为需要鉴定的,应当委托具备资格的鉴定人进行鉴定。"

《民事诉讼法》第77条规定:"鉴定人有权了解进行鉴定所需要的案件材料,必要时可以询问当事人、证人。鉴定人应当提出书面鉴定意见,在鉴定书上签名或者盖章。"

《民事诉讼法》第78条规定:"当事人对鉴定意见有异议或者人民法院认为鉴定人有必要出庭的,鉴定人应当出庭作证。经人民法院通知,鉴定人拒不出庭作证的,鉴定意见不得作为认定事实的根据;支付鉴定费用的当事人可以要求返还鉴定费用。"

《民事诉讼法》第79条规定:"当事人可以申请人民法院通知有专门知识的人出庭,就鉴定人作出的鉴定意见或者专业问题提出意见。"

(1)鉴定的启动:当事人申请或法院依职权决定。

(2)申请鉴定的时间:举证期限内提出,但申请重新鉴定的除外。

(3)鉴定机构的选择:当事人申请鉴定的,由当事人协商确定,协商不成的,由法院指定;法院依职权决定鉴定的,直接委托有鉴定资格的鉴定机构鉴定。

(4)鉴定意见:①鉴定人有权了解进行鉴定所需要的案件材料,必要时,可以询问当事人和证人;②鉴定人应当提出书面鉴定意见,在鉴定意见书上签名、盖章;③多名鉴定人对同一问题进行鉴定,出现不同意见的,应当在鉴定意见书中注明。

需要注意的是:①鉴定意见由鉴定人个人负责,一定要由鉴定人签名、盖章。②鉴定中出现不同意见要分别注明,不能实行少数服从多数。③鉴定人适用回避制度。

(5)鉴定人出庭

①情形:当事人对鉴定意见有异议或者法院认为鉴定人应当出庭的,鉴定人应当出庭(注意:此处是"应当"出庭,没有诸如"有正当理由的,可以不出庭"之类的表述)。

②后果:经法院通知,鉴定人拒不出庭的,鉴定意见不得作为认定案件事

实的依据,支付鉴定费用的当事人可以要求返还鉴定费用。

(6)有专门知识的人出庭(专家辅助人制度)

这一项内容为2012年《民事诉讼法》修正案新增,为了使一些虽然没有鉴定资格,但是对某一方面专业领域有专门的知识的人(俗称"专家证人"),进入诉讼,帮助认定事实。

①程序:经当事人申请,由法院通知(注意:必须由当事人申请,法院不能主动通知)。

②专家辅助人既非鉴定人,亦非证人。其出庭费用由提出申请的当事人承担。

③作用:A.对鉴定意见提出意见;B.对专业问题提出意见。

④审判人员和当事人可以对出庭的具有专门知识的人员进行询问。经人民法院准许,当事人各自申请的具有专门知识的人员可以就案件中的有关问题进行对质。

(七)勘验笔录

所谓勘验,是指人民法院审判人员,在诉讼过程中,为了查明一定的事实,对与案件争议有关的现场、物品或物体亲自进行或指定有关人员进行查验、拍照、测量的行为。对于查验的情况与结果制成的笔录叫勘验笔录。勘验笔录是一种独立的证据,也是一种固定和保全证据的方法。

《民事诉讼法》第80条规定:"勘验物证或者现场,勘验人必须出示人民法院的证件,并邀请当地基层组织或者当事人所在单位派人参加。当事人或者当事人的成年家属应当到场,拒不到场的,不影响勘验的进行。有关单位和个人根据人民法院的通知,有义务保护现场,协助勘验工作。勘验人应当将勘验情况和结果制作笔录,由勘验人、当事人和被邀参加人签名或者盖章。"

(八)电子数据

电子数据是指以电子形式存在的可以证明案件事实的一种证据形式。电子证据的特性概括来讲大致可以分为:无形性;客观真实性;可修改性与易破坏性;可保存性;可复制性;存在性、多样性和可活动性。在司法实践中,常见的电子数据主要有手机短信、电子邮件、网络聊天记录、电脑手机等访问网页材料、电子数据文件等。

[例4] 某建筑公司的一台吊车在施工作业时,将附近一所民宅的山墙撞

塌,致使该民宅内部分家具及电器受损。此外,该民宅内有一位老人(陈母)受到惊吓,在匆匆逃离现场时摔了一跤,致使大腿骨折。事故发生后,因双方当事人对施工人员是否有故意以及赔偿金额存在较大分歧,该民宅业主陈某遂起诉至法院,要求被告某建筑公司赔偿其经济损失,陈某在起诉时,向法院递交了如下证据材料:陈某自己用数码相机拍摄的现场物品受损的照片;陈母腿部骨折的诊断书及X光照片,陈某请当地的一名公安人员和两名保安人员对现场制作并签章的记录。同时,陈某还希望被告某建筑公司提供当天施工作业时吊车安全监控录像,并且希望当地保安公司提供当天的街头监控录像带。根据《民事诉讼法》和相关司法解释的规定,请回答以下问题:

(1)关于陈某所提交的证据,下列哪项说法是正确的?(　　)

A.照片属于电子数据

B.诊断书属于书证

C.X光照片属于视听资料

D.公安人员和保安人员制作的记录属于勘验笔录

(2)关于本案,下列哪些说法是正确的?(　　)

A.陈某有权书面申请法院责令被告某建筑公司提交吊车安全监控录像

B.陈某有权书面申请法院责令当地保安公司提供当天的街头监控录像带

C.被告某建筑公司无正当理由拒不提交吊车安全监控录像的,将承担不利后果

D.被告某建筑公司存放在电脑硬盘中的吊车安全监控录像,属于电子数据

二、证据的学理分类

(一)本证与反证:按照主张某种事实存在或否认对方主张事实的存在来划分

本证指能够证明负有举证责任的一方当事人所主张的事实的证据。

反证指能否定负有证明责任一方当事人所主张的事实的证据(即为了证明该事实不存在或不真实而提供的证据),反证的目的是提出证据否定对方提出的事实。

注意:第一,该分类不是以原、被告的地位为标准,原告、被告都有可能提出反证,也都有可能提出本证。第二,本证通常先于反证提出,反证提出的目的在于削落、动摇本证对待证事实的证明力。

(二)直接证据和间接证据:按照民事诉讼证据与证明对象的关系来划分

直接证据指能够单独、直接证明待证事实的全部或部分的证据。

间接证据指不能单独、直接证明案件待证事实,需要与其他证据结合在一起才能证明待证事实的证据。

注意:直接证据与间接证据的判断较难,两者判断只看其内容能不能单独、直接证明待证事实,与证据的来源、形式、证明力大小等无关,说得通俗一点,直接证据能够证明主要待证事实,而间接证据只能证明部分待证事实。

[例5]民事诉讼中下列哪种证据属于间接证据?(   )

A.无法与原件、原物核对的复印件、复制品

B.无正当理由未出庭作证的证人证言

C.证明夫妻感情破裂的证据

D.与一方当事人或者代理人有利害关系的证人出具的证言

[例6]甲对乙提起的返还借款的诉讼,就乙向甲借款事实的证明。问题:(1)甲向法院提交的乙向其借款时出具的借据的复印件,属于直接证据还是间接证据?(2)甲的同事丁向法院提供的曾见到甲交给过乙钱的证词,属于直接证据还是间接证据?

(三)原始证据和派生证据(传来证据):按照民事诉讼证据来源加以区分

按民事诉讼证据来源加以区分。

原始证据,就是直接来源于案件客观事实的证据,即人们通常所说的"第一手材料"。

派生证据,就是从原始证据中派生出来的证据,也就是人们通常所说的"第二手材料"。

(四)言词证据和实物证据:按照证据的存在及表现形式来划分

根据证据的存在及表现形式来划分。

言词证据是指以人的陈述为存在和表现形式的证据,又称之为人证,它包括被害人陈述,犯罪嫌疑人、被告人供述和辩解,证人证言,鉴定意见,辨认笔录等。

实物证据指凡表现为一定实物的证据。实物证据多以物品或痕迹等实在物为其存在状态和表现形式。在法定证据种类中,物证,书证,勘验、检查笔

录,现场笔录,视听资料等都属于实物证据。

鉴定意见是一种特殊的言词证据,它是鉴定人根据司法人员提供的材料,对与案件有关的专门性问题进行分析判断后发表的意见或看法,从而作出的书面结论,其实质仍是一种人证。

[例7]按照证据与证明责任之间的关系,在学理上将证据分为(　　)

A.原始证据与派生证据

B.原始证据与传来证据

C.直接证据与间接证据

D.本证与反证

[例8]张三向人民法院起诉李四,称李四借了其2万元逾期不还,向人民法院出示了李四所写的借条,请问,张三出示的借条属于(　　)

A.本证　　　　　　　　　B.反证

C.原始证据　　　　　　　D.派生证据

[例9]张鹏在下班回家途中被一只狼狗咬伤,医疗费和误工共达2500元,张鹏向该狼狗饲养员刘明索赔无果,遂诉至法院要求刘明赔偿其损失,下列证据中哪些属于本证?(　　)

A.张鹏提出的伤口的照片和医院的诊断书

B.刘明拒不承认是他的狗咬伤张鹏

C.刘明提供的证人甲所作其狼狗之所以咬伤张鹏,是因为张鹏故意殴打狼狗所造成的陈述

D.刘明提出一份证人证言,证明张鹏的伤不是其狼狗咬伤的

三、证明对象

证明对象,也称为待证事实,是指证明主体运用证据予以证明的与案件有关的事实。简单说就是需要用证据证明的案件事实。

(一)证明对象的范围

需用证据证明的事实即证明对象:

1.当事人主张的有关实体权益的法律事实;

2.当事人主张的程序法律事实;

3.证据材料;

4.习惯、地方性法规(主要指非法院本地区的)和外国法;

5.特别经验规则,主要是指专门性的特殊行业的经验规则。

(二)免证事实范围(《民诉法解释》第92条、第93条)

1.众所周知的事实;

2.自然规律及定理;

3.推定;

4.已为人民法院发生法律效力的裁判所确认的事实(预决的事实);

5.已为仲裁机构的生效裁决所确认的事实;

6.已为有效公证文书证明的事实;

7.当事人自认的事实。

自认,是指一方当事人对对方当事人所主张的事实承认后将免去主张该事实一方当事人的举证责任,法院将以该事实作为裁判的依据。

(1)自认的方式

《最高人民法院关于民事诉讼证据的若干规定》第8条第2款、第3款规定:"对一方当事人陈述的事实,另一方当事人既未表示承认也未否认,经审判人员充分说明并询问后,其仍不明确表示肯定或者否定的,视为对该项事实的承认。当事人委托代理人参加诉讼的,代理人的承认视为当事人的承认。但未经特别授权的代理人对事实的承认直接导致承认对方诉讼请求的除外;当事人在场但对其代理人的承认不作否认表示的,视为当事人的承认。"

根据上述规定,自认可以分为:

①明示自认(典型形式):当事人明确表示承认。

②默示自认(是一种推定):对一方当事人陈述的事实,另一方当事人既未表示承认也未否认,经审判人员充分说明并询问后,其仍不明确表示肯定或者否定,视为对该事实的承认。

③委托代理人的承认:原则上委托代理人的承认视为当事人的承认;但是代理人对事实的承认将直接导致承认对方诉讼请求的,该代理人需要特别授权;当事人在场,但对其代理人的承认不做否认表示的,视为对该事项的承认。

(2)自认的效果:免除对方当事人的举证责任,法院以该自认的事实作为裁判的依据。

(3)自认的撤回:是指当事人请求法院否认其作出的自认。

《最高人民法院关于民事诉讼证据的若干规定》第8条第4款规定:"当事人在法庭辩论终结前撤回承认并经对方当事人同意,或者有充分证据证明其承认行为是在受胁迫或者重大误解情况下作出且与事实不符的,不能免除对方当事人的举证责任。"具体而言,下列两种情况下可以撤回自认:第一,当事人在法庭辩论终结前经对方当事人同意撤回自认。第二,当事人有充分证据证明其承认行为是在受胁迫或者重大误解的情况下作出且与事实不符的,其自认无效。

(4)自认的范围

不能够自认及不构成自认的事实:

①涉及身份关系的案件事实不能够自认。

[例10]唐明在新加坡闯荡了10多年后,加入了新加坡国籍,并在一家国际知名企业担任高级主管。2004年,唐明通过亲戚介绍,结识了福州女子方梅。半年后,两人正式结婚。2004年11月,方梅来到新加坡和唐明开始共同生活。2006年4月,方梅生了一个女儿。以后,方梅每年都要回国几趟。2012年7月,方梅向唐明摊牌,称自己爱上了其他人,正式向他提出离婚。而唐明则认为女儿长得和自己不像,怀疑不是自己亲生的。问题:(1)在离婚案件中,对于双方的婚后共同财产能否自认?(2)在离婚案件中,对于女儿是不是唐明亲生的这一事实,能否自认?

②涉及国家利益、社会公共利益和他人合法权益的事实不能自认。

③在诉讼中,当事人为达成调解协议或者和解目的作出妥协所涉及的对案件事实的认可,不得在其后的诉讼中作为对其不利的证据。

[例11]香山公司(住所位于甲市A区)与红叶公司(住所位于乙市B区)签订了一份建筑合同,由红叶公司承建香山公司丙市分公司的办公楼(位于丙市C区)。双方同时还约定了因履行该建筑合同发生的争议,双方协商解决,协商不成的,双方可以向甲市A区法院起诉或者向乙市B区法院起诉。办公楼建成后,因办公区的附属设施质量不符合合同约定,香山公司与红叶公司协商无果,香山公司向法院起诉。诉讼中双方主动申请法院调解,在调解中红叶公司承认工程所有水泥不合要求,因而影响了工程质量,但双方就赔偿无法达成协议。根据上述案情,请回答以下问题:

(1)本案是否属专属管辖?

(2)对于本案,何地法院有管辖权?

(3)如果香山公司的丙市分公司出现在诉讼中,其诉讼地位是什么?

(4)如果红叶公司在调解中承认承建的附属设施存在质量问题,在判决时法院应当如何对待调解时的承认行为?

(5)如果红叶公司在调解中承认承建的附属设施存在质量问题,法院在后来的庭审中再次询问被告红叶公司时,红叶公司既不承认,也不否认,法院能否认定该事实成立?

四、举证责任

《民事诉讼法》第64条第1款规定:"当事人对自己提出的主张,有责任提供证据。"

举证责任,又称证明责任,是指当事人对自己提出的主张有收集或提供证据的义务,并有运用该证据证明主张的案件事实成立或有利于自己的主张的责任,否则将承担其主张不能成立的危险。

(一)举证责任分配的一般原则——谁主张,谁举证

《最高人民法院关于民事诉讼证据的若干规定》第2条规定:"当事人对自己提出的诉讼请求所依据的事实或者反驳对方诉讼请求所依据的事实有责任提供证据加以证明。没有证据或证据不足以证明当事人的事实主张的,由负有举证责任的当事人承担不利后果。"

[例12] 甲向乙借款10000元,约定15天内归还,并出具了欠条。在借款后的第5天,甲先向乙还了一部分钱,于是又在先前出具的欠条上注明"甲还欠款3000元"。余款超过期限后,甲一直未能返还。乙起诉至法院要求甲返还余款7000元,而甲则辩称:已返还乙7000元,只欠乙3000元。原来"还"是个多音字,乙主张是还(huan)欠款3000元,而甲主张是还(hai)欠款3000元。双方争执不下,且均无其他证据加以证明。问:法院应该作出何种裁判?

[例13] 王某开车行驶(60km/h),遇到刘某骑自行车横穿公路,王某紧急刹车,刘某从自行车上倒地摔伤,起诉王某。在诉讼中,双方争议的焦点在于刘某倒地摔伤是不是王某驾车所致。法院经过审理,认为无法确定王某的车是否将刘某撞倒,但由于王某车型较大,速度较快,刹车声刺耳等原因,足以使刘某受到惊吓而从自行车上摔落,同时,刘某违反交通规则,对其受伤也应承担相应的责任,据此判决王某对刘某的经济损失承担50%的责任。问:如何评价一审法院的判决?

(二)举证责任分配的特殊规则

根据《最高人民法院关于民事诉讼证据的若干规定》第4条的规定,下列

侵权诉讼,按照以下规定承担举证责任:

1.因新产品制造方法发明专利引起的专利侵权诉讼,由制造同样产品的单位或者个人对其产品制造方法不同于专利方法承担举证责任。

2.高度危险作业致人损害的侵权诉讼,由加害人就受害人故意造成损害的事实承担举证责任。《侵权责任法》对高度危险作业的相关问题作出如下具体规定:

(1)《侵权责任法》第70条规定,民用核设施发生核事故造成他人损害的,民用核设施的经营者应当承担侵权责任,但能够证明损害是因战争等情形或者受害人故意造成的,不承担责任。

(2)《侵权责任法》第71条规定,民用航空器造成他人损害的,民用航空器的经营者应当承担侵权责任,但能够证明损害是因受害人故意造成的,不承担责任。

(3)《侵权责任法》第72条规定,占有或者使用易燃、易爆、剧毒、放射性等高度危险物造成他人损害的,占有人或者使用人应当承担侵权责任,但能够证明损害是因受害人故意或者不可抗力造成的,不承担责任。被侵权人对损害的发生有重大过失的,可以减轻占有人或者使用人的责任。

(4)《侵权责任法》第73条规定,从事高空、高压、地下挖掘活动或者使用高速轨道运输工具造成他人损害的,经营者应当承担侵权责任,但能够证明损害是因受害人故意或者不可抗力造成的,不承担责任。被侵权人对损害的发生有过失的,可以减轻经营者的责任。

3.因环境污染引起的损害赔偿诉讼,由加害人就法律规定的免责事由及其行为与损害结果之间不存在因果关系承担举证责任。

《侵权责任法》第66条规定,因污染环境发生纠纷,污染者应当就法律规定的不承担责任或者减轻责任的情形及其行为与损害之间不存在因果关系承担举证责任。

4.建筑物或者其他设施以及建筑物上的搁置物、悬挂物发生倒塌、脱落、坠落致人损害的侵权诉讼,由所有人或者管理人对其无过错承担举证责任。

(1)《侵权责任法》第85条规定,建筑物、构筑物或者其他设施及其搁置物、悬挂物发生脱落、坠落造成他人损害,所有人、管理人或者使用人不能证明自己没有过错的,应当承担侵权责任。所有人、管理人或者使用人赔偿后,有其他责任人的,有权向其他责任人追偿。

(2)《侵权责任法》第87条规定,从建筑物中抛掷物品或者从建筑物上坠落的物品造成他人损害,难以确定具体侵权人的,除能够证明自己不是侵权人的外,由可能加害的建筑物使用人给予补偿。

5.饲养动物致人损害的侵权诉讼,由动物饲养人或者管理人就受害人有过错或者第三人有过错承担举证责任。

《侵权责任法》第78条规定,饲养的动物造成他人损害的,动物饲养人或者管理人应当承担侵权责任,但能够证明损害是因被侵权人故意或者重大过失造成的,可以不承担或者减轻责任。

6.因缺陷产品致人损害的侵权诉讼,由产品的生产者就法律规定的免责事由承担举证责任。

7.因共同危险行为致人损害的侵权诉讼,由实施危险行为的人就其行为与损害结果之间不存在因果关系承担举证责任。

8.因医疗行为引起的侵权诉讼,由医疗机构就医疗行为与损害结果之间不存在因果关系及不存在医疗过错承担举证责任。

《侵权责任法》第58条规定:"患者有损害,因下列情形之一的,推定医疗机构有过错:(一)违反法律、行政法规、规章以及其他有关诊疗规范的规定;(二)隐匿或者拒绝提供与纠纷有关的病历资料;(三)伪造、篡改或者销毁病历资料。"

《侵权责任法》第60条规定:"患者有损害,因下列情形之一的,医疗机构不承担赔偿责任:(一)患者或者其近亲属不配合医疗机构进行符合诊疗规范的诊疗;(二)医务人员在抢救生命垂危的患者等紧急情况下已经尽到合理诊疗义务;(三)限于当时的医疗水平难以诊疗。前款第一项情形中,医疗机构及其医务人员也有过错的,应当承担相应的赔偿责任。"

关于上述八类案件举证责任的分配,应当注意以下几点:第一,被告对原告实施侵权行为的事实由原告承担举证责任;第二,原告因侵权行为所遭受具体损失的事实由原告承担举证责任;第三,全部或部分免除被告赔偿责任的事实由被告承担举证责任;第四,因环境污染引起的损害赔偿诉讼和因共同危险行为致人损害引起的侵权诉讼应当由被告就行为与损害无因果关系承担举证责任。

(三)举证责任分担的其他规定

1.合同纠纷案件举证责任的分担。《最高人民法院关于民事诉讼证据的若干规定》第5条规定:"在合同纠纷案件中,主张合同关系成立并生效的一方当事人对合同订立和生效的事实承担举证责任;主张合同关系变更、解除、终止、撤销的一方当事人对引起合同关系变动的事实承担举证责任。对合同是否履行发生争议的,由负有履行义务的当事人承担举证责任。对代理权发生争议的,由主张有代理权一方当事人承担举证责任。"

2.劳动争议纠纷案件举证责任的分担。《最高人民法院关于民事诉讼证据的若干规定》第6条规定:"在劳动争议纠纷案件中,因用人单位作出开除、除名、辞退、解除劳动合同、减少劳动报酬、计算劳动者工作年限等决定而发生劳动争议的,由用人单位负举证责任。"

3.法院裁量责任的承担。《最高人民法院关于民事诉讼证据的若干规定》第7条规定:"在法律没有具体规定,依本规定及其他司法解释无法确定举证责任承担时,人民法院可以根据公平原则和诚实信用原则,综合当事人举证能力等因素确定举证责任的承担。"

[例14] 下列各案件中,对当事人举证责任分配说法错误的有( )

A.某建筑公司修路,将工程用土倒入张某的池塘,导致池塘里的鱼缺氧而死。张某起诉建筑公司要求赔偿。建筑公司是否有向池塘弃土由建筑公司承担举证责任

B.李某与王某发生冲突,李某将自家院子的狗放出来叫其咬王某,王某被咬伤后花了数千元医疗费,现王某诉至法院,有关自己被狗咬伤的事实应由王某负举证责任

C.江某委托钱某去甲市购买茶叶,后由于茶叶价格上涨,江某不承认钱某与茶叶商的购买合同,双方对钱某是否有代理权发生的争议,应由江某负举证责任

D.周某散步时,被从天而降的花盆砸伤脑袋,花去医疗费五千元。后查明该花盆属于某楼某家所有,就花盆砸伤周某的事实周某应承担举证责任

五、举证期限与证据交换

(一)举证时限

举证时限制度,是指当事人应当在一定的期限内向人民法院提供证据,如果逾期未提供证据,则视为放弃举证权利的制度。

1.举证时限的确定方式和时限(《民诉法解释》第 99 条)

(1)法院应当在审理前的准备阶段确定当事人的举证期限。举证期限可由当事人协商一致,并经人民法院准许。

(2)由人民法院指定举证期限的,一审普通程序案件不少于 15 日,当事人提供新的证据的二审案件不少于 10 日。

(3)举证期限届满后,当事人对于已经提供的证据,需要提出反驳证据或者认为在举证期限内提供的证据来源、形式等方面存在瑕疵需要补正的,法院可以酌情再次确定举证期限,该期限不受前述期限的限制。

(4)适用简易程序案件的举证期限由法院确定,也可以由当事人协商一致并经法院准许,但不得超过 15 日。

(5)小额诉讼案件的举证期限由法院确定,也可以由当事人协商一致并经法院准许,但一般不超过 7 日。

2.逾期举证的法律后果

《民事诉讼法》第 65 条对此作了变通规定:"当事人逾期提供的证据,人民法院应当责令其说明理由;拒不说明理由或者理由不成立的,人民法院根据不同情形可以不予采纳该证据,或采纳该证据但予以训诫、罚款。"换言之,逾期提供的证据也是可以采纳的了。

《民诉法解释》第 101 条、第 102 条对此做出如下解释:

(1)当事人因客观原因逾期提供证据,或者对方当事人对逾期提供的证据未提出异议的,视为未逾期。

(2)当事人因故意或者重大过失逾期提供的证据,该证据与案件基本事实无关的,法院不予采纳。

(3)当事人因故意或者重大过失逾期提供的证据,该证据与案件基本事实有关的,法院应当采纳,并对其予以训诫、罚款。

(4)当事人非因故意或者重大过失逾期提供的证据,法院应当采纳,并应对其予以训诫。

3.举证期限的延长

《民诉法解释》第 100 条规定:"当事人申请延长举证期限的,应当在举证期限届满前向人民法院提出书面申请。申请理由成立的,人民法院应当准许,适当延长举证期限,并通知其他当事人。延长的举证期限适用于其他当事人。申请理由不成立的,人民法院不予准许,并通知申请人。"

(二)证据交换

1.证据交换的启动。《最高人民法院关于民事诉讼证据的若干规定》第37条规定:"经当事人申请,人民法院可以组织当事人在开庭审理前交换证据。人民法院对于证据较多或者复杂疑难的案件,应当组织当事人在答辩期届满后、开庭审理前交换证据。"

2.证据交换的时间。《最高人民法院关于民事诉讼证据的若干规定》第38条规定:"交换证据的时间可以由当事人协商一致并经人民法院认可,也可以由人民法院指定。人民法院组织当事人交换证据的,交换证据之日举证期限届满。当事人申请延期举证经人民法院准许的,证据交换日相应顺延。"

3.证据交换的进行。《最高人民法院关于民事诉讼证据的若干规定》第39条规定:"证据交换应当在审判人员的主持下进行。在证据交换的过程中,审判人员对当事人无异议的事实、证据应当记录在卷;对有异议的证据,按照需要证明的事实分类记录在卷,并记载异议的理由。通过证据交换,确定双方当事人争议的主要问题。"

4.证据交换的次数。《最高人民法院关于民事诉讼证据的若干规定》第40条规定:"当事人收到对方交换的证据后提出反驳并提出新证据的,人民法院应当通知当事人在指定的时间进行交换。证据交换一般不超过两次。但重大、疑难和案情特别复杂的案件,人民法院认为确有必要再次进行证据交换的除外。"

六、人民法院调查收集证据

(一)法院主动调查收集的证据(《民诉法解释》第96条)

1.涉及可能损害国家利益、社会公共利益的;
2.涉及身份关系的;
3.涉及《民事诉讼法》第55条规定(即公益诉讼)的;
4.当事人有恶意串通损害他人合法权益可能的;
5.涉及依职权追加当事人、中止诉讼、终结诉讼、回避等程序性事项的。

必须注意,除了以上情形外,其他任何情形,人民法院均不得主动调查收集证据。

(二)依当事人申请调查收集的证据(《民诉法解释》第94条)

1.证据由国家有关部门保存,当事人及其诉讼代理人无权查阅调取的。(档案材料)

2.涉及国家秘密,商业秘密,个人隐私的材料。(涉密材料)

3.当事人及其诉讼代理人确因客观原因不能自行收集的其他证据。

申请的方式:(1)当事人及其诉讼代理人均可提出申请;(2)向法院提出申请;(3)举证期限届满前提出申请;(4)是否准许由法院决定,申请人对于不予准许的决定不服的,可以在收到通知书的次日起3日内向受理申请的法院申请复议一次,法院应当在5日内作出答复。

经人民法院调查,未能收集到证据,仍由负有举证责任的当事人承担举证不能的后果。

[例15] 关于民事诉讼中的证据收集,下列哪些选项是正确的?(　　)

A.在王某诉齐某合同纠纷一案中,该合同可能存在损害第三人利益的事实,在此情况下法院可以主动收集证据

B.在胡某诉黄某侵权一案中,因客观原因胡某未能提供一项关键证据,在此情况下胡某可以申请法院收集证据

C.在周某诉贺某借款纠纷一案中,周某因自己没有时间收集证据,于是申请法院调查收集证据,在此情况下法院应当进行调查收集

D.在武某诉赵某一案中,武某申请法院调查收集证据,但未获法院准许,武某可以向受案法院申请复议一次

[例16] 下列哪些证据法院可以依职权进行调查收集?(　　)

A.在分割遗产的诉讼中,对是否遗漏共有人的调查

B.关于本案人民陪审员王某曾经接受原告方请客送礼的证据

C.原、被告可能合谋通过诉讼非法侵占国有企业资产的证据

D.属于国家档案部门保存并须经人民法院依职权调取的材料

[例17] 在张某诉钱某侵犯名誉权、隐私权案件中,钱某主张两项事实:一是张某确实是私生子,钱某的说法不是捏造的,但有关证据是公安机关保存的档案材料,须法院去调取;二是张某自己也经常向他人说自己是私生子。但因证人分散,钱某自己去收集证人证言效果可能不理想。据此,请回答以下问题:

(1)以上两项事实的相关证据,人民法院可否主动调查收集证据?

(2)以上两项事实的相关证据,当事人是否可以申请法院收集证据?

(3)如果当事人申请法院调查收集证据,应当在何时提出申请?是否可以在首次开庭前或第一次开庭时提出申请?

(4)对于当事人申请法院调查收集证据的,法院是否必须调查收集?

(5)如果当事人申请法院调查收集第一项事实的相关证据,法院经过调查收集后,仍然未能收集到证据,那么谁承担事实不能证明的后果?

七、民事诉讼证据的其他规定

(一)民事诉讼中的新证据

一审程序中的新证据包括:(1)当事人在一审举证期限届满后新发现的证据;(2)当事人确因客观原因无法在举证期限内提供,经人民法院准许,在延长的期限内仍无法提供的证据。当事人在一审程序中提供新的证据的,应当在一审开庭前或者开庭审理时提出。

二审程序中的新证据包括:(1)一审庭审结束后新发现的证据;(2)当事人在一审举证期限届满前申请人民法院调查取证未获准许,二审法院经审查认为应当准许并依当事人申请调取的证据。当事人在二审程序中提供新的证据的,应当在二审开庭前或者开庭审理时提出;二审不需要开庭审理的,应当在人民法院指定的期限内提出。

再审程序中的新证据,根据《最高人民法院关于〈中华人民共和国民事诉讼法〉审判监督程序若干问题的解释》第10条的规定,申请再审人提交下列证据之一的,人民法院可以认定为《民事诉讼法》第200条第1款第(1)项规定的"新的证据":(1)原审庭审结束前已客观存在庭审结束后新发现的证据;(2)原审庭审结束前已经发现,但因客观原因无法取得或在规定的期限内不能提供的证据;(3)原审庭审结束后原作出鉴定结论、勘验笔录者重新鉴定、勘验,推翻原结论的证据。当事人在原审中提供的主要证据,原审未予质证、认证,但足以推翻原判决、裁定的,应当视为新的证据。

(二)质证

1.质证的主体

《最高人民法院关于民事诉讼证据的若干规定》第47条:"证据应当在法庭上出示,由当事人质证。未经质证的证据,不能作为认定案件事实的依据。

当事人在证据交换过程中认可并记录在卷的证据,经审判人员在庭审中说明后,可以作为认定案件事实的依据。"

质证是当事人的活动,法院不是质证的主体。

2.质证的方式

公开质证为原则,不公开质证为例外。

不公开质证的法定情形:"涉及国家秘密、商业秘密和个人隐私或者法律规定的其他应当保密的证据,不得在开庭时公开质证。"(《最高人民法院关于民事诉讼证据的若干规定》第48条)

3.质证的内容

《最高人民法院关于民事诉讼证据的若干规定》第50条规定:"质证时,当事人应当围绕证据的真实性、关联性、合法性,针对证据证明力有无以及证明力大小,进行质疑、说明与辩驳。"

(三)证据的审核认定

1.证据的审核认定要求

《最高人民法院关于民事诉讼证据的若干规定》第64条规定:"审判人员应当依照法定程序,全面、客观地审核证据,依据法律的规定,遵循法官职业道德,运用逻辑推理和日常生活经验,对证据有无证明力和证明力大小独立进行判断,并公开判断的理由和结果。"

2.对单一证据的审核认定

《最高人民法院关于民事诉讼证据的若干规定》第65条规定:"审判人员对单一证据可以从下列方面进行审核认定:(1)证据是否原件、原物,复印件、复制品与原件、原物是否相符;(2)证据与本案事实是否相关;(3)证据的形式、来源是否符合法律规定;(4)证据的内容是否真实;(5)证人或者提供证据的人与当事人有无利害关系。"

3.证明妨害的效力

《最高人民法院关于民事诉讼证据的若干规定》第75条规定:"有证据证明一方当事人持有证据无正当理由拒不提供,如果对方当事人主张该证据的内容不利于证据持有人,可以推定该主张成立。"

4.对证据的综合审核认定

《最高人民法院关于民事诉讼证据的若干规定》第77条规定:"人民法院就数个证据对同一事实的证明力,可以依照下列原则认定:(1)国家机关、社会团体依职权制作的公文书证的证明力一般大于其他书证;(2)物证、档案、鉴定结论、勘验笔录或者经过公证、登记的书证,其证明力一般大于其他书证、视听资料和证人证言;(3)原始证据的证明力一般大于传来证据;(4)直接证据的证明力一般大于间接证据;(5)证人提供的对与其有亲属或者其他密切关系的当事人有利的证言,其证明力一般小于其他证人证言。"

[例18] 下列不属于二审中的新证据的是( )

A.当事人在一审举证期限届满前申请人民法院调查取证未获准许,二审法院经审查认为应当准许并依当事人申请调取的证据

B.当事人在一审中确因客观原因无法在举证期限内提供的证据,经一审法院准许,在延长期限内仍无法提供的证据

C.一审中的一份关键证据,原告因疏忽大意等到二审中才提出

D.一审时已经客观存在,一审结束后当事人才新发现的证据

[例19] 在某一光盘买卖合同纠纷案件中的审理过程中,法院发现该案涉及可能有损社会公共利益的事实,于是向县文化部调查收集了相关证据,在庭审中,有关该证据的说法正确的是( )

A.应当由双方当事人进行质证

B.应当由提出异议的当事人与法院进行质证

C.应当由提出异议的当事人与县文化部门进行质证

D.法院对该证据进行说明后,无须质证

真题解析

1.战某打电话向牟某借款5万元,并发短信提供账号,牟某当日即转款。之后,因战某拒不还款,牟某起诉要求战某偿还借款。在诉讼中,战某否认向牟某借款的事实,主张牟某转的款是为偿之前向自己借的款,并向法院提交了证据;牟某也向法院提供了一些证据,以证明战某向其借款5万元的事实。关于这些证据的种类和类别的确定,下列哪一选项是正确的?( )(2016)

A.牟某提供的银行转账凭证属于书证,该证据对借款事实而言是直接证据

B.牟某提供的记载战某表示要向其借款5万元的手机短信属于电子数

据,该证据对借款事实而言是间接证据

C.牟某提供的记载战某表示要向其借款 5 万元的手机通话录音属于电子数据,该证据对借款事实而言是直接证据

D.战某提供一份牟某书写的向其借款 10 万元的借条复印件,该证据对牟某主张战某借款的事实而言属于反证

【答案】B

【考点】证据的立法种类和理论分类

【解析】《民诉法解释》第 116 条规定:"视听资料包括录音资料和影像资料。电子数据是指通过电子邮件、电子数据交换、网上聊天记录、博客、微博客、手机短信、电子签名、域名等形成或者存储在电子介质中的信息。存储在电子介质中的录音资料和影像资料,适用电子数据的规定。"

直接证据和间接证据的分类属于证据的理论分类,直接证据是指能够单独、直接证据待证事实的证据;间接证据是指不能单独、直接证明待证事实,需要与其他证据相结合才能证明待证事实的证据。

B、C 项:手机短信、手机通话录音是电子数据,且短信、录音里面的内容不能够单独证明借款的事实,属于间接证据。所以 B 项正确,C 项错误。

A 项:书证属于证据的法定分类,书证是以记载的内容或表达的思想证明案件事实。本题银行转账凭证记载的内容证明案件事实属于书证,但是不能直接单独证明借款的事实,属于间接证据。所以 A 项错误。

D 项:本证与反正属于证据的理论分类,本证指负有证明责任的一方当事人提出的用于证明自己所主张事实的证据;反正指不承担责任责任的一方当事人提出的用于反驳对方主张的证据。首先,借款不存在的事实应由被告战某承担举证责任;其次,战某提供的 10 万元的借条复印件证明其向牟某借款事实不存在,应为本证。所以 D 项错误。

2.刘月购买甲公司的化肥,使用后农作物生长异常。刘月向法院起诉,要求甲公司退款并赔偿损失。诉讼中甲公司否认刘月的损失是因其出售的化肥质量问题造成的,刘月向法院提供了本村吴某起诉甲公司损害赔偿案件的判决书,以证明甲公司出售的化肥有质量问题且与其所受损害有因果关系。关于本案刘月所受损害与使用甲公司化肥因果关系的证明责任分配,下列哪一选项是正确的?(　　)(2016)

A.应由刘月负担有因果关系的证明责任

B.应由甲公司负担无因果关系的证明责任

C.应由法院依职权裁量分配证明责任

D.应由双方当事人协商分担证明责任

【答案】B

【考点】产品质量侵权案件中举证责任的分配

【解析】B项:关于因果关系,刘月已经提供了一个生效判决书证明了因果关系的存在,该因果关系对于刘月就属于免证事实,除非甲公司能够提出相反的证据证明不存在因果关系,这个责任属于甲公司。所以B项正确,A项错误。

C、D项:《民事诉讼法》第64条规定:"当事人对自己提出的主张,有责任提供证据。"可知证明责任由谁承担是由法律和司法解释预先确定的,在诉讼中不存在证明责任在原、被告之间转移的问题。所以C、D项错误。

3.李某起诉王某要求返还10万元借款并支付利息5000元,并向法院提交了王某亲笔书写的借条。王某辩称,已还2万元,李某还出具了收条,但王某并未在法院要求的时间内提交证据。法院一审判决王某返还李某10万元并支付5000元利息,王某不服提起上诉,并称一审期间未找到收条,现找到了并提交法院。关于王某迟延提交收条的法律后果,下列哪一选项是正确的?(　　)(2016)

A.因不属于新证据,法院不予采纳

B.法院应采纳该证据,并对王某进行训诫

C.如果李某同意,法院可以采纳该证据

D.法院应当责令王某说明理由,视情况决定是否采纳该证据

【答案】B

【考点】逾期举证的处理

【解析】A项考查新证据。根据《最高人民法院关于民事诉讼证据的若干规定》第41条第2项的规定,二审程序中的新证据包括一审庭审结束后新发现的证据。此例中的收条是在一审庭审结束后新发现的证据,属于新证据,故A项错误。

B、C、D三项考查逾期举证的具体处理办法。《民事诉讼法》第65条第2款规定,当事人逾期提供证据的,人民法院应当责令其说明理由;拒不说明理由或者理由不成立的,人民法院根据不同情形可以不予采纳该证据,或者采纳该证据但予以训诫、罚款。《民诉法解释》第102条对此作了细化性规定:"当事人因故意或者重大过失逾期提供的证据,人民法院不予采纳。但该证据与

案件基本事实有关的,人民法院应当采纳,并依照民事诉讼法第六十五条、第一百一十五条第一款的规定予以训诫、罚款。当事人非因故意或者重大过失逾期提供的证据,人民法院应当采纳,并对当事人予以训诫。"王某迟延提交的收条与案件基本事实有关,若法院不予采纳,将会导致裁判明显不公,且王某之所以迟延提交该收条,不是出于故意或者重大过失,而是知道有此证据存在,却基于客观原因没有找到而已。所以正确的处理方法是,在采纳该证据的前提下,对王某予以训诫。故 B 项正确,C、D 两项错误。

4.哥哥王文诉弟弟王武遗产继承一案,王文向法院提交了一份其父生前关于遗产分配方案的遗嘱复印件,遗嘱中有"本遗嘱的原件由王武负责保管"字样,并有王武的签名。王文在举证责任期间书面申请法院责令王武提交遗嘱原件,法院通知王武提交,但王武无正当理由拒绝提交。在此情况下,依据相关规定,下列哪些行为是合法的?(　　)(2016)

A.王文可只向法院提交遗嘱的复印件

B.法院可依法对王武进行拘留

C.法院可认定王文所主张的该遗嘱能证明的事实为真实

D.法院可根据王武的行为而判决支持王文的各项诉讼请求

【答案】AC

【考点】举证与证明妨碍

【解析】A 项:《民诉法解释》第 111 条规定:"民事诉讼法第七十条规定的提交书证原件确有困难,包括下列情形:……(二)原件在对方当事人控制之下,经合法通知提交而拒不提交的……前款规定情形,人民法院应当结合其他证据和案件具体情况,审查判断书证复制品等能否作为认定案件事实的根据。"因遗嘱原件由被告王武保管,王文可以只向法院提交遗嘱复印件。所以A 项正确。

B、C 项:《民诉法解释》第 112 条规定:"书证在对方当事人控制之下的,承担举证证明责任的当事人可以在举证期限届满前书面申请人民法院责令对方当事人提交。申请理由成立的,人民法院应当责令对方当事人提交,因提交书证所产生的费用,由申请人负担。对方当事人无正当理由拒不提交的,人民法院可以认定申请人所主张的书证内容为真实。"遗嘱原件由被告王武保管,法院可责令其提交原件,其不提交的法院可以认定原告王文提交的复印件真实,而不是对王武进行拘留。所以 C 项正确,B 项错误。

D 项:王武拒不交出法院只是可以认定王文提交的复印件真实,并不意味着法院只能依据这份复印件作出胜诉判决,以偏概全。所以 D 项错误。

5.王某诉钱某返还借款案审理中,王某向法院提交了一份有钱某签名、内容为钱某向王某借款 5 万元的借条,证明借款的事实;钱某向法院提交了一份有王某签名、内容为王某收到钱某返还借款 5 万元并说明借条因王某过失已丢失的收条。经法院质证,双方当事人确定借条和收条所说的 5 万元是相对应的款项。关于本案,下列哪一选项是错误的?(　　)(2017)

A.王某承担钱某向其借款事实的证明责任

B.钱某自认了向王某借款的事实

C.钱某提交的收条是案涉借款事实的反证

D.钱某提交的收条是案涉还款事实的本证

【答案】C

【考点】本证与反证的分类

【解析】本证,是指负有举证责任的一方当事人为证明自己所主张的事实存在而提出的证据。反证,是指不负举证责任的一方当事人为了推翻对方当事人所主张的并已有证据证明的事实而提出另一个相反的事实,为证明该相反事实的存在而提出的证据。本案中,王某主张钱某借款,对此借款事实,应由王某负举证责任,即其提出的借条是本证;而钱某则主张还款,此还款事实与王某的借款事实不是同一事实,是另一新的事实,对该还款事实应由钱某负举证责任,即钱某提出的用以证明还款事实的收条是本证,不是反证。因此,本题的四个说法中,只有 C 项的说法错误。

6.杨青(15 岁)与何翔(14 岁)两人经常嬉戏打闹,一次,杨青失手将何翔推倒,致何翔成了植物人。当时在场的还有何翔的弟弟何军(11 岁)。法院审理时,何军以证人身份出庭。关于何军作证,下列哪些说法不能成立?(　　)(2017)

A.何军只有 11 岁,无诉讼行为能力,不具有证人资格,故不可作为证人

B.何军是何翔的弟弟,应回避

C.何军作为未成年人,其所有证言依法都不具有证明力

D.何军作为何翔的弟弟,证言具有明显的倾向性,其证言不能单独作为认定案件事实的根据

【答案】ABC

【考点】未成年人作为证人

【解析】A 项考查证人资格。《民事诉讼法》第 72 条规定,凡是知道案件情

况的单位和个人,都有义务出庭作证。有关单位的负责人应当支持证人作证。不能正确表达意思的人,不能作证。何军了解案情,且能正确表达意思,故具有证人资格。因此A项的说法不能成立。

B项考查回避对象。根据民事诉讼法和相关司法解释的规定,证人不是回避的法定人员之一。故B项的说法不能成立。

C、D项考查证人证言的证明力。根据《最高人民法院关于民事诉讼证据的若干规定》第69条的规定,未成年人所作的与其年龄和智力状况不相当的证言不能单独作为认定案件事实的依据。换言之,成年人所作的与其年龄和智力状况相当的证言且有其他证据补强时可以作为认定案件事实的依据。根据《最高人民法院关于民事诉讼证据的若干规定》第77条的规定,证人提供的对与其有亲属或者其他密切关系的当事人有利的证言,其证明力一般小于其他证人证言。可见,C项的说法不能成立,D项的说法可以成立。

7.叶某诉汪某借款纠纷案,叶某向法院提交了一份内容为汪某向叶某借款3万元并收到该3万元的借条复印件,上有"本借条原件由汪某保管,借条复印件与借条原件具有同等效力"字样,并有汪某的署名。法院据此要求汪某提供借条原件,汪某以证明责任在原告为由拒不提供,后又称找不到借条原件。证人刘某作证称,他是汪某向叶某借款的中间人,汪某向叶某借款的事实确实存在;另外,汪某还告诉刘某,他在叶某起诉之后把借条原件烧毁,汪某在法院质证中也予以承认。在此情况下,下列哪些选项是正确的?(   )(2017)

A.法院可根据叶某提交的借条复印件,结合刘某的证言对案涉借款事实进行审查判断

B.叶某提交给法院的借条复印件是案涉借款事实的传来证据

C.法院可认定汪某向叶某借款3万元的事实

D.法院可对汪某进行罚款、拘留

【答案】ABCD

【考点】证据的分类、证据的审查判断、证明妨碍

【解析】A项考查书证复印件的证据资格与证明力。《民事诉讼法》第70条规定,书证应当提交原件。提交原件确有困难的,可以提交复制品、照片、副本、节录本。《民诉法解释》第111条规定,提交书证原件确有困难的情形包括书证原件遗失、灭失或者毁损和原件在对方当事人控制之下,经合法通知提交而拒不提交等。可见,本案的借条复印件具有证据资格。但同时,《最高人民

法院关于民事诉讼证据的若干规定》第69条规定,无法与原件核对的复印件,不能单独作为认定案件事实的依据。本案被告已将借条原件烧毁,原告提供的复印件已无法与原件进行核对,其证明力较弱,需要其他证据补强。这里的其他证据就是刘某的证言。根据这两个证据,法院可对案涉借款事实进行审查判断。故A项正确。

B项考查原始证据与传来证据的分类。本案借条复印件不是直接来源于案件事实,而是由原始证据通过复印所形成,故其属于传来证据。即B项正确。

C项考查案件事实的认定。《民诉法解释》第108条规定,对负有举证证明责任的当事人提供的证据,人民法院经审查并结合相关事实,确信待证事实的存在具有高度可能性的,应当认定该事实存在。基于A项的分析以及法院要求被告汪某提交借条原件而被拒绝和质证中被告承认烧毁借条原件,法官可以确信汪某向原告叶某借款的事实。换言之,叶某对借款事实履行其证明责任达到了高度可能性的证明标准,而被告却未能提出有效的反证。因此C项正确。

D项考查证明妨碍。《民诉法解释》第113条规定,持有书证的当事人以妨碍对方当事人使用为目的,毁灭有关书证或者实施其他致使书证不能使用行为的,人民法院可以依法对其处以罚款、拘留。汪某烧毁借条原件的行为属于积极的证明妨碍,可以对其处以罚款、拘留。故D项正确。

8.李某起诉王某要求返还10万元借款并支付利息5000元,并向法院提交了王某亲笔书写的借条。王某辩称,已还2万元,李某还出具了收条,但王某并未在法院要求的时间内提交证据。法院一审判决王某返还李某10万元并支付5000元利息,王某不服提起上诉,并称一审期间未找到收条,现找到了并提交法院。关于王某迟延提交收条的法律后果,下列哪一选项是正确的( )(2018年)

A.因不属于新证据,法院不予采纳

B.法院应采纳该证据,并对王某进行训诫

C.如果李某同意,法院可以采纳该证据

D.法院应当责令王某说明理由,视情况决定是否采纳该证据

【答案】B

【考点】逾期举证处理规定

【解析】《民诉法解释》第102条规定:"当事人因故意或者重大过失逾期提供的证据,人民法院不予采纳。但该证据与案件基本事实有关的,人民法院应

当采纳,并依照民事诉讼法第六十五条、第一百一十五条第一款的规定予以训诫、罚款。当事人非因故意或者重大过失逾期提供的证据,人民法院应当采纳,并对当事人予以训诫。当事人一方要求另一方赔偿因逾期提供证据致使其增加的交通、住宿、就餐、误工、证人出庭作证等必要费用的,人民法院可予支持。"本题中,王某在一审期间未找到收条,二审时找到了,并提交给法院,并不属于故意或者重大过失逾期提交的,故法院应当采纳,并在采纳的同时给予王某训诫。本题的答案为B。

9.贾某因家里突发急事,急需用钱,向好友艾某借了30万元,并承诺下月还钱,因是朋友关系,再加上很快就会归还,艾某也就没有让贾某打借条。过了半年之后,贾某仍未归还该笔欠款。正好赶上艾某家里有事用钱,就打电话给贾某尽快还钱。电话中,艾某要求贾某归还欠款30万,并要求贾某支付逾期利息3000元。贾某承认借款30万元,但请求艾某免除利息。后双方没有协商成功,艾某向法院起诉,要求贾某归还欠款及支付利息。艾某将其与贾某打电话时私下偷录的电话录音,剪辑之后提交给了法院。关于本案证据的认定,下列说法错误的是(　　)(2018年)

A.电话录音没有经过对方同意,不能作为证据使用

B.电话录音虽然没有经过对方同意,依然可以作为证据使用

C.电话录音经过了剪辑,存有疑点,不能作为证据使用

D.贾某对借款事实的承认构成了自认

【答案】ACD

【解析】根据《民诉法解释》第106条规定,对以严重侵害他人合法权益、违反法律禁止性规定或者严重违背公序良俗的方法形成或者获取的证据,不得作为认定案件事实的根据。故该录音可以作为证据使用没问题,故A项错误,B项正确。

根据《最高人民法院关于民事诉讼证据的若干规定》第69条规定:"下列证据不能单独作为认定案件事实的依据:(一)未成年人所作的与其年龄和智力状况不相当的证言;(二)与一方当事人或者其代理人有利害关系的证人出具的证言;(三)存有疑点的视听资料;(四)无法与原件、原物核对的复印件、复制品;(五)无正当理由未出庭作证的证人证言。"故此录音存有疑点是不能单独作为认定案件依据,但是这只是说明其证明力比较弱,而不是不能作为证据使用,因此C项说法错误。

《民诉法解释》第92条第1款、第3款规定:"一方当事人在法庭审理中,

或者在起诉状、答辩状、代理词等书面材料中,对于己不利的事实明确表示承认的,另一方当事人无需举证证明。对于涉及身份关系、国家利益、社会公共利益等应当由人民法院依职权调查的事实,不适用前款自认的规定。"故自认的场合是在法庭审理中或者在起诉状、答辩状、代理词中的认可才构成自认。因此贾某的承认不构成自认。D项错误。

10.居住在A市甲区的蒋某在A市乙区某住宅楼拥有住房一套。为了能够顺利出租,蒋某雇佣住在A市丙区的杨某进行保洁处理。在工作过程中,杨某不慎将窗户上的玻璃撞破,其中的一块碎玻璃掉下来,将从住宅楼下经过的张某(女)的脸严重划伤。张某被送到医院紧急治疗后,与蒋某以及杨某进行交涉,但是因双方分歧较大,未取得任何结果。张某于是向人民法院提起诉讼。若本案最终由甲区人民法院进行审理,则下列关于双方当事人证明责任的说法正确的是( )(2018年)

A.证明责任的分配,原则上是谁主张,谁举证

B.本案属于证明责任倒置的情形,应当由被告承担举证责任,张某无须承担证明责任

C.蒋某否认侵权事实的,应当对该事实承担举证责任

D.蒋某否认自己存在过错的,应当对该事实承担举证责任

【答案】A

【解析】《民事诉讼法》第64条第1款规定,当事人对自己提出的主张,有责任提供证据。《民诉法解释》第91条规定:"人民法院应当依照下列原则确定举证证明责任的承担,但法律另有规定的除外:(一)主张法律关系存在的当事人,应当对产生该法律关系的基本事实承担举证证明责任;(二)主张法律关系变更、消灭或者权利受到妨害的当事人,应当对该法律关系变更、消灭或者权利受到妨害的基本事实承担举证证明责任。"所以,证明责任的分配原则是"谁主张,谁举证"。A项正确。

《侵权责任法》第35条关于雇工责任由雇主承担之规定,实际上采用的是无过错责任,即雇主对外承担责任不以过错为要件。故蒋某是否存在过错,不需要证明,D项错误。但是其他侵权要件,仍应当由原告承担举证责任,即张某应当对侵权行为、损害结果以及侵权行为与损害结果之间的因果关系承担证明责任,故B、C项错误。

案例分析

1.某村水塘有一家集体造纸厂。该厂已营业近10年,污水一直排入水塘上游的河流。赵立国与余庆华合伙承包村里的水塘养虾。2009年5月,赵立国、余庆华两人向水塘投放虾苗2万尾。投放后赵、余两人精心管理,日夜看护。10天后,两人发现塘内有少量的死虾出现,当即捞起部分死虾送造纸厂与其交涉,造纸厂派人到现场了解情况。经双方估算,塘内漂浮和打捞上岸的死虾约5000尾。厂方把死虾送市商品检验处化验,化验结论是虾苗死亡可能是被排出的废水毒死但不能肯定。市环保局对造纸厂排出废水进行检验,结果是该厂排出的废水量超过国家规定的排污标准。由于赵、余两人与造纸厂之间关于赔偿问题不能达成一致意见,两人遂向法院起诉,要求赔偿损失。在举证期间内,原告赵立国、余庆华两人提供的证据材料有:(1)2009年5月10日购买2万尾虾的发票,发票载明了单价及总金额。(2)原告与村里签订的承包合同。(3)估算死虾5000尾的书面材料,原告及被告派到现场查看人员都在上面有签名。(4)赔偿费用一览表及计算方法。(5)李某的证言,证明在送检过程中商品检验处的检验员蔡某与厂方有过两次私下的接触。李某到庭作证后,被告造纸厂不同意赔偿,提出了以下证据材料:(1)市商品检验处的检验报告。(2)市环保部门的检验报告。在诉讼过程中,原告申请重新检验虾的死亡原因,法院直接指定由省级有关部门作出新的鉴定意见。①

问:(1)根据我国法律的有关规定,原告应对哪些事实负举证责任?在本案中,又应如何证明?

(2)本案涉及哪些法定的证据种类?

(3)如果被告提出的证据均真实,能否反驳原告的诉讼请求?

(4)如果被告对该省级部门作出的鉴定意见持有异议,则应当如何处理?

(5)原告在诉讼中申请重新鉴定的做法是否符合法律规定?

(6)法院对原告重新申请鉴定的处理,有何不妥之处?

(7)如果法院一审判决作出后,赵立国对赔偿数额不满,但对原告内部的

---

① 参见法律考试中心组编:《2015年司法考试辅导用书配套测试题解》,法律出版社2015年版,第七章案例题。

权利义务分担没有意见,而余庆华和造纸厂均服判。此时赵立国能否单独上诉?如果可以的话,二审当事人的诉讼地位应如何列明?

2.李婷曾经由于腹部肿瘤手术就医于县医院。在切除肿瘤的手术中,由于需要输血,县医院就在附近找到一个中年男子,在未对其进行任何输血前身体状况检查的情况下,从该男子身上抽得400毫升血液并将其全部输入李婷体内,以救手术之急。手术后的李婷,在不久后的一次职工体检过程中,被查出得了甲型肝炎。回顾这几个月的经历,她将矛头指向了县医院给她输入的血液。于是,李婷将县医院告上了法庭,诉称由于县医院采血措施不健全,未按照法定程序进行采血,在未做任何检验的情况下,将携带有甲型肝炎病毒的血液输入她的体内,造成她因此感染甲型肝炎。为治愈肝炎她花费了包括医疗费用和误工费等在内的一系列费用,共计3300元,并在精神上遭受了很大的压力。因此,她诉请法院裁判县医院赔偿其因治疗疾病所花费的医疗费和由此而导致的精神损害抚慰金。在庭审过程中,双方在一些问题上出现分歧,各执一词。①

问:(1)在本案中,原告李婷应当对哪些事实负举证责任?

(2)在李婷和县医院都不能就医疗行为和损害后果之间的因果关系事实举出充分的证据证明自己的主张,使事实处于真伪不明的状态时,举证责任应当如何分配?

(3)如果李婷的妈妈出具了证明李婷曾在县医院就医的证人证言,那么根据民事诉讼证据与证明对象之间的关系来划分,该份证言属于何种证据类型?法院对其效力应当如何认定?

(4)本案中的举证期限如何确定?如果李婷存在逾期提交证据材料的情形,法院对此如何处理?

(5)在诉讼中,如果由于种种客观原因致使李婷确实不能收集有关证据,她可以寻求什么途径予以救济?对通过该途径收集的证据的质证,应当如何进行?

(6)如果县医院以病例丢失为由拒绝向李婷提供病历,从而导致案件的主要事实不能查清,那么法院对这一问题应当如何认定?

(7)在何种情况下,即使县医院对损害事实明确表示承认,也不能免除李婷的举证责任?如果县医院对李婷的陈述既不反对也不明确表示承认,那么法院要如何处理?

---

① 参见张能宝主编:《2013年案例分析专题例解》,法律出版社2013年版,第349页。

第五讲　诉讼保障制度

【案情】云南法官违法对办案律师使用强制措施案

2009年7月10日上午8时40分左右,一起民事纠纷案件在澄江县人民法院第10法庭开庭,云南某律师事务所的何律师作为被告的诉讼代理人出席法庭,该院民事审判一庭庭长洪猛独任审判。开庭前,何律师一方向法庭提出书面申请,要求追加当事人,但被法庭拒绝。随后,庭审依次进入法庭调查和法庭辩论阶段。在法庭辩论阶段,何律师发表了案件实体方面的意见,刚开始发表应当追加当事人的程序方面的意见时,洪猛法官打断何律师说,法庭已经决定不追加当事人,书记员已经记录在案,无须对该问题发表意见。庭审经过调解阶段后,就宣布休庭。庭审结束后,书记员将打印好的庭审笔录交给何律师,要求核对无误后签字。何律师发现庭审笔录中并未找到被告方要求追加当事人的记录,何律师就提出要求对庭审笔录进行补正。洪猛法官认为法院笔录不可以更改,要求何律师另行书面提交书面意见。何律师将庭审笔录第1页上的签名用笔划掉,然后在第2页的页脚位置写上"由于补正庭审笔录的申请未获准许,被告代理人拒绝签字",并写上自己的姓名,然后将笔录交给洪猛法官。洪猛法官接过笔录一看,顿时暴跳如雷,大声对何律师说:"你算什么东西,法院的笔录是你可以在上面随便乱写的吗?"何律师说:"在庭审笔录上签字是我的权利,同样我也有权利说明拒绝签字的理由。"洪猛法官随后叫书记员去叫法警拘留何律师。书记员把两个法警带到法庭内,洪猛法官对法警说:"卡起来,带下去。"两个法警来到何律师面前,要何律师把手里的律师袍、电脑包放在桌子上,拉过何律师的手,把手铐卡在何律师的双手上。在两个法警的推搡下,何律师戴着手铐,被从二楼的法庭,带到法院建筑区外面的一块露天篮球场上。法警把何律师推到一个篮球架下,打开何律师左手的手铐,卡在一根篮球架铁杆上。就这样,手铐一端卡着何律师的右手,另一端卡着篮球架铁杆,何律师被铐在了篮球架上。何律师拿出手机对准右手和篮球架铁杆拍了几张照片,就在这时,法警跑了出来,一把抢走何律师的手机,说洪猛法官交待,没收何律师的手机。何律师当时穿着整齐、打着领带,不但忍受着被手铐卡在篮球架铁杆上、在夏日火热的太阳暴晒下的痛苦,还承受着路过的行人异样的目光。由于没有戴手表、没有手机,不知过了多久,一个法警出来打开手铐,告诉何律师说副院长要谈话。何律师被带到法警大队办公室,一个自称是洪副院长的人告诉何律师说,法院没有作出拘留他的决定,何律师可以走了,要何律师理解法院和法官的难处。根据何律师事后查看手机通话记录,何律师被澄江法院用手铐卡了45分钟以上。何律师的遭遇引起了云南省高级人民法院的高度重视,该院院长许前飞作出批示,责令玉溪市中级人民法院立即组成调查组,对此事进行调查。调查组随后赶赴澄江县法院进行调查。玉溪中级人民法院在给省高级人民法院的调查情况通报中称:"经调查核实,澄江县人民法院审判员洪猛未经批准对律师何××采取强制措施的事实是存在的,且是错误的。"7月12日上午11时,玉溪市中级人民法院副院长俞自力带领澄江法院院长潘万江、副院长洪家敬及该事件的责任人洪猛赶到昆明,通过云南省律师协会秘书长、云南省律师协会维权委员会约见了何律师,向他赔礼道歉,表示"一定会在认真调查核实的基础上,对该事件中澄江法院的相关责任人按照规定进行严肃处理,决不迁就姑息"。同时,该事件的责任人洪猛也当面向何律师进行了道歉。

点评:从整个事件过程分析,被铐在法院篮球架上,并在烈日下晒了40多分钟的何律师没有任何言语或行为失当之处,或许他只不过在表达自己合法的利益诉求,行使自己的合法权利罢了。但恰恰相反的是,身为法官,却视法律与法定程序为无物,在审案过程中蛮横不讲理,甚至想利用自己作为法官的权威将个人的意志强加在律师的身上,而当律师拒绝按照他的意志行事时,他就恼羞成怒,利用掌握在自己手中的"合法的暴力",非法将何律师拘留起来。在我国的司法体制中,公安、检察、法院、律师四大块中,前三者都是代表国家行使国家公权力的,只有律师被定位为社会法律中介机构,从事诉讼和非诉讼业务。不管是从事诉讼业务还是非诉讼业务,都是帮助当事人规避法律风险,维护当事人的合法权益,律师通过一件件个案,维护法律的正确实施,维护社会的公平正义。假如没有律师,就不可能有我国法治的进步。一个文明国家,如果没有律师,同样是不可想象的。作为法官,洪猛应该记住一条最基本的法律原则:法无授权不可为,在中国的法治进程中,该事件的意义也许在于轻视和蔑视同为法律职业者的律师是要付出代价的。

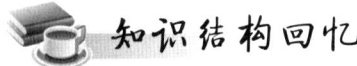 **知识结构回忆**

一、期间

期间:是指人民法院、当事人以及其他诉讼参与人会合在一起进行诉讼行为必须遵守的时间。

1.期间以时、日、月、年为计算单位。

2.期间开始的时、日,不计算在期间内。期间以月、年为计算单位,期间届满日为开始日的对应日,没有对应日的,以最后一个月的最后一天为期间届满日。

3.期间的最后一日为法定节假日的,以节假日后的第一日为期间届满日。

4.诉讼文书的在途期间不包括在内。

5.《民事诉讼法》第83条规定:"当事人因不可抗拒的事由或者其他正当理由耽误期限的,在障碍消除后的十日内,可以申请顺延期限,是否准许,由人民法院决定。"

二、送达

送达是指司法机关按照法定的一定方式,将法律文书、诉讼文书交付给应当收受文书的当事人和其他诉讼参与人的诉讼行为。送达的方式分为以下几种:

(一)直接送达

最基本的送达方式。以下情况,视为直接送达:(1)受送达人是公民的,但该公民本人不在送达地点的,由其同住成年家属签收;(2)受送达人有诉讼代理人的,可以送交其诉讼代理人签收;(3)受送达人已向人民法院指定代收人的,送交代收人签收。

(二)留置送达

《民事诉讼法》第86条规定:"受送达人或者他的同住成年家属拒绝接收诉讼文书的,送达人可以邀请有关基层组织或者所在单位的代表到场,说明情况,在送达回证上记明拒收事由和日期,由送达人、见证人签名或者盖章,把诉讼文书留在受送达人的住所；也可以把诉讼文书留在受送达人的住所，并采用拍照、录像等方式记录送达过程，即视为送达。"

(三)电子送达

《民事诉讼法》第87条规定："经受送达人同意，人民法院可以采用传真、电子邮件等能够确认其收悉的方式送达诉讼文书，但判决书、裁定书、调解书除外。采用前款方式送达的，以传真、电子邮件等到达受送达人特定系统的日期为送达日期。"

(四)委托送达

直接送达有困难的，可以委托其他人民法院代为送达。

(五)邮寄送达

直接送达有困难的，通过邮局以挂号信的方式将需送达的诉讼文书或法律文书邮寄给受送达人。

(六)转交送达

《民事诉讼法》第89条规定："受送达人是军人的，通过其所在部队团以上单位的政治机关转交。"

《民事诉讼法》第90条规定："受送达人被监禁的，通过其所在监所转交。受送达人被采取强制性教育措施的，通过其所在强制性教育机构转交。"

(七)公告送达

法院在受送达人下落不明或者其他方式均无法送达时，将诉讼文书的主要内容予以公告，国内诉讼公告之日经过60日，涉外诉讼公告之日经过3个月视为送达。

[提示：(1)调解书不适用留置送达。(2)支付令可以留置送达，但不能公告送达。(3)适用简易程序的案件，不适用公告送达。]

[例1] 关于送达，下列做法错误的有(　　)

A.法院在向小张直接送达本案判决书时存在困难，经过小张同意，法院通过电子邮件的方式将判决书送达给小张

B.法院在直接送达诉讼文书存在困难时，也可以委托其他机关代为送达

C. 法院在向小王送达判决书时发现小王不在家,家里只有与其同住的成年哥哥。则法院不能将判决书交由小王的哥哥签收,只能等小王回家后再送达

D. 小李依法指定了诉讼代理人小陈为其诉讼文书代收人,在法院依法向小陈送达判决书时小陈拒绝签收,则法院可以留置送达

三、财产保全

(一)诉中财产保全

《民事诉讼法》第100条规定:"人民法院对于可能因当事人一方的行为或者其他原因,使判决难以执行或者造成当事人其他损害的案件,根据对方当事人的申请,可以裁定对其财产进行保全、责令其作出一定行为或者禁止其作出一定行为;当事人没有提出申请的,人民法院在必要时也可以裁定采取财产保全措施。人民法院采取财产保全措施,可以责令申请人提供担保;申请人不提供担保的,裁定驳回申请。人民法院接受申请后,对情况紧急的,必须在四十八小时内作出裁定;裁定采取财产保全措施的,应当立即开始执行。"

本条在原来财产保全的基础上新增了行为保全。

(二)诉前财产保全

《民事诉讼法》第101条规定:"利害关系人因情况紧急,不立即申请保全将会使其合法权益受到难以弥补的损害的,可以在提起诉讼或者申请仲裁前向被保全财产所在地、被申请人住所地或者对案件有管辖权的人民法院申请采取保全措施。申请人应当提供担保,不提供担保的,裁定驳回申请。人民法院接受申请后,必须在四十八小时内作出裁定;裁定采取保全措施的,应当立即开始执行。申请人在人民法院采取保全措施后三十日内不依法提起诉讼或者申请仲裁的,人民法院应当解除保全。"

本条将诉前保全的范围扩大至"申请仲裁前",将管辖法院明确为"被保全财产所在地、被申请人住所地或者对案件有管辖权的人民法院",将保全措施解除的期限从15日改为30日。

诉前保全的必备条件:

1. 诉前保全的启动。法院只能依据利害关系人的申请而不能依职权作出诉前保全裁定,并且是在紧急情况下采取诉前保全措施的。

2.诉前保全的管辖法院。利害关系人可以向被保全财产所在地、被申请人住所地以及对案件有管辖权的人民法院提出保全申请。

3.诉前保全的担保。必须由申请人提供相当于请求保全数额的担保,否则,人民法院将驳回其申请。

4.诉前保全的启动期限。法院必须在接受申请后48小时内作出保全裁定。

5.诉前保全的执行期限。保全裁定后立即执行。

6.起诉和申请仲裁的时限。申请人必须在法院采取保全措施后30日内向法院起诉或仲裁机构申请仲裁。否则,法院将解除保全措施。

[例2] 一审人民法院作出判决后,当事人不服一审判决,决定提起上诉,在第二审人民法院接到报送的案件之前,发现对方当事人有转移、隐匿、出卖或者毁损财产等行为,必须采取财产保全措施的,由哪一级人民法院依当事人申请或依职权采取?（　　）

A.第一审人民法院

B.第二审人民法院

C.此时不能采取财产保全措施

D.第一审、第二审人民法院都可以

(三)财产保全的范围与措施

1.财产保全仅限于请求的范围,或者与本案有关的财物。

2.财产保全采取查封、扣押、冻结或者法律规定的其他方法。

3.抵押物、留置物可以冻结、查封,但抵押权人和留置权人有优先受偿权。

4.法院对债务人到期应得的收益,可采取财产保全措施,限制其支取,通知有关单位协助执行。到期应得的收益,如租金、利息、股权分红等。

5.债务人的财产不能满足保全请求,但是对第三人有到期债权,法院可以裁定该第三人不得对本案债务人清偿,第三人要求清偿的,由法院提存财物或价款。

6.人民法院保全财产后,应当立即通知被保全财产的人。财产已被查封、冻结的,不得重复查封、冻结。

[例3] 根据我国《民事诉讼法》以及相关解释的规定,下列关于可以采取财产保全的财产范围的说法,正确的是（　　）

A.人民法院对抵押物、留置物可以采取财产保全措施,但抵押人、留置权人有优先受偿权

B.人民法院对债务人到期应得收益,可以采取财产保全措施

C.债务人的财产不能满足保全请求,但对第三人有到期债权的,人民法院可以依债权人的申请裁定该第三人不得对本案债务人清偿

D.人民法院对有偿还能力的企业法人,一般不得采取查封、冻结的保全措施

[例4] 新世纪商城和思源贸易公司签订一份买卖合同,新世纪商城将其一座商业大楼抵押给思源贸易公司。后新世纪商城和飞达纸业公司发生合同纠纷,飞达纸业公司向法院起诉,并申请保全,受诉法院裁定将商业大楼查封。在下列选项中,哪一个是正确的?(   )

A.法院可以作出裁定,但思源贸易公司对商业大楼享有优先受偿权

B.法院可以作出裁定,思源贸易公司因此对该商业大楼丧失优先受偿权

C.法院可以作出裁定,但应事先征得思源贸易公司同意

D.法院所作裁定是错误的,因该商业大楼已事先抵押给了思源贸易公司

(四)财产保全的解除

采取保全措施后,有下列情形之一的,人民法院应当作出解除保全裁定:

1.保全错误的;

2.申请人撤回保全申请的;

3.申请人的起诉或者诉讼请求被生效裁判驳回的;

4.诉前保全措施采取或申请人30日内不起诉或者申请仲裁的,应当解除保全;

5.财产纠纷案件,被申请人提供担保的,人民法院应当裁定解除财产保全。(《民事诉讼法》第104条修正)

(五)保全申请错误的赔偿

申请财产保全有错误的,申请人应当赔偿被申请人因财产保全所遭受的损失。

(六)救济

对保全裁定不服,可以申请复议一次,复议期间不停止原裁定的执行。

《民诉法解释》第171条规定:"当事人对保全或者先予执行裁定不服的,可以自收到裁定书之日起五日内向作出裁定的人民法院申请复议。人民法院

应当在收到复议申请后十日内审查。裁定正确的,驳回当事人的申请;裁定不当的,变更或者撤销原裁定。"

《民诉法解释》第161条规定:"对当事人不服一审判决提起上诉的案件,在第二审人民法院接到报送的案件之前,当事人有转移、隐匿、出卖或者毁损财产等行为,必须采取保全措施的,由第一审人民法院依当事人申请或者依职权采取。第一审人民法院的保全裁定,应当及时报送第二审人民法院。"

《民诉法解释》第162条规定:"第二审人民法院裁定对第一审人民法院采取的保全措施予以续保或者采取新的保全措施的,可以自行实施,也可以委托第一审人民法院实施。再审人民法院裁定对原保全措施予以续保或者采取新的保全措施的,可以自行实施,也可以委托原审人民法院或者执行法院实施。"

[例5]甲县的张某与乙县的刘某经人介绍并结婚。婚后两人一直居住在丁县做生意,后来刘某迷恋上网络游戏,并经常与张某吵架,甚至殴打张某。张某遂向法院提起离婚诉讼。在丁县法院受理后,张某得知刘某扬言要打自己,下列哪些选项是错误的?(　　)

A.张某如果想申请行为保全,必须向被申请人住所地的乙县基层法院提出
B.张某如果要向法院申请行为保全,必须提供担保
C.受诉法院如果认为确有必要,可以直接作出行为保全裁定
D.法院受理甲的行为保全申请后,应当在48小时内作出行为保全裁定

[例6]张某起诉李某借贷纠纷一案,一审法院作出判决后,张某不服判决提起上诉,在一审法院报送材料期间,张某发现李某有转移财产的行为。下列说法哪一个选项是正确的?(　　)

A.张某向二审法院提出申请,由二审法院裁定财产保全
B.张某向一审法院提出申请,由一审法院裁定财产保全
C.张某向二审法院提出申请,由二审法院指令一审法院裁定财产保全
D.张某向一审法院提出申请,由一审法院提请二审法院裁定财产保全

四、先予执行

先予执行,是指人民法院在终审判决之前,为解决一方当事人生活或生产经营的急需,依法裁定另一方当事人预先给付申请人一定数额的金钱、财物,或者实施、停止实施某种行为,并立即执行。

(一)先予执行的范围

《民事诉讼法》第106条规定:"人民法院对下列案件,根据当事人的申请,可以裁定先予执行:(一)追索赡养费、扶养费、抚育费、抚恤金、医疗费用的;(二)追索劳动报酬的;(三)因情况紧急需要先予执行的。"

根据最高人民法院的有关司法解释,所谓的情况紧急,主要是指下列情况:

1.需要立即停止侵害、排除妨碍的。
2.需要立即制止某项行为的。
3.追索恢复生产、经营急需的保险理赔费的。
4.需要立即返还社会保险金、社会救助资金的。
5.不立即返还款项,将严重影响权利人生活和生产经营的。

[例7] 下列哪些案件人民法院可以依据当事人的申请裁定先予执行?( )

A.张老汉向法院起诉,要求其儿子张大支付赡养费案件
B.民工王某诉其以前打工的甲公司,要求甲公司支付其6个月的劳动报酬
C.小李的母亲起诉要求其父亲支付小李的抚养费一案
D.某农场因失火造成损失,向保险公司追索恢复生产急需的保险理赔费一案

(二)先予执行的条件

1.当事人之间事实基本清楚、权利义务关系明确,不先予执行将严重影响申请人的生活或生产经营的。
2.申请人有实现权利的迫切需要。
3.当事人向人民法院提出了申请,人民法院不能主动依职权裁定采取先予执行的措施。
4.被申请人有履行的能力。

(三)先予执行的担保

担保不是启动先予执行的必然条件。当事人申请先予执行,人民法院认为有必要让申请人提供担保的,可以责令申请人提供担保。人民法院一旦责

令担保,申请人提供有效的担保便成为先予执行的必要条件之一,如果当事人不提供担保的将被驳回申请。

(四)先予执行裁定的最终处理

权利人胜诉,先予执行是正确的,人民法院应在判决中说明权利人应享有的权利在先予执行中已得到全部或部分的实现;权利人败诉,先予执行是错误的,人民法院应在判决中指出先予执行是错误的,责令申请人返还因先予执行所取得的利益或裁定采取执行回转措施强制执行,被申请人因先予执行遭受损失的,申请人应当赔偿。

[例8] 根据《民事诉讼法》和相关司法解释的规定,以下哪些情形法院可以裁定先予执行?(　　)

A.张三请求用人单位给付劳动报酬
B.李四在起诉前希望某出版社停止侵害其著作权
C.需要立即返还社会保险金的案件
D.判决生效后对方转移财产的案件

[例9] 在诉讼中,被告拒不履行法院的先予执行裁定,对于法院可以采取下列哪些措施?(　　)

A.据此判决被告败诉
B.采取强制执行措施
C.对被告处以罚款
D.对被告实施拘留

五、对妨害民事诉讼行为可以采取的强制措施

(一)妨碍民事诉讼行为的种类

1.必须到庭的被告及给国家、集体或他人造成损害的未成年人的法定代理人、经两次传票传唤无正当理由拒不到庭的行为。

必须到庭的被告,一般是指负有赡养、抚育、扶养义务的被告;离婚案件中的被告;不到庭就无法查清案情的案件的被告。

2.违反法庭规则,扰乱法庭秩序的行为。

3.妨害人民法院调查证据、阻碍人民法院依法执行职务、破坏诉讼正常进行等行为。

4.有义务协助调查、执行的单位或组织拒不履行协助义务。

5.当事人之间恶意串通,企图通过诉讼、调解等方式侵害他人合法权益的行为。

《民事诉讼法》第112条规定:"当事人之间恶意串通,企图通过诉讼、调解等方式侵害他人合法权益的,人民法院应当驳回其请求,并根据情节轻重予以罚款、拘留;构成犯罪的,依法追究刑事责任。"

6.被执行人与他人恶意串通,通过诉讼、仲裁、调解等方式逃避履行法律文书确定的义务的行为。

《民事诉讼法》第113条规定:"被执行人与他人恶意串通,通过诉讼、仲裁、调解等方式逃避履行法律文书确定的义务的,人民法院应当根据情节轻重予以罚款、拘留;构成犯罪的,依法追究刑事责任。"

7.采取非法拘禁他人或者私自扣押他人财产的方式追索债务的行为。

(二)强制措施的种类

1.训诫、责令退出法庭

由合议庭或者独任审判员决定。

2.拘传

人民法院对必须到庭的被告,或者给国家、集体或他人造成损害而作为被告的未成年人的法定代理人,经两次传票传唤,无正当理由拒不到庭的,可以拘传。

[提示:拘传的对象不限于被告,法院对必须到庭才能查清案件基本事实的原告,经两次传票传唤无正当理由拒不到庭的,可以拘传。(《民诉法解释》第174条第2款)]

由本案合议庭或者独任审判员提出意见,报经院长批准,而且必须用拘传票,并直接送达被拘传人。

3.罚款和拘留

(1)由合议庭或独任审判员提出处理意见,报请院长批准。

(2)罚款、拘留应当用决定书。对决定不服的,可以向上一级人民法院申请复议一次,复议期间不停止执行。

(3)对个人的罚款金额,为人民币10万元以下。对单位的罚款金额,为人民币5万元以上100万元以下。

(4)拘留的期限,为15日以下。被拘留的人,由人民法院交公安机关看管。在拘留期间,被拘留人承认并改正错误的,人民法院可以决定提前解除拘留。

[例10] 下列关于法院所作的民事决定、裁定,当事人不可以申请复议的情形是(　　)

A.关于管辖权异议的裁定

B.关于回避申请的决定

C.关于先予执行、财产保全的裁定

D.关于罚款、拘留的决定

[例11] 李香诉张慧一案开庭审理后第二天,李香到法院找到该案的书记员李猛吵闹,书记员对其进行了批评,李香仍不罢休,继续辱骂书记员,书记员将此情况报告合议庭审判长,由审判长批准,以李香妨害民事诉讼为由决定对其拘留。下列说法正确的是(　　)

A.李香的行为不构成妨害民事诉讼的行为

B.如果李香的上述行为发生在执行终结后,则李香的行为不构成妨害民事诉讼的行为

C.当事人对拘留不服的,可向上一级人民法院上诉

D.合议庭审判长可以决定对李香实施拘留

六、诉讼费用

诉讼费用,是指当事人进行民事诉讼依法应当向法院交纳和支付的费用。具体包括以下几种。

(一)案件受理费

案件受理费指原告起诉,法院受理该案件时,由原告向法院交纳的费用。

1.财产案件的受理费。通常按照比例征收的办法,具体体现为超额递减、分段计征、最后相加。

2.非财产案件的受理费。通常按件征收。

(二)其他诉讼费用

在民事诉讼中,对于财产案件,当事人除了按上述比例交纳案件受理费以外,还需要交纳其他诉讼费用,包括:第一,勘验、鉴定、公告、翻译费;第二,证人、鉴定人、翻译人员出庭的交通费、食宿费、误工补贴费;第三,采取诉讼保全

措施的申请费和实际支出的费用,人民法院认为应当由当事人负担的其他费用。

[例12]根据我国诉讼费用制度的有关规定,下列哪一个选项是正确的?(　　)

A.甲状告同事侵犯其名誉权,法院因甲主张的事实证据不足,作出驳回其诉讼请求的判决。法院应退还甲预交的案件受理费

B.乙因一起债务纠纷案,二审败诉,想申请再审,某律师告诉他,当事人申请再审的案件一律不需要交纳受理费

C.丙向法院起诉与丁离婚。双方经法院调解达成协议而结案,法院应当减半收取案件受理费

D.中止诉讼、中止执行的案件,已交纳的受理费、申请费应退还给当事人

真题解析

1.王某与吴某是同学关系。2010年2月王某因结婚需购买住房向吴某借款20000元,口头约定年底归还。后无力偿还借款。吴某在多次催讨无果的情况下,于2012年2月7日诉诸法院。2月28日开庭时,王某辩称此前已还了10000元借款,但未向法庭提供证据。在调解未果的情况下,法庭通知双方决定于2012年3月8日就该案进行宣判。王某因事无法走开,委托其妻子到庭代为签收判决书。宣判之日,王某妻子发现判决王某败诉,并没对10000元还款事实予以认定,当即表示不认可判决结果,并拒绝在送达回证上签字。审判人员、书记员在送达回证上注明了送达情况并签名。关于本案判决书的送达方式,下列说法正确的是(　　)(2018年)

A.构成留置送达　　　　　　B.构成直接送达
C.构成委托送达　　　　　　D.构成电子送达

【答案】B

【解析】《民诉法解释》第131条规定:"人民法院直接送达诉讼文书的,可以通知当事人到人民法院领取。当事人到达人民法院,拒绝签署送达回证的,视为送达。审判人员、书记员应当在送达回证上注明送达情况并签名。"因此,通知当事人来法院领取诉讼文书,属于直接送达,当事人拒绝签收的,也不需

要采用找见证人及拍照录像方式进行留置送达,而是直接视为送达,故 B 项正确。

2.H 地的刘某创作了歌曲《沙漠骆驼》,B 地的罗某、展某未经过刘某同意演唱了该首歌曲,一炮而红,并计划在 C 地开演唱会。刘某拟申请诉前禁令,关于本案,下列说法错误的有(　　)(2018 年)

A.刘某可以向 H 地、B 地、C 地法院申请诉前禁令

B.刘某应在法院采取保全措施后的 30 日内去提起诉讼

C.刘某申请诉前禁令时应当提供担保,且应当提供相当于请求保全数额的担保

D.罗某、展某可在收到保全裁定之日起 5 日内提出异议,收到异议后,法院应当撤销原裁定,禁止令失效

【答案】ACD

【解析】《关于审查知识产权纠纷行为保全案件适用法律若干问题的规定》第 3 条规定:"申请诉前行为保全,应当向被申请人住所地具有相应知识产权纠纷管辖权的人民法院或者对案件具有管辖权的人民法院提出。当事人约定仲裁的,应当向前款规定的人民法院申请行为保全。"故刘某住所地 H 地没有管辖权,A 项错误。《民事诉讼法》第 101 条规定:"申请人在人民法院采取保全措施后三十日内不依法提起诉讼或者申请仲裁的,人民法院应当解除保全。"故 B 项说法正确。

《民诉法解释》第 152 条第 2 款规定:"利害关系人申请诉前保全的,应当提供担保。申请诉前财产保全的,应当提供相当于请求保全数额的担保;情况特殊的,人民法院可以酌情处理。申请诉前行为保全的,担保的数额由人民法院根据案件的具体情况决定。"故 C 项前半句正确,后半句错误,行为保全并不要求提供等额担保。《民诉法解释》第 171 条规定:"当事人对保全或者先予执行裁定不服的,可以自收到裁定书之日起五日内向作出裁定的人民法院申请复议。人民法院应当在收到复议申请后十日内审查。裁定正确的,驳回当事人的申请;裁定不当的,变更或者撤销原裁定。"故被申请人提出异议后,法院还需要进行审查,并不是直接裁定撤销。D 项错误。

3.张某诉美国人海斯买卖合同一案,由于海斯在外国无住所,法院无法与其联系,遂要求张某提供双方的电子邮件地址,电子送达了诉讼文书,并在电子邮件中告知双方当事人在收到诉讼文书后予以回复,但开庭之前法院只收到张某的回复,一直未收到海斯的回复。后法院在海斯缺席的情况下,对案件

作出判决,驳回张某的诉讼请求,并同样以电子送达的方式送达判决书。关于本案诉讼文书的电子送达,下列哪一做法是正确的?(　　)(2014)

　　A.向张某送达举证通知书　　　　B.向张某送达缺席判决书
　　C.向海斯送达举证通知书　　　　D.向海斯送达缺席判决时

【答案】A

【考点】电子送达

【解析】《民事诉讼法》第87条规定:"经受送达人同意,人民法院可以采用传真、电子邮件等能够确认其收悉的方式送达诉讼文书,但判决书、裁定书、调解书除外。采用前款方式送达的,以传真、电子邮件等到达受送达人特定系统的日期为送达日期。"因此,A选项正确、B选项错误。由于,在本案中,海斯没有确认该电子邮件的正确性,所以法院不能以发电子邮件的方式向海斯送达诉讼文书,因此,C、D选项错误。

4.《民事诉讼法》第八十七条第一款规定,经受送达人同意,人民法院可以采用传真、电子邮件等能够确认其收悉的方式送达诉讼文书,但判决书、裁定书、调解书除外。

关于法院的送达行为,下列哪一选项是正确的?(　　)(2013)

　　A.陈某以马某不具有选民资格向法院提起诉讼,由于马某拒不签收判决书,法院向其留置送达
　　B.法院通过邮寄方式向葛某送达开庭传票,葛某未寄回送达回证,送达无效,应当重新送达
　　C.法院在审理时张某和赵某借款纠纷时,委托赵某所在学校代为送达起诉状副本和应诉通知
　　D.经许某同意,法院用电子邮件方式向其送达证据保全裁定书

【答案】A

【考点】送达方式

【解析】《民事诉讼法》第86条规定,受送达人或者他的同住成年家属拒绝接收诉讼文书的,送达人可以邀请有关基层组织或者所在单位的代表到场,说明情况,在送达回证上记明拒收事由和日期,由送达人、见证人签名或者盖章,把诉讼文书留在受送达人的住所;也可以把诉讼文书留在受送达人的住所,并采用拍照、录像等方式记录送达过程,即视为送达。因此,A选项正确。

《民事诉讼法》第88条规定,直接送达诉讼文书有困难的,可以委托其他人民法院代为送达,或者邮寄送达。邮寄送达的,以回执上注明的收件日期为

送达日期。因此,B 选项错误。

《民事诉讼法》第 89 条规定,受送达人是军人的,通过其所在部队团以上单位的政治机关转交。

《民事诉讼法》第 90 条规定:"受送达人被监禁的,通过其所在监所转交。受送达人被采取强制性教育措施的,通过其所在强制性教育机构转交。"转交送达仅限上述情况,因此,C 选项错误。

《民事诉讼法》第 87 条第 1 款规定,经受送达人同意,人民法院可以采用传真、电子邮件等能够确认其收悉的方式送达诉讼文书,但判决书、裁定书、调解书除外。因此,D 选项错误。

5.张兄与张弟因遗产纠纷诉至法院,一审判决张兄胜诉。张弟不服,却在赴法院提交上诉状的路上被撞昏迷,待其经抢救苏醒时已超过上诉期限一天。对此,下列哪一说法是正确的?(　　)(2015)

A.法律上没有途径可对张弟上诉权予以补救

B.因意外事故耽误上诉期限,法院应依职权决定顺延期限

C.张弟可在清醒后 10 日内,申请顺延期限,是否准许,由法院决定

D.上诉期限为法定期间,张弟提出顺延期限,法院不应准许

【答案】C

【考点】期间

【解析】《民事诉讼法》第 83 条规定:"当事人因不可抗拒的事由或者其他正当理由耽误期限的,在障碍消除后的十日内,可以申请顺延期限,是否准许,由人民法院决定"因此,A、B、D 选项错误,C 选项正确。

6.甲公司生产的"晴天牌"空气清新器销量占据市场第一,乙公司见状,将自己生产的同类型产品注册成"清天牌",并全面仿照甲公司产品,使消费者难以区分。为此,甲公司欲起诉乙公司侵权,同时拟申请诉前禁令,禁止乙公司销售该产品。关于诉前保全,下列哪些选项是正确的?(　　)(2015)

A.甲公司可向有管辖权的法院申请采取保全措施,并应当提供担保

B.甲公司可向被申请人住所地法院申请采取保全措施,法院受理后,须在 48 小时内作出裁定

C.甲公司可向有管辖权的法院申请采取保全措施,并应当在 30 日内起诉

D.甲公司如未在规定期限内起诉,保全措施自动解除

【答案】ABC

【考点】财产保全

【解析】《民诉法解释》第101条规定:"利害关系人因情况紧急,不立即申请保全将会使其合法权益受到难以弥补的损害的,可以在提起诉讼或者申请仲裁前向被保全财产所在地、被申请人住所地或者对案件有管辖权的人民法院申请采取保全措施。申请人应当提供担保,不提供担保的,裁定驳回申请。人民法院接受申请后,必须在四十八小时内作出裁定;裁定采取保全措施的,应当立即开始执行。申请人在人民法院采取保全措施后三十日内不依法提起诉讼或者申请仲裁的,人民法院应当解除保全。"因此,A、B、C选项正确,D选项错误。

7.李根诉刘江借款纠纷一案在法院审理,李根申请财产保全,要求法院扣押刘江向某小额贷款公司贷款时质押给该公司的两块名表。法院批准了该申请,并在没有征得该公司同意的情况下采取保全措施。对此,下列哪些选项是错误的?(　　)(2015)

A.一般情况下,某小额贷款公司保管的两块名表应交由法院保管

B.某小额贷款公司因法院采取保全措施而丧失了对两块名表的质权

C.某小额贷款公司因法院采取保全措施而丧失了对两块名表的优先受偿权

D.法院可以不经某小额贷款公司同意对其保管的两块名表采取保全措施

【答案】ABC

【考点】诉讼保全

【解析】《民诉法解释》第154条第2款规定:"查封、扣押、冻结担保物权人占有的担保财产,一般由担保物权人保管;由人民法院保管的,质权、留置权不因采取保全措施而消灭。"因此,A、B、选项错误,当选;D选项正确,不当选。

《民诉法解释》第157条规定:"人民法院对抵押物、质押物、留置物可以采取财产保全措施,但不影响抵押权人、质权人、留置权人的优先受偿权。"C选项错误,当选。

案例分析

年近七旬的甲因向两个儿子乙、丙索要赡养费无果,遂向法院提起诉讼,法院在审理过程中发现甲生活相当困难,并且身患疾病需要救治,遂裁定乙、丙二人先分别给付甲生活费和医疗费各5000元。该裁定作出后,乙表示不同意,人民法院告知乙此裁定为终级裁定,不得上诉,只能立即执行。乙表示不

服,遂到审判长李某办公室打闹一番,给法院审判工作带来恶劣影响,李某遂对乙以妨害民事诉讼为由进行罚款。法院在审理后判决乙、丙每人每月各负担甲生活费1000元。在向丙送达判决书时,由于乙不在,送达人员遂将判决书交给与乙同住的13岁的儿子。在向乙送达判决书时,乙拒绝签收,送达人员遂将判决书交给街道居委会让其转交送达。

问:(1)法院在作出先予执行裁定时是否正确?为什么?

(2)李某对乙妨害民事诉讼的行为进行罚款,是否正确?为什么?

(3)法院告知乙此裁定为终极裁定,不得上诉,只能执行的行为是否正确?为什么?

(4)在向乙、丙送达判决书时,是否正确?为什么?

专题一 例题参考答案

第一讲 民事诉讼基本原则和基本制度

例1:ABC　　例2:ABC　　例3:ABCD　　例4:BD
例5:ABCD

例6:(1)该法院的行为违反了处分原则,因为违背了原告对实体权利(利息)的处分;(2)调解协议有效,因调解不受处分原则限制,可超出原告的诉讼请求。

例7:BD　　例8:A　　例9:ABCD　　例10:BC
例11:B　　例12:D　　例13:B

第二讲 主管与管辖

例1:不属于法院受理的范围。在本案中公司对其职工的处罚行为,根据《中华人民共和国企业劳动争议处理条例》第2条的规定,不属于劳动法规定的劳动争议;而且也不是平等主体之间的民事权益争议,所以不属于法院主管的民事案件范围,人民法院不应该受理。

例2:田某可以通过两种方式解决自己的损失赔偿问题:其一,田某以乙公司为被告向人民法院提起侵权损害赔偿诉讼。其二,田某以甲公司为被申请人提起劳动争议仲裁,对仲裁不服,在法定期间内以甲公司为被告向法院提起诉讼。

例3:BD　　　　例4:(1)不能;(2)不能。　　　　例5:B

例6:ABCD　　例7:A　　　　例8:D　　　　例9:A

例10:乙地基层法院有管辖权。　　例11:D　　　　例12:ABCD

例13:A市甲区的法院。本案约定的履行地是C市丁区,但合同没有实际履行,陈某、王某的住所均不在C市丁区,所以,约定的履行地即C市丁区法院无管辖权,只能由被告住所地即A市甲区法院管辖。

例14:BCD　　　　例15:ABCD　　例16:ABC

例17:(1)BCD;(2)AB;(3)ABC　　　　例18:ACD

例19:专属管辖。　　例20:无效,专属管辖。　　例21:ABCD

例22:BCD　　　　例23:D　　　　例24:ABD

第三讲　当事人与诉讼代理人

例1:(1)陈水应当诉告该公司。(2)某建筑公司属于法人单位。以单位(包括法人、其他组织等)为被告除应列明单位名称和资料外,还应同时列明法定代表人姓名和资料。

例2:胎儿尚未出生,不能被视为自然人,当然也就不能享有自然人的民事诉讼权利能力,故不能以胎儿的名义起诉。

例3:A　　　　例4:C　　　　例5:D

例6:张强可以以孙某与泰华修理厂作为共同被告提起诉讼。因为(1)个体修理户孙某挂靠在集体企业泰华修理厂的名义下,并以泰华修理厂的名义承揽了修理业务;(2)李某系孙某雇用的修理工。

例7:AB　　　　例8:A　　　　例9:D

例10:法院可以追加于二、于四作为必要共同原告参加诉讼,因为他们享有共同的继承权,于三因放弃了继承权而不再追加为必要共同诉讼人参加诉讼。

例11:B　　　　例12:AC　　　　例13:D　　　　例14:AB

例15:D　　　　例16:ABC　　　　例17:BCD　　　　例18:C

第四讲 证 据

例1：AB　　　例2：C　　　例3：ABCD

例4：(1)AB；(2)CD　　例5：C　　例6：(1)直接证据；(2)间接证据。

例7：D　　例8：AC　　例9：AC　　例10：(1)能；(2)不能。

例11：(1)本案是建设工程施工合同纠纷，根据新《民诉法解释》属于不动产纠纷。(2)丙市C区是不动产所在地，因此该法院有管辖权。(3)证人。丙市分公司既不是有独立请求权的第三人，也不是无独立请求权的第三人。(4)法院不能直接认定该事实，也不得作为对被告不利的证据。(5)能。此时构成自认。

例12：此案的举证责任应由乙承担，乙应向法院证明甲还欠他7000元钱的事实，如果其证明不了，那么就应认定甲不欠钱，乙败诉；甲也可以举证自己不欠钱，但是其不能证明自己不欠钱，并不因此认定甲欠钱，甲也并不必然败诉。

例13：经过审理，最终无法确定王某的车是否撞到了刘某，此时，当事人争议的案件事实处于真伪不明的状态，法院应当根据证明责任的分配来作出判决，即对于该事实应当由原告刘某承担证明责任，而事实处于真伪不明，应当由刘某承担不利后果。即认定王某没有撞到刘某，而不能采用如本案中"和稀泥"各大五十大板的方式。

例14：AC　　例15：ABD　　例16：ABC

例17：(1)不可以。(2)对于第1项事实可以申请。(3)应当在举证期限届满前提出申请；不可以。(4)不是，法院有权决定是否准许。(5)钱某。

例18：BC　　例19：D

第五讲 诉讼保障制度

例1：ABC　　例2：A　　　例3：ABCD　　例4：A

例5：ABD　　例6：B　　　例7：ABCD　　例8：AC

例9：BCD　　例10：A　　例11：B　　　例12：C

专题二

民事诉讼法分论

第一讲 一审程序

【案情】季羡林遗产纠纷进入司法阶段遭遇法院不立案

2012年6月,季羡林的儿子季承委托律师正式向北京第一中级人民法院起诉北京大学,请求"依法判令被告原物返还2009年1月13日被告清点保管季羡林文物、字画577件"。至此,已故的中国著名学者季羡林教授的遗产纠纷,历时3年后,终于进入寻求司法解决的阶段。但让季承没想到的是,在与北大纠缠了3年之后,他们又遭遇了法院"不立案"的困扰。

为了保存证据,季承在6月14日通过邮寄方式向法院寄送了起诉书。北京市第一中级人民法院收下起诉书后迟迟没有回音。直到7月16日,季承也一直没有等到法院立案与否的答复。北大也在7月9日称自己并未接到法院关于此事的通知。

《民事诉讼法》第123条规定:"人民法院应当保障当事人依照法律规定享有的起诉权利。对符合本法第一百一十九条的起诉,必须受理。符合起诉条件的,应当在七日内立案,并通知当事人;不符合起诉条件的,应当在七日内作出裁定书,不予受理;原告对裁定不服的,可以提起上诉。"以上遗产纠纷案显然已经超过民事诉讼法规定的7天立案时效了。而在找到法院之前,季承已经与北大为此纠缠了3年。

自从2009年7月11日季羡林先生仙逝,关于季羡林留在北大的577件和蓝旗营的72件文物的归属问题,便争议不休。2011年是季羡林先生100周年诞辰,季承本已打算年底起诉解决此事,但因为2011年8月22日,朱善璐接替闵维方担任北京大学党委书记。"新书记来了,我们想跟新书记谈谈,听听他的意见。"于是季承把起诉的事又缓了下来。

该案缘起于2001年7月6日季羡林与北京大学签署的一份关于捐赠自己图书、手稿、字画等物品的协议书。协议书写明,季羡林自愿将所藏书籍、手稿、照片、古今字画及其他物品捐赠给北京大学,北京大学也接受了上述捐赠。

2008年12月5日,季羡林手书"有几件事情在这里声明一下:一、我已经捐赠北大一百二十万元,今后不再捐赠;二、原来保存在北大图书馆的书籍文物只是保存而已,我从来没说过全部捐赠……"12月6日,季羡林写下了日期最近的一份委托书。委托书全文为:"委托我儿子季承全权处理有关我的一切事务。季羡林。戊子冬。2008年12月6日于301医院。"

季承认为,依据《继承法》第17条第2款的规定:"自书遗嘱由遗嘱人亲笔书写,签名,注明年、月、日。"根据这项规定,自书遗嘱的要求是:(1)须由遗嘱人亲笔书写遗嘱内容并签名;(2)须由遗嘱人亲自用笔书写遗嘱全文;(3)必须注明年、月、日。"法律并未要求自书遗嘱上需要写明'遗嘱'二字,那么依据法律的规定,这份委托书就是最后的自书遗嘱,所以季承就是遗嘱继承人,而且,北大从来没有否认过这份委托是遗嘱。"卞宜民说。《继承法》第20条规定:"立有数份遗嘱,内容相抵触的,以最后的遗嘱为准。"据此,季承和卞宜民认为2001年的捐赠协议已经失效。

但北大并不这么认为。2012年4月25日北大校长办公室给季承的复函中称:"学校始终坚持认为,2001年7月6日季老与北大签署的《关于季羡林先生向北京大学捐赠个人所藏图书、手稿、字画等物品的协议书》是合法有效的……"而在2011年10月13日的复函中,写着:"至2008年年底,季老从未对捐赠协议提出异议,从未表示要撤销捐赠协议……"

点评:"立案难"一直是老百姓时常反映的问题,作为国学大师的儿子名人之后打官司也无法解决该问题。因2012年修正前的《民事诉讼法》在一审起诉时采取的是立案审查制,而非立案登记制,《民事诉讼法》虽然规定了:法院认为不符合法定起诉条件的起诉,有权裁定不予受理,原告不服裁定,可以依法提起上诉。但个别地方法院,收到原告起诉状后,以审查起诉材料为由,迟迟不予答复,对于认为不符合起诉条件的,仅以口头形式作出不予受理裁定,造成原告上诉权利无法正常行使。2012年8月31日修正的《民事诉讼法》修法思路之一是限缩审判权、扩张诉权,故此次《民事诉讼法》修正时在第123条中规定,人民法院应当保障当事人依照法律规定享有的起诉权利。对符合本法第119条规定的起诉,必须受理。符合起诉条件的,应当在7日内立案,并通知当事人;不符合起诉条件的,应当在7日内作出裁定书,不予受理;原告对裁定不服的,可以提起上诉。新民事诉讼法明确规定,符合起诉条件的,必须在7日内立案,不予受理的裁定必须以书面形式作出,从而有效保障了当事人的诉权。

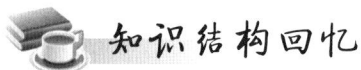

知识结构回忆

普通程序

一、起诉和受理

起诉,指公民、法人和其他组织在其民事权益受到侵害或他人发生争议时,向人民法院提起诉讼,请求法院通过审判予以司法保护的行为。

(一)起诉的条件、方式和内容

1.条件:(1)原告必须是与本案有直接利害关系的公民、法人或其他组织;(2)有明确的被告;(3)有具体的诉讼请求、事实和理由;(4)属于法院受理民事诉讼的范围和受诉法院管辖。

2.方式:起诉应向法院递交起诉状,并按被告人数提出副本。书写起诉状有困难的,可以口头起诉,由人民法院记入笔录,并告知对方当事人。

3.内容:《民事诉讼法》第121条规定,"起诉状应当记明下列事项:(一)原告的姓名、性别、年龄、民族、职业、工作单位、住所、联系方式,法人或者其他组织的名称、住所和法定代表人或者主要负责人的姓名、职务、联系方式;(二)被告的姓名、性别、工作单位、住所等信息,法人或者其他组织的名称、住所等信息;(三)证据和证据来源,证人姓名和住所"。

(二)先行调解

《民事诉讼法》第 122 条规定:"当事人起诉到人民法院的民事纠纷,适宜调解的,先行调解,但当事人拒绝调解的除外。"

[**提示**:该诉前调解为非诉性质,若调解成功,法院也不宜出具具有调解效力的调解书。]

本条是新增法条,规定的是先行调解,即立案前调解。诉讼的开始应当从法院立案时起算,符合法定条件且得到法院受理的起诉,可以被看成是诉讼的起点;不符合法定条件而没有得到法院受理的起诉,则不能被看成是诉讼的起点。本法条之前一条是对起诉状内容的规定,而之后一条是对法院审查起诉和立案受理的规定,加之新法第 133 条规定"开庭前可以调解的,采取调解方式及时解决纠纷",因此其在性质上属于非诉性质,即诉讼外调解。若调解成功,法院也不宜出具具有调解效力的调解书。

(三)审查和受理

1.审查的期限及法院的处理

《民事诉讼法》第 123 条规定:"人民法院应当保障当事人依照法律规定享有的起诉权利。对符合本法第一百一十九条的起诉,必须受理。符合起诉条件的,应当在七日内立案,并通知当事人;不符合起诉条件的,应当在七日内作出裁定书,不予受理;原告对裁定不服的,可以提起上诉。"

2.《民事诉讼法》第 124 条规定:"人民法院对下列起诉,分别情形,予以处理:(一)依照行政诉讼法的规定,属于行政诉讼受案范围的,告知原告提起行政诉讼;(二)依照法律规定,双方当事人达成书面仲裁协议申请仲裁、不得向人民法院起诉的,告知原告向仲裁机构申请仲裁;(三)依照法律规定,应当由其他机关处理的争议,告知原告向有关机关申请解决;(四)对不属于本院管辖的案件,告知原告向有管辖权的人民法院起诉;(五)对判决、裁定、调解书已经发生法律效力的案件,当事人又起诉的,告知原告申请再审,但人民法院准许撤诉的裁定除外;(六)依照法律规定,在一定期限内不得起诉的案件,在不得起诉的期限内起诉的,不予受理;(七)判决不准离婚和调解和好的离婚案件,判决、调解维持收养关系的案件,没有新情况、新理由,原告在六个月内又起诉的,不予受理。"

3.受理的法律后果

(1)受诉人民法院对该案取得了审判权。

(2)确定了双方当事人的诉讼地位。

(3)诉讼时效中断。

(4)各民事诉讼法律关系主体将依法进行诉讼活动。

[例1] 下列哪一个案件,人民法院不应当受理?(　　)

A.当事人在仲裁协议中选择的仲裁机构不存在,一方当事人向人民法院起诉的

B.当事人撤诉或者人民法院按撤诉处理后,当事人以同一诉讼请求再次起诉的

C.夫妻一方下落不明,另一方诉至人民法院,只要求离婚,不申请宣告下落不明失踪或死亡的案件

D.判决不准离婚的案件,原告没有新理由在6个月内重新起诉

[例2] 下列哪些案件人民法院应当受理?(　　)

A.林某曾与李某同居3年,两人分手时产生纠纷,林某起诉李某,要求赔偿"青春费"5万元

B.甲诉乙离婚,法院于2004年3月判决不准离婚;2004年7月乙起诉甲,请求离婚

C.陈某下落不明3年,其丈夫不申请宣告失踪,直接起诉离婚

D.甲村民想承包本村鱼塘,故起诉乙村民,请求判决解除乙村民与本村的鱼塘承包合同

[例3] 甲、乙发生口角,乙将甲房屋的门窗砸坏。甲起诉要求乙赔偿财产损失,法院审理后,判决认定甲的诉讼请求成立。判决生效后,甲认为自己不仅财产上受到损失,精神上也受到了损害,于是又向法院起诉,要求乙赔偿因该侵权行为导致的精神损害。关于本案,以下何种观点是正确的?(　　)

A.精神损害应当予以赔偿,人民法院对甲的起诉应当受理

B.甲未在前诉中主张精神损害赔偿,判决生效后又基于同一侵权事实起诉精神损害赔偿,人民法院不应当受理

C.对于该起诉是否受理,要区分受害人甲是否在诉前意识到精神损害的存在。如果没有意识到,就可以向法院起诉;如果已经意识到,但当时没有请求的,人民法院不应当受理

D.在前诉中没有提出精神损害赔偿请求,但声明保留的,人民法院对关于

精神损害的起诉应予受理

[例 4] 关于不予受理、驳回起诉、驳回诉讼请求,下列说法错误的有( )

A. 不予受理、驳回起诉和驳回诉讼请求的上诉期都是 10 日

B. 关于不予受理、驳回起诉和驳回诉讼请求的法律文书生效后,当事人都可以另行起诉

C. 当事人对不予受理、驳回起诉和驳回诉讼请求的法律文书都可以上诉和申请再审

D. 不予受理和驳回起诉发生在审查起诉阶段,而驳回诉讼请求发生在受理案后

二、审理前的准备

1. 人民法院应当在立案之日起 5 日内将起诉状副本发送被告,被告应当在收到之日起 15 日内提出答辩状。答辩状应当记明被告的姓名、性别、年龄、民族、职业、工作单位、住所、联系方式;法人或者其他组织的名称、住所和法定代表人或者主要负责人的姓名、职务、联系方式。人民法院应当在收到答辩状之日起 5 日内将答辩状副本发送原告。被告不提出答辩状的,不影响人民法院的审理。(《民事诉讼法》第 125 条)

2. 人民法院对决定受理的案件,应当在受理案件通知书和应诉通知书中向当事人告知有关的诉讼权利义务,或者口头告知。

3. 人民法院受理案件后,当事人对管辖权有异议的,应当在提交答辩状期间提出。人民法院对当事人提出的异议,应当审查。异议成立的,裁定将案件移送有管辖权的人民法院;异议不成立的,裁定驳回。

当事人未提出管辖异议,并应诉答辩的,视为受诉人民法院有管辖权,但违反级别管辖和专属管辖规定的除外。(《民事诉讼法》第 127 条,增加"默示管辖"内容)

4. 合议庭组成人员确定后,应当在 3 日内告知当事人。

5. 审判人员必须认真审核诉讼材料,调查收集必要的证据。

6. 人民法院派出人员进行调查时,应当向被调查人出示证件。调查笔录经被调查人校阅后,由被调查人、调查人签名或者盖章。

7. 人民法院在必要时可以委托外地人民法院调查。委托调查,必须提出明确的项目和要求,受委托人民法院可以主动补充调查,受委托人民法院收到

委托书后,应当在30日内完成调查,因故不能完成的,应当在上述期限内函告委托人民法院。

8.必须共同进行诉讼的当事人没有参加诉讼的,人民法院应当通知其参加诉讼。

9.人民法院对受理的案件,分别情形,予以处理:(1)当事人没有争议,符合督促程序规定条件的,可以转入督促程序;(2)开庭前可以调解的,采取调解方式及时解决纠纷;(3)根据案件情况,确定适用简易程序或者普通程序;(4)需要开庭审理的,通过要求当事人交换证据等方式,明确争议焦点。(《民事诉讼法》第133条,增加"案件程序分流"的内容)

据此,人民法院可以在答辩期届满后,通过组织证据交换、召集庭前会议等方式,做好审理前的准备。庭前会议可以包括下列内容:

(1)明确原告的诉讼请求和被告的答辩意见;

(2)审查处理当事人增加、变更诉讼请求的申请和提出的反诉,以及第三人提出的与本案有关的诉讼请求;

(3)根据当事人的申请决定调查收集证据,委托鉴定,要求当事人提供证据,进行勘验,进行证据保全;

(4)组织交换证据;

(5)归纳争议焦点;

(6)进行调解。

庭前会议的效力:当事人在审理前的准备阶段认可的证据,经审判人员在庭审中说明后,视为质证过的证据。

当事人在庭审中对其在审理前的准备阶段认可的事实和证据提出不同意见的,人民法院应当责令其说明理由,必要时,可以责令其提供相应的证据,理由成立的,可以列入争议焦点进行审理。

[例5]在民事案件一审普通程序中,庭前会议包括哪些内容?[①]（　　）

A.进行调解

B.组织交换证据

C.审查处理被告提出的反诉

D.根据当事人申请进行鉴定、勘验和证据保全

---

① 根据郭翔编著:《2015年国家司法考试厚大题库:郭翔民诉题库》,中国法制出版社2015年版,第109题改编。

三、开庭审理

(一)审理的程序

1.在开庭3日前通知当事人和其他诉讼参与人。公开审理的,应当公告当事人姓名、案由和开庭的时间、地点。

2.开庭审理前,书记员应当查明当事人和其他诉讼参与人是否到庭,宣布法庭纪律。

3.开庭审理时,由审判长核对当事人,宣布案由,宣布审判人员、书记员名单,告知当事人相关的诉讼权利义务,询问当事人是否提出回避申请。

4.法庭调查。法庭调查按照下列顺序进行:当事人陈述;告知证人的权利义务,证人作证,宣读未到庭的证人证言;出示书证、物证和视听资料和电子数据;宣读鉴定意见;宣读勘验笔录。(《民事诉讼法》第138条)

当事人在法庭上可以提出新的证据。当事人经法庭许可,可以向证人、鉴定人、勘验人发问。当事人要求重新进行调查、鉴定或者勘验的,是否准许,由人民法院决定。

5.法庭辩论。法庭辩论按照下列顺序进行:原告及其诉讼代理人发言;被告及其诉讼代理人答辩;第三人及其诉讼代理人发言或者答辩;互相辩论。

法庭辩论终结,由审判长按照原告、被告、第三人的先后顺序征询各方的最后意见。

6.法庭辩论终结,应当依法作出判决。判决前能够调解的,还可以进行调解,调解不成的,应当及时判决。

(二)撤诉

撤诉,是指在人民法院受理案件之后,宣告判决之前,原告要求撤回其起诉的行为。在民事诉讼中撤诉有两种情形:视为撤诉和申请撤诉。

1.视为撤诉

视为撤诉,即原告虽然没有提出撤诉申请,但是其在诉讼中的一定行为已经表明他不愿意继续进行民事诉讼,因而,法院依法决定注销案件,不予审理的行为。

视为撤诉的情况为:

(1)原告或上诉人未按期交纳诉讼费用。

(2)原告经传票传唤,无正当理由拒不到庭。

(3)原告未经法庭许可中途退庭。

(4)原告应预交而未预交案件受理费,人民法院应当通知其预交,通知后仍不交纳,或申请缓、减、免未获人民法院批准仍不交纳诉讼费用的,按撤诉处理。

(5)无民事行为能力的原告的法定代理人,经法院传票传唤无正当理由拒不到庭的,可按撤诉处理。

(6)有独立请求权的第三人经法院传票传唤,无正当理由拒不到庭的,或未经法庭许可中途退庭的,可按撤诉处理;无独立请求权的第三人,无正当理由拒不到庭的,或未经法庭许可中途退庭的,不影响案件的审理;依法可以按撤诉处理的案件,如果当事人有违法行为需要依法处理的,法院可以不按撤诉处理。

2.申请撤诉

申请撤诉,即原告在法院立案受理后,进行宣判前,以书面或口头形式向人民法院提出撤回其起诉的要求。在宣判前,原告申请撤诉的,是否准许,由人民法院裁定。

3.撤诉的法律后果

不论是当事人申请撤诉还是按撤诉处理的,都会产生一定的法律后果:(1)法院裁定准许撤诉或按撤诉处理,都会直接引起终结诉讼程序的法律后果;(2)诉讼时效重新开始计算,原告在诉讼时效期间内再次起诉的,人民法院应当受理;(3)诉讼费用由原告或上诉人负担。

[例6]下列哪些民事诉讼案件法院不可以按撤诉处理?(　　)

A.王某是有独立请求权的第三人,开庭审理过程中未经法庭许可中途退庭

B.韩律师是原告的委托代理人,无正当理由拒不到庭

C.张某是无独立请求权的第三人,无正当理由拒不到庭

D.李某是被告的法定代理人,无正当理由拒不到庭

[例7]甲诉乙称其侵占房屋,人民法院受理后,丙认为该房屋应归自己所有并参加诉讼,人民法院进行了合并审理。审理中甲申请撤诉,此时应如何处理?(　　)

A.因丙参诉不准甲撤诉

B.准予甲撤诉,告知丙终结诉讼

C.准予甲撤诉,告知丙另行起诉
D.准予甲撤诉,将丙提起之诉作为另案进行

(三)缺席判决

1.人民法院裁定不准许撤诉的,原告经传票传唤,无正当理由拒不到庭的,可以缺席判决。

2.被告经传票传唤,无正当理由拒不到庭的,或者未经法庭许可中途退庭的,可以缺席判决。

[例8]蔡某出售伪劣奶粉,被消费者赵、钱、孙、李起诉,蔡某应诉答辩后突然失踪。对此法院应当如何处理?(　　)

A.中止诉讼　　B.终结诉讼
C.延期审理　　D.缺席判决

[例9]在下列案件中,法院不能作出缺席判决的有(　　)

A.小李和吴某因合同纠纷起诉至法院,在开庭前原告小李要求撤诉,法院经审查后不予准许,法院开庭审理时小李未出庭

B.无民事行为能力人小王的离婚诉讼,其法定代理人大王无正当理由未出庭

C.张小明(8岁)往窗外扔石块,砸坏了停在楼下的一辆汽车,车主起诉,张小明的父亲经传唤,告知法院因工作需要临时到外地调研无法到庭,母亲则长期在国外工作,无法回国

D.王三和赵四因合同履行发生纠纷,李五主张该合同标的物为其所有,申请参加了诉讼,但李五在开庭审理时未经审判人员许可中途退庭

(四)判决宣告

1.当庭宣判的,应当在10日内发送判决书;定期宣判的,宣判后立即发给判决书;告判决时,必须告知当事人上诉权利、上诉期限和上诉的法院;告离婚判决,必须告知当事人在判决发生法律效力前不得另行结婚。

2.法院适用普通程序审理的案件,应当在立案之日起6个月内审结。有特殊情况需要延长的,由本院院长批准,可以延长6个月;还需要延长的,报请上级人民法院批准。

四、审理阻碍

(一)延期审理

延期审理,指人民法院在已通知当事人、其他诉讼参与人并公告开庭审理日期后,或者在开庭时,由于出现法定原因,而另定日期对案件进行审理的制度。延期审理只能发生在开庭审理阶段,延期审理前已进行的诉讼行为,对延期后的审理仍然有效。但延期的时间不计算在审理期限内。有下列情形之一的,可以延期审理:

1.必须到庭的当事人和其他诉讼参与人有正当理由没有到庭的;
2.当事人临时提出回避申请的;
3.需要通知新的证人到庭,调取新的证据,重新鉴定、勘验,或者需要补充调查的;
4.其他应当延期的情形。

(二)诉讼中止

诉讼中止是指在诉讼进行的过程中,因发生某种法定中止诉讼的原因,诉讼无法继续进行或不宜进行,因而法院裁定暂时停止诉讼程序的制度。《民事诉讼法》第150条规定,有下列情况之一的,应当中止诉讼:

1.一方当事人死亡,需要等待继承人表明是否参加诉讼的;
2.一方当事人丧失诉讼行为能力,尚未确定法定代理人的;
3.作为一方当事人的法人或者其他组织终止,尚未确定权利义务承受人的;
4.一方当事人因不可抗拒的事由,不能参加诉讼的;
5.本案必须以另一案的审理结果为依据,而另一案尚未审结的;
6.其他应当中止诉讼的情形。

(三)诉讼终结

诉讼终结是指在诉讼进行过程中,因发生某种法定的诉讼终结的原因,使诉讼程序继续进行已没有必要或不可能继续进行,从而由人民法院裁定终结民事诉讼程序的制度。《民事诉讼法》第151条规定,可以适用于诉讼终结的情形有:

1.原告死亡,没有继承人,或者继承人放弃诉讼权利的;
2.被告死亡,没有遗产,也没有应当承担义务的人的;
3.离婚案件中的一方当事人死亡的;
4.追索赡养费、扶养费、抚育费以及解除收养关系案件的一方当事人死亡的。

[例10]张老汉与王老汉因为借款合同一案诉至法庭,在法庭审理过程中,张老汉因为心脏病复发死亡,经法院查明,张老汉没有继承人,人民法院在程序上应该如何处理?(　　)

A.缺席判决　　　　　　　　B.延期审理
C.中止审理　　　　　　　　D.终止审理

[例11]张某将一串价值10万元的钻石项链存放在某银行对外租赁的保险柜中。该银行工作人员李某借工作之便将保险柜中的钻石盗走,案发后一直潜逃在外。张某向法院起诉,要求该银行承担民事责任。在审理中,公安机关将李某抓获归案(但无法追回赃物),并移送检察机关,检察机关准备对李某提起公诉。法院应如何处理该民事案件?(　　)

A.中止此案的审理,待李某的犯罪事实查清后恢复审理
B.终止审理,告知张某在李某的刑事诉讼中,提出附带民事诉讼请求
C.延期审理此案,不得作出判决
D.继续审理此案,并可作出判决

五、民事裁判与法律文书

(一)判决书

1.适用于解决实体性问题。

2.判决书的内容

《民事诉讼法》第152条规定(修正):"判决书应当写明判决结果和作出该判决的理由。判决书内容包括:(一)案由、诉讼请求、争议的事实和理由;(二)判决认定的事实和理由、适用的法律和理由;(三)判决结果和诉讼费用的负担;(四)上诉期间和上诉的法院。判决书由审判人员、书记员署名,加盖人民法院印章。"

(二)裁定书

1.适用于解决程序性问题。

2.具体适用范围。《民事诉讼法》第154条规定(修正):"裁定适用于下列范围:(一)不予受理;(二)对管辖权有异议的;(三)驳回起诉;(四)财产保全和先予执行;(五)准许或者不准许撤诉;(六)中止或者终结诉讼;(七)补正判决书中的笔误;(八)中止或者终结执行;(九)撤销或者不予执行仲裁裁决;(十)不予执行公证机关赋予强制执行效力的债权文书;(十一)其他需要裁定解决的事项。对前款第一项至第三项裁定,可以上诉。裁定书应当写明裁定结果和做出该裁定的理由。裁定书由审判人员、书记员署名,加盖人民法院印章。口头裁定的,记入笔录。"

(三)决定书

1.适用于解决一些特殊程序性事项。

2.适用情形:回避、拘留、罚款等对妨害民事诉讼行为的强制措施;延期审理;诉讼费用的缓、减、免;法院对已经生效的裁判认为应当再审等。

[提示:增加了公众可以查阅发生法律效力的判决书、裁定书的规定。]

《民事诉讼法》第156条规定:"公众可以查阅发生法律效力的判决书、裁定书,但涉及国家秘密、商业秘密和个人隐私的内容除外。"

简易程序

简易程序是与普通程序并列、独立的民事诉讼程序,与普通程序相比,具有诉讼成本较低、审理周期较短、诉讼方式简便及适用范围较广,即"迅速、简便、低消耗"的特征。

一、简易程序的适用范围

《民事诉讼法》第157条规定:"基层人民法院和它派出的法庭审理事实清楚、权利义务关系明确、争议不大的简单的民事案件,适用本章规定。基层人民法院和它派出的法庭审理前款规定以外的民事案件,当事人双方也可以约定适用简易程序。"

1.不得适用简易程序审理的案件包括:(1)起诉时被告下落不明的;(2)发

回重审的;(3)共同诉讼中一方或者双方当事人人数众多的;(4)法律规定应当适用特别程序、审判监督程序、督促程序、公示催告程序的;(5)人民法院认为不宜适用简易程序进行审理的;(6)第三人起诉请求改变或者撤销生效判决、裁定、调解书的。

2.扩大了简易程序的适用范围:基层人民法院及其派出法庭原本应适用第一审普通程序审理的案件,如果双方当事人自愿选择适用简易程序,即达成适用简易程序的合意,则可适用简易程序进行审理。

[例12] 某市A公司向该市的某银行贷款1200万元人民币,逾期未还,银行准备通过诉讼解决。根据级别管辖的规定,此案应当由该地的中级人民法院管辖,银行向该地中级人民法院提起诉讼。此案虽然诉讼标的额较大,但是实际上当事人对事实无争议。问:(1)中级人民法院应当适用什么程序审理?(2)如果根据程序选择权,当事人是否可以协商一致要求适用简易程序审理?

二、简易程序的具体适用

(一)起诉与受理

对简单的民事案件,原告可以口头起诉。当事人双方可以同时到基层人民法院或者它派出的法庭,请求解决纠纷。基层人民法院或者它派出的法庭可以当即审理,也可以另定日期审理。

(二)简化简易程序的审理

《民事诉讼法》第159条规定:"基层人民法院和它派出的法庭审理简单的民事案件,可以用简便方式传唤当事人和证人、送达诉讼文书、审理案件,但应当保障当事人陈述意见的权利。"

(三)简易程序适用独任审判

《民事诉讼法》第160条规定:"简单的民事案件由审判员一人独任审理,并不受本法第一百三十六条、第一百三十八条、第一百四十一条规定的限制。"

由审判员一人独任审判,这意味着陪审员不能参加简易程序。

(四)简易程序的审结期限

人民法院适用简易程序审理案件,应当在立案之日起 3 个月内审结。到期后,双方当事人同意继续适用简易程序的,由本院院长批准,可以延长审理期限。延长后的审理期限累计不得超过 6 个月。(《民诉法解释》第 258 条)

[提示:审理期限,是指从立案的次日起至裁判宣告、调解书送达之日止的期间,但公告期间、鉴定期间、审理当事人提出的管辖权异议以及处理人民法院之间的管辖争议期间不应计算在内。]

(五)适用简易程序审理的六类案件应当先行调解

这六类案件分别是:婚姻家庭和继承纠纷、劳务合同纠纷、交通事故和工伤事故引起的权利义务关系较为明确的损害赔偿纠纷、宅基地和相邻权纠纷、合伙协议纠纷、诉讼标的额较小的纠纷。

(六)增加小额诉讼实行一审终审的规定

1.小额诉讼的适用条件

适用条件:基层人民法院和它派出的法庭审理符合《民事诉讼法》第 157 条第 1 款规定的简单的民事案件,标的额为各省、自治区、直辖市上年度就业人员年平均工资百分之三十以下的,实行一审终审。(《民事诉讼法》第 162 条)

(1)适用小额诉讼的金钱给付案件(《民诉法解释》第 274 条)

①买卖合同、借款合同、租赁合同纠纷;

②身份关系清楚,仅在给付的数额、时间、方式上存在争议的赡养费、抚育费、扶养费纠纷;

③责任明确,仅在给付的数额、时间、方式上存在争议的交通事故损害赔偿和其他人身损害赔偿纠纷;

④供用水、电、气、热力合同纠纷;

⑤银行卡纠纷;

⑥劳动关系清楚,仅在劳动报酬、工伤医疗费、经济补偿金或者赔偿金给付数额、时间、方式上存在争议的劳动合同纠纷;

⑦劳务关系清楚,仅在劳务报酬给付数额、时间、方式上存在争议的劳务合同纠纷;

⑧物业、电信等服务合同纠纷;

⑨其他金钱给付纠纷。

(2)不得适用小额诉讼程序审理的案件

①人身关系、财产确权纠纷(但身份关系清楚,仅在给付的数额、时间、方式上存在争议的赡养费、扶养费、抚育费纠纷可以适用小额诉讼程序审理);

②涉外民事纠纷;

③知识产权纠纷;

④需要评估、鉴定或者对诉前评估、鉴定结果有异议的纠纷;

⑤其他不宜适用一审终审的纠纷。

2.小额程序的审理程序

(1)法院的告知义务

法院受理小额诉讼案件,应当向当事人告知该类案件的审判组织、一审终审、审理期限、诉讼费用交纳标准等相关事项。

(2)举证期限与答辩期限

法院适用小额诉讼程序审理案件,举证期限由法院指定,也可以由当事人协商,并经法院准许,但一般不超过7日。

被告要求书面答辩的,法院可以在征得其同意的基础上合理确定答辩期,但最长不得超过15日。

当事人到庭后表示可以放弃举证期和答辩期的,法院可以立即开庭审理。

(3)裁定禁止上诉

在小额诉讼中,对管辖权异议、驳回起诉的裁定均不得提起上诉。裁定一经作出立即生效。

(4)异议程序

当事人对适用小额诉讼程序有异议的,应当在开庭前提出。法院经审查,异议成立的,适用简易程序的其他规定审理;异议不成立的,告知当事人并记入笔录。

(5)裁判文书的简化

小额诉讼的裁判文书可以简化,主要记载当事人基本信息、诉讼请求、裁判主文等内容。

(6)对判决的救济

判决一律不得上诉,但可适用再审程序。根据新《民诉法解释》第426条规定,再审包括:

①当事人认为生效裁判错误申请再审,但适用小额诉讼程序并无不当,可向原审人民法院申请再审的,人民法院应当受理。申请再审事由成立的,应当裁定再审,组成合议庭进行审理。作出的再审判决、裁定,当事人不得上诉。

②当事人以不应按小额诉讼案件审理为由向原审人民法院申请再审的,人民法院应当受理。理由成立的,应当裁定再审,组成合议庭审理。作出的再审判决、裁定,当事人可以上诉。

(7)程序的转换:"小转简"或"小转普"

①因当事人申请增加或变更诉讼请求、提出反诉、追加当事人等,致使案件不符合小额诉讼案件条件的,应当适用简易程序的其他规定审理。

②当事人申请增加或变更诉讼请求、提出反诉、追加当事人等,致使案件不符合小额诉讼案件条件的,但应当适用普通程序审理的,裁定转为普通程序。

(转为传统简易程序或普通程序前,双方当事人已经确认的事实,可以不再举证、质证。)

③当事人对程序选择权与异议权。当事人对按照小额诉讼案件审理有异议的,应当在开庭前提出,人民法院经审查,异议成立的,适用简易程序的其他规定审理。

(七)简易程序与普通程序转化

1.简易程序可转换为普通程序

《民事诉讼法》第163条规定:"人民法院在审理过程中,发现案件不宜适用简易程序的,裁定转为普通程序。"

情形:

(1)原告提供了被告的准确地址,但法院无法向被告直接或者留置送达应诉通知书的,应当将案件转入普通程序审理。(对比:原告无法提供被告的准确地址,人民法院查证后仍无法确定被告送达地址的,可以以被告不明确为由驳回起诉。)

举例:夏某因借款纠纷起诉陈某,法院决定适用简易程序审理。法院依夏某提供的被告地址送达时,发现有误,经多方了解和查证也无法确定准确地址。对此,法院下列哪一处理是正确的?

A.将案件转为普通程序审理　　　　B.采取公告方式送达
C.裁定中止诉讼　　　　　　　　　D.裁定驳回起诉

答案：D。《简易程序规定》第8条："人民法院按照原告提供的被告的送达地址或者其他联系方式无法通知被告应诉的,应当按以下情况分别处理：(一)原告提供了被告准确的送达地址,但人民法院无法向被告直接送达或者留置送达应诉通知书的,应当将案件转入普通程序审理；(二)原告不能提供被告准确的送达地址,人民法院经查证后仍不能确定被告送达地址的,可以被告不明确为由裁定驳回原告起诉。"所以,D正确。

(2)当事人对法院适用简易程序提出异议,法院认为异议成立。

(3)法院认为不宜适用简易程序审理的。

提示：①简易程序转换为普通程序的文书为裁定书,而不是决定书；②简易程序转换为普通程序后,普通程序审限是从立案之日起计算；此处与刑事诉讼法不同,刑诉法中是从转换之日计算。

2.普通程序改为简易程序

(1)普通程序原则上不能转换为简易程序。

已经按照普通程序审理的案件,在开庭后不得再裁定转为简易程序审理。

(2)普通程序改为简易程序必须遵循当事人意思自治,即简易程序的约定适用。

如果基层人民法院本应适用第一审普通程序审理的民事案件,当事人各方自愿选择适用简易程序,经人民法院审查同意的,可以适用简易程序进行审理。

注意：①双方当事人自愿；②决定权在法院。(必须满足两个同意：当事人＋法院)

[例13] 下列哪一个案件可以适用简易程序？（　　）

A.甲起诉请求解除与乙的婚姻关系,乙下落不明

B.二审法院认为一审遗漏了必须参加诉讼的当事人,裁定发回重审,案情简单

C.原告方为三人的共同诉讼案件

D.权利义务关系明确的借贷纠纷一案,法院判决生效后,一方当事人因原审中存在严重程序问题申请再审,法院裁定再审

[例14] 下列关于小额诉讼的说法,哪一项是错误的？（　　）

A.人民法院受理小额诉讼案件,应当向当事人告知该类案件的审判组织、一审终审、审理期限、诉讼费用交纳标准等相关事项

B.小额诉讼案件的举证期限由人民法院确定,也可以由当事人协商一致

并经人民法院准许,但一般不超过 5 日

C.当事人对小额诉讼案件提出管辖异议的,人民法院应当作出裁定,裁定一经作出即生效

D.小额诉讼案件的裁判书可以简化,主要记载当事人基本信息、诉讼请求、裁判主文等内容

真题解析

1.李某诉谭某返还借款一案,M 市 N 区法院按照小额诉讼案件进行审理,判决谭某返还借款。判决生效后,谭某认为借款数额远高于法律规定的小额案件的数额,不应按小额案件审理,遂向法院申请再审。法院经审查,裁定予以再审。关于该案再审程序适用,下列哪些选项是正确的(　　)(2016年)

A.谭某应当向 M 市中级法院申请再审

B.法院应当组成合议庭审理

C.对作出的再审判决当事人可以上诉

D.作出的再审判决仍实行一审终审

【答案】BC

【解析】根据《民事诉讼法》第 199 条规定,当事人对已经发生法律效力的判决、裁定,认为有错误的,可以向上一级人民法院申请再审;当事人一方人数众多或者当事人双方为公民的案件,也可以向原审人民法院申请再审。当事人申请再审的,不停止判决、裁定的执行。A 项说谭某应当向 M 市中院申请再审,说法错误。

依据《民事诉讼法》第 207 条第 2 款的规定,人民法院审理再审案件,应当另行组成合议庭。B 项说法正确。

根据《民诉法解释》第 426 条规定,对小额诉讼案件的判决、裁定,当事人以《民事诉讼法》第 200 条规定的事由向原审人民法院申请再审的,人民法院应当受理。申请再审事由成立的,应当裁定再审,组成合议庭进行审理。作出的再审判决、裁定,当事人不得上诉。当事人以不应按小额诉讼案件审理为由向原审人民法院申请再审的,人民法院应当受理。理由成立的,应当裁定再审,组成合议庭审理。作出的再审判决、裁定,当事人可以上诉。本案中,谭某

申请再审的理由并不是认为原审生效裁判有问题,而是认为不应按小额案件审理,故再审审理后的裁判,当事人可以上诉,C项正确,D项错误。

2.某死亡赔偿案件,二审法院在将判决书送达当事人签收后,发现其中死亡赔偿金计算错误(数学上的错误),导致总金额少了7万余元。关于二审法院如何纠正,下列哪一选项是正确的?(　　)(2016)

A.应当通过审判监督程序,重新制作判决书

B.直接作出改正原判决的新判决书并送达双方当事人

C.作出裁定书予以补正

D.报请上级法院批准后作出裁定予以补正

【答案】C

【考点】判决书中金额计算错误的补正

【解析】《民事诉讼法》第154条规定:"裁定适用于下列范围:……(七)补正判决书中的笔误……"《民诉法解释》第245条规定:"民事诉讼法第一百五十四条第一款第七项规定的笔误是指法律文书误写、误算,诉讼费用漏写、误算和其他笔误。"据此,C项正确,其他选项错误。

3.夏某因借款纠纷起诉陈某,法院决定适用简易程序审理。法院依夏某提供的被告地址送达时,发现有误,经多方了解和查证也无法确定准确地址。对此,法院下列哪一处理是正确的?(　　)(2017)

A.将案件转为普通程序审理　　　　B.采取公告方式送达

C.裁定中止诉讼　　　　　　　　　D.裁定驳回起诉

【答案】D

【考点】简易程序的适用

【解析】《民诉法解释》第258条第2款规定,人民法院发现案情复杂,需要转为普通程序审理的,应当在审理期限届满前作出裁定并将合议庭组成人员及相关事项书面通知双方当事人。事实清楚、权利义务关系明确、争议不大的民事案件为简单的民事案件。与此相反的民事案件就属于复杂的民事案件。当发现案情复杂时,才可将案件转为普通程序审理。送达地址有误并不会增加案情的复杂程度。故A项错误。

《民诉法解释》第140条规定,适用简易程序的案件,不适用公告送达。故B项错误。《民事诉讼法》第150条规定,有下列情形之一的,中止诉讼:(1)一方当事人死亡,需要等待继承人表明是否参加诉讼的;(2)一方当事人丧失诉讼行为能力,尚未确定法定代理人的;(3)作为一方当事人的法人或者其他组

织终止,尚未确定权利义务承受人的;(4)一方当事人因不可抗拒的事由,不能参加诉讼的;(5)本案必须以另一案的审理结果为依据,而另一案尚未审结的;(6)其他应当中止诉讼的情形。中止诉讼的原因消除后,恢复诉讼。可见,本案不能中止诉讼。因此,C项应当排除。《最高人民法院关于适用简易程序审理民事案件的若干规定》第8条规定:"人民法院按照原告提供的被告的送达地址或者其他联系方式无法通知被告应诉的,应当按以下情况分别处理:(一)原告提供了被告准确的送达地址,但人民法院无法向被告直接送达或者留置送达应诉通知书的,应当将案件转入普通程序审理;(二)原告不能提供被告准确的送达地址,人民法院经查证后仍不能确定被告送达地址的,可以被告不明确为由裁定驳回原告起诉。"据此,D项正确。

4.对张男诉刘女离婚案(两人无子女,刘父已去世),因刘女为无行为能力人,法院准许其母李某以法定代理人身份代其诉讼。2017年7月3日,法院判决二人离婚,并对双方共有财产进行了分割。该判决同日送达双方当事人,李某对解除其女儿与张男的婚姻关系无异议,但对共有财产分割有意见,拟提起上诉。2017年7月10日,刘女身亡。在此情况下,本案将产生哪些法律后果?(　　)(2017)

　　A.本案诉讼中止,视李某是否就一审判决提起上诉而确定案件是否终结
　　B.本案诉讼终结
　　C.一审判决生效,二人的夫妻关系根据判决解除,李某继承判决分配给刘女的财产
　　D.一审判决未生效,二人的共有财产应依法分割,张男与李某对刘女的遗产均有继承权

【答案】BD
【考点】诉讼终结
【解析】地方各级法院作出的一审判决,在上诉期间内,为生效判决。根据《民事诉讼法》第151条的规定,离婚案件一方当事人死亡的,法院应裁定终结诉讼。本案一审程序结束,在上诉期间,刘女死亡,一审判决不能生效,诉讼应当终结。

5.甲、乙两公司签订了一份家具买卖合同,因家具质量问题,甲公司起诉乙公司要求更换家具并支付违约金3万元。法院经审理判决乙公司败诉,乙公司未上诉。之后,乙公司向法院起诉,要求确认该家具买卖合同无效。对乙公司的起诉,法院应采取下列哪一处理方式(　　)(2017)

140

A.予以受理　　　　　B.裁定不予受理
C.裁定驳回起诉　　　D.按再审处理

【答案】B

【解析】《民诉法解释》第247条规定:"当事人就已经提起诉讼的事项在诉讼过程中或者裁判生效后再次起诉,同时符合下列条件的,构成重复起诉:(一)后诉与前诉的当事人相同;(二)后诉与前诉的诉讼标的相同;(三)后诉与前诉的诉讼请求相同,或者后诉的诉讼请求实质上否定前诉裁判结果。当事人重复起诉的,裁定不予受理;已经受理的,裁定驳回起诉,但法律、司法解释另有规定的除外。"首先,前诉与后诉的当事人相同均为甲公司与乙公司。其次,前诉与后诉的诉讼标的相同均是家具买卖合同关系。最后,前诉的判决已经确认甲、乙公司买卖合同有效,因此后诉乙公司请求确认合同无效的诉讼请求构成重复起诉,法院应当裁定不予受理,故B项说法正确。

6.温某驾驶未登记的电动车回家,路上不慎撞倒黄某,致其重度颅内损伤构成五级伤残。事故发生后,双方达成赔偿协议,约定温某一次性赔偿黄某医疗费、护理费等各项损失共计8.4万元,此次事故一次性解决后了事。后黄某以欺诈为由诉请撤销该协议,并要求温某赔偿损失120万元。法院受理后,对该案进行了开庭审理,但是在庭审结束后第二天,黄某又被电动车撞倒,当场死亡。法院查明,黄某只有唯一继承人黄小明,现黄小明下落不明。法院应该如何处理(　　)(2018)

A.裁定撤诉　　　　　　　　B.裁定中止诉讼
C.根据庭审情况直接作出判决　　D.裁定终止诉讼

【答案】B

【解析】《民事诉讼法》第150条规定:"有下列情形之一的,中止诉讼:(一)一方当事人死亡,需要等待继承人表明是否参加诉讼的;(二)一方当事人丧失诉讼行为能力,尚未确定法定代理人的;(三)作为一方当事人的法人或者其他组织终止,尚未确定权利义务承受人的;(四)一方当事人因不可抗拒的事由,不能参加诉讼的;(五)本案必须以另一案的审理结果为依据,而另一案尚未审结的;(六)其他应当中止诉讼的情形。中止诉讼的原因消除后,恢复诉讼。"按第150条第(一)项的规定,本案应当中止诉讼。故答案为B。

7.2013年4月23日,甲网络公司与乙公司签订《企业短消息发布业务合作协议书》(以下简称《短消息合作协议书》)1份,约定甲网络公司向乙公司提供定向移动信息发布服务,单价为:普通短信0.04元/条,小区定投0.1元/条,在移动信息服务执行中因考虑到时间、内容、区域、手机用户群体等随时调整的不确定性,发送时间、内容、区域、手机用户群体不作为合同附件;乙公司应根据双方确认的《信息服务执行确认单》所定的合同总金额向甲网络公司付款,乙公司应于第二个月向甲网络公司支付已执行的信息费用。至诉讼时,甲网络公司已执行信息服务总金额计8.4万元,但乙公司未按约支付该费用,甲网络公司多次催讨未果,遂起诉至法院,要求判令:1.乙公司立即支付拖欠甲网络公司信息服务费共计8.4万元;2.本案诉讼费由乙公司承担。关于本案,法院应当如何处理(　　)(2018年)

A.不予受理

B.驳回起诉

C.判决驳回诉讼请求

D.判决将服务费收缴归国家所有

【答案】C

【解析】当事人订立、履行合同,应当遵守法律、行政法规,尊重社会公德,不得扰乱社会经济秩序,损害社会公共利益。根据原被告的《短消息合作协议书》,双方在对所发送的电子信息的性质充分知情的情况下,强行向不特定公众发送商业广告,违反网络信息保护规定、侵害不特定公众的利益,所发送的短信应认定为垃圾短信。根据《合同法》第52条规定及相关司法解释,合同具有损害社会公共利益或违反法律、行政法规强制性规定的,属于无效合同。故双方合同为无效合同,法院应判决驳回原告的诉讼请求。故A、B项错误,C项正确。

双方合同因损害社会公共利益,所涉价款属于非法所得,法院对涉案服务费应另行制作决定予以收缴。故D项错误。

8.2014年9月30日,吴某租赁王某建筑搭架设备,使用结束后,经双方结算下欠王某1000元。2016年5月29日,吴某为王某出具了一张1000元欠条,后经王某多次催要,吴某一直未还,王某诉至法院。法院决定适用小额诉讼程序审理,告知了双方小额诉讼程序的特点。被告要求书面答辩,法院确定了7天的答辩期,并指定了5天的举证期限。在答辩期内,被告提出了管辖权异议,法院告知其小额诉讼程序不能提管辖权异议。关于本案诉讼程序中,法院做法正确的有(　　)(2018年)

A.法院决定适用小额诉讼程序审理该案

B.法院确定了7天的答辩期

C.法院指定的5天举证期限

D.法院告知其小额诉讼程序不能提管辖权异议

【答案】ABC

【解析】根据《民事诉讼法》第162条规定,小额诉讼程序案件的标的额为各省、自治区、直辖市上年度就业人员年平均工资百分之三十以下。本案标的额为1000元,符合此条件,故A项正确。

《民诉法解释》第277条规定:"小额诉讼案件的举证期限由人民法院确定,也可以由当事人协商一致并经人民法院准许,但一般不超过七日。被告要求书面答辩的,人民法院可以在征得其同意的基础上合理确定答辩期间,但最长不得超过十五日。当事人到庭后表示不需要举证期限和答辩期间的,人民法院可立即开庭审理。"故BC正确。

《民诉法解释》第278条规定:"当事人对小额诉讼案件提出管辖异议的,人民法院应当作出裁定。裁定一经作出即生效。"故D项不当选。

 案例分析

1.人民法院受理了王某诉何某的损害赔偿案件,7月21日向何某发送了起诉状副本,并告知何某10日内提交答辩状,何某因工作忙,向法院申请顺延,经法院研究同意延长10日,法院决定8月11日开庭审理此案,书记员委托法院勤杂工将出庭通知书交给何某。恰逢何家无人,该工人便将通知书交其邻人之子,15岁的何强签收。本案经审理决定不当庭审判,通知双方8月14日到庭宣判,8月16日将判决书送达双方当事人。并告知双方务必在8月29日前提起上诉,否则原判决生效。

问:本案在程序上有何违法之处,请指出,并请说明正确的做法。

2.王华(住所地为B区)是广州市某电子科技公司(住所地为C区)法务部的工作人员,因决定随女友搬至厦门生活,王华于2015年3月向公司辞职。后因劳动报酬的给付数额和给付时间发生争议,王华将电子科技公司诉至A区法院,要求其在10天内支付拖欠的工资2800元。按照双方原先签订的劳动合同之约定,发生纠纷时应当提交A区法院或者B区法院进行诉讼处理。A区法院收到王华的起诉状后,认为起诉符合法定条件,遂登记了立案,并适用小额诉讼程序进行审理。

被告方电子科技公司在收到起诉状副本后,向A区法院提出了管辖权异

议,A区法院审查后裁定驳回。按照当事人的协商合意,法院为双方确定了10天的举证期限。在诉讼进行过程中,被告以违反竞业禁止为由向原告提出了反诉,法院决定将案件转为普通程序审理,法院一审判决王华败诉,王华不服,向法院提起上诉,在二审程序进行中王华又向法院申请撤回起诉。①

问:(1)A区法院对本案是否有管辖权?为什么?

(2)A区法院可否适用小额诉讼程序审理案件?为什么?若当事人认为案件不应适用小额诉讼程序进行审理,其可否提出异议?

(3)A区法院直接登记立案的做法是否合法?为什么?

(4)对A区法院驳回管辖权异议的裁定,被告电子科技公司可否上诉?为什么?

(5)王华在二审中申请撤回起诉的做法是否合法?需要满足哪些条件?若法院准许了其撤诉申请,王华可否再次上诉?为什么?

(6)本案中还存在哪些不合法之处?请分别列举并说明理由。

第二讲 二审程序

【案情】王军霞索赔案二审改判胜诉

1996年,在第26届亚特兰大奥运会上,王军霞夺得了5000米金牌。随后,王军霞登上了高高的领奖台,她手举着飘香的鲜花,笑容如春风般掠过观众的面孔,无数镜头拍下了这个壮观的时刻。1997年6月的一天,王军霞的一位朋友问她:"王军霞,你什么时候走起了广告之路。"这没头没脑的问话,让王军霞实在惊讶。王军霞这才知道,1996年8月16日第6版的香港《大公报》广告上有她的巨幅照片。该报以整版的篇幅刊登了昆明卷烟厂的"红山茶"香烟广告。广告上方写有"热烈祝贺中国奥运代表团高奏凯歌"的字样,在

---

① 参见《韩心怡民事诉讼法题库案例例题(一)》,http://mp.weixin.qq.com/s?__biz=MzAxMzYzMzk0OA==&mid=207237626&idx=5&sn=7860325f21ab4655fa0c1cdb1c720e7a&3rd=MzA3MDU4NTYzMw==&scene=6#rd.

这一行显赫的大字下面则是王军霞站立在领奖台上的照片,在人物右边有醒目而时髦的广告词:"国际名烟,时尚味道。"稍下一点,摆放两盒"红山茶"香烟,其中一盒已启封,半截香烟抽出盒外,其过滤嘴香烟倾斜的方向正对着微笑的王军霞,广告的左下方则印着"红山茶过滤嘴香烟"字样。1998年年底,王军霞以此状告云南昆明卷烟厂,并且提出索赔1000万元人民币。1999年3月1日,沈阳市中级人民法院民事审判一庭依法受理了此案。2000年1月5日,沈阳市中级人民法院认为,原告主张被告侵害其肖像权、名誉权,其证据不足。依据《中华人民共和国民事诉讼法》第46条第1款之规定,判决驳回王军霞之诉讼请求。王军霞败诉后上诉到辽宁省高级人民法院。2000年5月15日,王军霞状告云南昆明卷烟厂侵害其名誉权二审胜诉,要求昆烟支付王军霞赔偿金80万元,并在一个月内登报道歉。

点评:作为我国著名的运动员,奥运冠军的王军霞运用法律维护自己的权利是值得赞赏的,但本案一、二审审判结果截然相反,原因在于证据认定问题,我国实行两审终审制,二审法院不仅是上诉审法院,而且还负有监督下级法院的职能,二审法院对一审判决可以依据事实、证据与法律进行改判,二审法院的纠错功能,体现了我国设置二审制的目的。

知识结构回忆

二审程序是指人民法院按照普通程序或者简易程序对争议案件经过审理作出裁判后,如果当事人不服,即可行使上诉权提起上诉,要求上级人民法院对案件进行二审。

一、二审的启动

(一)上诉的实质条件

法律规定可以上诉的裁判可以提起上诉。

1.允许上诉的判决:地方各级人民法院适用普通程序与简易程序审理后作出的一审判决,以及人民法院发回重审的判决和按照第一审程序对案件进行再审后作出的判决。

不允许上诉的判决:最高人民法院作出的一审判决;法院适用特别程序、公示催告程序作出的判决;小额诉讼的判决。

2.允许上诉的裁定：管辖权异议的裁定、不予受理的裁定、驳回起诉的裁定。

(二)上诉的形式条件

1.上诉期间：当事人不服地方人民法院第一审判决的，有权在判决书送达之日起15日内向上一级人民法院提起上诉；当事人不服地方人民法院第一审裁定的，有权在裁定书送达之日起10日内向上一级人民法院提起上诉。

2.上诉状：上诉应当递交上诉状。上诉状的内容，应当包括当事人的姓名，法人的名称及其法定代表人的姓名或者其他组织的名称及其主要负责人的姓名；原审人民法院名称、案件的编号和案由上诉的请求和理由。

3.上诉人与被上诉人：在民事诉讼中，有权提起上诉而成为上诉人的应当是依据第一审判决享有实体权利或者承担实体义务的人，具体包括一审中的原告、被告、共同诉讼人、有独力请求权的第三人和判决承担民事责任的无独力请求权的第三人。

[提示：(1)上诉人都上诉的问题处理。《民诉法解释》第317条规定，双方当事人和第三人都上诉的，均为上诉人。人民法院可以依职权确定第二审程序中当事人的诉讼地位。(2)必要共同诉讼中部分共同诉讼人上诉问题的处理。根据《民诉法解释》第319条的规定，其规律是：享有上诉权的当事人，谁提出上诉谁就是上诉人，上诉人对与谁之间的权利义务分担有意见，谁就是被上诉人；上诉人的上诉请求不涉及的人依原审诉讼地位列明。]

[例1] 甲向乙借款5000元，丙做保证人。在债权到期后，甲拒绝还债，乙将甲、丙作为共同被告起诉，人民法院一审判决保证人丙先行返还乙5000元。丙认为自己只负一般保证责任，应由甲履行债务，如果丙以此理由上诉，应如何确定被上诉人？① (   )

A.以乙为被上诉人，甲按原审诉讼地位列明

B.以甲为被上诉人，乙按原审诉讼地位列明

C.甲、乙均按原审诉讼地位列明

D.甲、乙均为被上诉人

---

① 参见郭翔编著：《2015年国家司法考试厚大题库：郭翔民诉题库》，中国法制出版社2015年版，第125题。

二、二审的审理

(一)二审的审理范围

第二审人民法院应当对上诉请求的有关事实和适用法律进行审查。但判决违反法律的禁止性规定、侵害社会公共利益或者他人利益的除外。

[例2] 下列关于二审法院对于上诉案件的审查,说法正确的是(　　)

A.第二审人民法院应当对上诉请求的适用法律情况进行审查

B.第二审人民法院应当对上诉请求的有关事实和适用法律进行审查

C.第二审人民法院的审理应当围绕当事人上诉请求的范围进行,当事人没有提出请求的,不予审查

D.被上诉人在答辩中要求变更或者补充第一审判决内容的,应当视为当事人提出的上诉,第二审人民法院必须进行审查

(二)二审的审理方式

开庭审理为原则,不开庭审理为例外。

《民事诉讼法》第169条规定:"第二审人民法院对上诉案件,应当组成合议庭,开庭审理。经过阅卷、调查和询问当事人,对没有提出新的事实、证据或者理由,合议庭认为不需要开庭审理的,可以不开庭审理。第二审人民法院审理上诉案件,可以在本院进行,也可以到案件发生地或者原审人民法院所在地进行。"

[例3] 下列关于第二审程序说法错误的是(　　)

A.当事人上诉通常采用书面方式,也可以口头上诉

B.第二审人民法院应当对上诉请求的有关事实和适用法律进行审查

C.第二审人民法院审理上诉案件,可以在本院进行,也可以到案件发生地或者原审人民法院所在地进行

D.第二审人民法院对不服第一审人民法院裁定的上诉案件的处理,一律使用裁定

三、二审的调解

二审中可以调解,调解达成协议的,应当制作调解书,调解书签收后,原判决视为撤销。

《民诉法解释》第 326 条规定:"对当事人在第一审程序中已经提出的诉讼请求,原审人民法院未作审理、判决的,第二审人民法院可以根据当事人自愿的原则进行调解;调解不成的,发回重审。"

《民诉法解释》第 327 条规定:"必须参加诉讼的当事人或者有独立请求权的第三人,在第一审程序中未参加诉讼,第二审人民法院可以根据当事人自愿的原则予以调解;调解不成的,发回重审。"

《民诉法解释》第 328 条规定:"在第二审程序中,原审原告增加独立的诉讼请求或者原审被告提出反诉的,第二审人民法院可以根据当事人自愿的原则就新增加的诉讼请求或者反诉进行调解;调解不成的,告知当事人另行起诉。双方当事人同意由第二审人民法院一并审理的,第二审人民法院可以一并裁判。"

《民诉法解释》第 329 条规定:"一审判决不准离婚的案件,上诉后,第二审人民法院认为应当判决离婚的,可以根据当事人自愿的原则,与子女抚养、财产问题一并调解;调解不成的,发回重审。双方当事人同意由第二审人民法院一并审理的,第二审人民法院可以一并裁判。"

[例 4] 郑某诉刘某离婚一案,一审法院判决不准离婚。郑某不服提出上诉。二审法院审理后认为当事人双方感情确已破裂,应当判决离婚。二审法院采取以下何种做法是正确的?(　　)

A. 直接改判离婚,子女抚养和财产问题另案解决

B. 直接改判离婚,子女抚养和财产问题一并判决

C. 在当事人自愿的情况下,通过调解解决离婚、子女抚养和财产分割问题,调解不成的,发回重审

D. 只对离婚事项作出判决,子女抚养和财产分割问题发回重审

四、二审中的撤回起诉

在第二审程序中,原审原告申请撤回起诉,经其他当事人同意,且不损害国家利益、社会公共利益、他人合法权益的,人民法院可以准许。准许撤诉的,应当一并裁定撤销一审裁判。

原审原告在第二审程序中撤回起诉后重复起诉的,人民法院不予受理。

五、上诉的撤回

二审判决宣告前,当事人可以申请撤回上诉,是否准许由二审法院裁定。

二审法院经审查认为一审判决确有错误,或者双方当事人串通损害国家利益、社会公共利益及他人合法权益的,不应准许。自二审法院裁定准许撤回上诉之日起,一审判决生效。

[例5]甲诉乙侵权一案,一审法院作出判决乙承担一半责任,甲不服判决提出上诉,但在上诉期未届满时甲又提出撤诉申请,关于本案的处理,下列哪一个选项是正确的?( )

A.法院应当准许甲的撤诉
B.甲提出撤诉意味着一审判决自然发生效力
C.法院准许甲撤诉后,甲不得再就本案提起上诉
D.如果本案已经进入二审审理程序,甲不得再申请撤诉

六、二审案件的裁判

《民事诉讼法》第170条规定:"第二审人民法院对上诉案件,经过审理,按照下列情形,分别处理:(一)原判决、裁定认定事实清楚,适用法律正确的,以判决、裁定方式驳回上诉,维持原判决、裁定;(二)原判决、裁定认定事实错误或者适用法律错误的,以判决、裁定方式依法改判、撤销或者变更;(三)原判决认定基本事实不清的,裁定撤销原判决,发回原审人民法院重审,或者查清事实后改判;(四)原判决遗漏当事人或者违法缺席判决等严重违反法定程序的,裁定撤销原判决,发回原审人民法院重审。原审人民法院对发回重审的案件作出判决后,当事人提起上诉的,第二审人民法院不得再次发回重审。"

[例6]在甲与乙的合同纠纷一案中,一审法院作出判决以后,当事人不服提起上诉,二审法院在审理中发现,一审人民法院的判决遗漏了原来甲的一项诉讼请求,请问,二审人民法院对本案应该如何处理?( )

A.二审法院直接作出判决,对一审法院未作出的诉讼请求直接予以判决
B.根据当事人自愿的原则进行调解,调解不成的,发回重审
C.直接裁定撤销原审,发回一审人民法院重新审理
D.告知当事人对一审法院未作出判决的诉讼请求另行起诉

[例7]甲在当地颇有声望,乙因素日就与甲有恩怨,遂在当地造谣生事,诋毁甲的名声,使得甲因名誉受损而蒙受不少经济损失。甲遂向法院提起诉讼,要求乙承担损害赔偿责任,一审法院判决支持原告甲的诉讼请求,判决乙赔偿甲10万元,乙不服一审判决,向法院提起上诉,二审法院认为一审法院对

案件事实的认定是清楚的,符合客观事实,但在赔偿数额上欠妥当。二审法院下列做法错误的有( )

  A.可以裁定撤销原判决,发回原审人民法院重审

  B.可以裁定撤销原判决,依法改判

  C.应当判决撤销原判决,依法改判

  D.应首先进行调解,调解不成的发回重审

七、二审的审结期限

  人民法院审理对判决的上诉案件,应当在第二审立案之日起 3 个月内审结。有特殊情况需要延长的,由本院院长批准。

  人民法院审理对裁定的上诉案件,应当在第二审立案之日起 30 日内作出终审裁定。

真题解析

  1.甲、乙、丙诉丁遗产继承纠纷一案,甲不服法院作出的一审判决,认为分配给丙和丁的遗产份额过多,提起上诉。关于本案二审当事人诉讼地位的确定,下列哪一选项是正确的?( )(2016 年)

  A.甲是上诉人,乙、丙、丁是被上诉人

  B.甲、乙是上诉人,丙、丁是被上诉人

  C.甲、乙、丙是上诉人,丁为被上诉人

  D.甲是上诉人,乙为原审原告,丙、丁为被上诉人

  【答案】D

  【考点】必要共同诉讼二审中当事人诉讼地位

  【解析】《民诉法解释》第 319 条规定:"必要共同诉讼人的一人或者部分人提起上诉的,按下列情形分别处理:(一)上诉仅对与对方当事人之间权利义务分担有意见,不涉及其他共同诉讼人利益的,对方当事人为被上诉人,未上诉的同一方当事人依原审诉讼地位列明;(二)上诉仅对共同诉讼人之间权利义务分担有意见,不涉及对方当事人利益的,未上诉的同一方当事人为被上诉人,对方当事人依原审诉讼地位列明;(三)上诉对双方当事人之间以及共同诉

讼人之间权利义务承担有意见的,未提起上诉的其他当事人均为被上诉人。"

本案中,甲认为分配给丙和丁的遗产份额过多,即对丙和丁的权利义务有意见,因此应将丙和丁作为被上诉人,甲为上诉人。而对于乙的权利义务的承担,甲在上诉中并没有涉及,故乙应当按照原审诉讼地位列明,将其列为原审原告。本题答案为D。

2.王某诉赵某借款纠纷一案,法院一审判决赵某偿还王某债务,赵某不服,提出上诉。二审期间,案外人李某表示,愿以自己的轿车为赵某偿还债务提供担保。三人就此达成书面和解协议后,赵某撤回上诉,法院准许。一个月后,赵某反悔并不履行和解协议。关于王某实现债权,下列哪一选项是正确的?(　　)(2016年)

A.依和解协议对赵某向法院申请强制执行

B.依和解协议对赵某、李某向法院申请强制执行

C.依一审判决对赵某向法院申请强制执行

D.依一审判决与和解协议对赵某、李某向法院申请强制执行

【答案】C

【考点】二审撤回上诉后相关裁判文书效力

【解析】《民诉法解释》第337条规定:"在第二审程序中,当事人申请撤回上诉,人民法院经审查认为一审判决确有错误,或者当事人之间恶意串通损害国家利益、社会公共利益、他人合法权益的,不应准许。"在二审中,撤回上诉的,法院审查准许后,二审诉讼即告终结,一审裁判发生法律效力。故选项C正确。和解协议没有强制执行力,不能向法院申请强制执行。

3.甲公司诉乙公司买卖合同纠纷一案,法院判决乙公司败诉并承担违约责任,乙公司不服提起上诉。在二审中,甲公司与乙公司达成和解协议,并约定双方均将提起之诉予以撤回。关于两个公司的撤诉申请,下列哪一说法是正确的?(　　)(2016年)

A.应当裁定准许双方当事人的撤诉申请,并裁定撤销一审判决

B.应当裁定准许乙公司撤回上诉,不准许甲公司撤回起诉

C.不应准许双方撤诉,应依双方和解协议制作调解书

D.不应准许双方撤诉,应依双方和解协议制作判决书

【答案】A

【考点】二审中撤诉的考查

【解析】《民诉法解释》第339条规定:"当事人在第二审程序中达成和解协

议的,人民法院可以根据当事人的请求,对双方达成的和解协议进行审查并制作调解书送达当事人;因和解而申请撤诉,经审查符合撤诉条件的,人民法院应予准许。"因此在二审中双方达成和解协议的,有两种结案方式,一个是制作调解书,另一个是撤诉。故 C、D 项的说法是错误的。

《民诉法解释》第 337 条规定:"在第二审程序中,当事人申请撤回上诉,人民法院经审查认为一审判决确有错误,或者当事人之间恶意串通损害国家利益、社会公共利益、他人合法权益的,不应准许。"第 338 条规定:"在第二审程序中,原审原告申请撤回起诉,经其他当事人同意,且不损害国家利益、社会公共利益、他人合法权益的,人民法院可以准许。准许撤诉的,应当一并裁定撤销一审裁判。"

所以二审中撤诉,可以是撤回上诉,也可以是撤回起诉,裁定撤回起诉的,应当撤销一审判决。所以 B 项说法错误,A 项说法正确。

需要提醒的是,撤回上诉时,如果对方不履行和解协议,此时一审裁判仍然存在,可以去申请执行一审裁判。

4. 石山公司起诉建安公司请求返还 86 万元借款及支付 5 万元利息,一审判决石山公司胜诉,建安公司不服提起上诉。二审中,双方达成和解协议:石山公司放弃 5 万元利息主张,建安公司在撤回上诉后 15 日内一次性付清 86 万元本金。建安公司向二审法院申请撤回上诉后,并未履行还款义务。关于石山公司的做法,下列哪一表述是正确的(　　)(2017 年)

A.可依和解协议申请强制执行

B.可依一审判决申请强制执行

C.可依和解协议另行起诉

D.可依和解协议申请司法确认

【答案】B

【解析】二审中因和解而撤诉,既可以是撤回起诉,也可以是撤回上诉,本题明确告知是因和解而撤回上诉。在二审程序中,上诉的撤回会产生以下法律后果:(1)在对方当事人未上诉的情况下,二审程序终结;(2)在对方当事人未提起上诉的情况下,第一审裁判发生法律效力;(3)撤回上诉的当事人承担第二审程序的上诉费用,减半收取。本题的一审判决因撤回上诉而生效,因而可据其申请执行,B 项正确。而和解协议本身是合同,仅具有相对约束力,而不具有强制执行力,A 项错误。

5.张某诉新立公司买卖合同纠纷案,新立公司不服一审判决提起上诉。

二审中,新立公司与张某达成协议,双方同意撤回起诉和上诉。关于本案,下列哪一选项是正确的?(　　)(2017年)

　　A.起诉应在一审中撤回,二审中撤回起诉的,法院不应准许

　　B.因双方达成合意撤回起诉和上诉的,法院可准许张某二审中撤回起诉

　　C.二审法院应裁定撤销一审判决并发回重审,一审法院重审时准许张某撤回起诉

　　D.二审法院可裁定新立公司撤回上诉,而不许张某撤回起诉

【答案】B

【解析】二审程序中的撤诉分两种,既可以撤回起诉,也可以撤回上诉。尽管在第二审程序中,原则上不得撤回起诉,但是作为当事人意思自治的体现,《民诉法解释》第338条规定,在第二审程序中,原审原告申请撤回起诉,经其他当事人同意,且不损害国家利益、社会公共利益、他人合法权益的,人民法院可以准许。准许撤诉的,应当一并裁定撤销一审裁判。故B项正确。

　　6.朱某诉力胜公司商品房买卖合同纠纷案,朱某要求判令被告支付违约金5万元;因房屋质量问题,请求被告修缮,费用由被告支付。一审法院判决被告败诉,认可了原告全部诉讼请求。力胜公司不服令其支付5万元违约金的判决,提起上诉。二审法院发现一审法院关于房屋有质量问题的事实认定,证据不充分。关于二审法院对本案的处理,下列哪些说法是正确的?(　　)(2017年)

　　A.应针对上诉人不服违约金判决的请求进行审理

　　B.可对房屋修缮问题在查明事实的情况下依法改判

　　C.应针对上诉人上诉请求所涉及的事实认定和法律适用进行审理

　　D.应全面审查一审法院对案件的事实认定和法律适用

【答案】AC

【解析】第二审人民法院应当对当事人上诉请求所涉及的事实认定问题和适用法律问题进行审理,即我国民事诉讼第二审既是事实审又是法律审,故C项正确。我国民事诉讼的二审程序应遵循有限审查原则,即第二审人民法院审理的事实问题和法律问题,应当限定在上诉人的上诉请求范围内,受到当事人上诉请求的限制。本题力胜公司仅对令其支付5万元违约金的判决部分不服提起上诉,未涉及房屋的质量修缮问题,因此二审法院不应就房屋修缮问题作出判项,故A项正确,B、D两项错误。

　　7.甲、乙、丙三人共同致丁身体损害,丁起诉三人要求赔偿3万元。一审

法院经审理判决甲、乙、丙分别赔偿2万元、8000元和2000元,三人承担连带责任。甲认为丙赔偿2000元的数额过低,提起上诉。关于本案二审当事人诉讼地位的确定,下列哪一选项是正确的?( )(2017)

A.甲为上诉人,丙为被上诉人,乙为原审被告,丁为原审原告
B.甲为上诉人,丙、丁为被上诉人,乙为原审被告
C.甲、乙为上诉人,丙为被上诉人,丁为原审原告
D.甲、乙、丙为上诉人,丁为被上诉人

【答案】A

【考点】上诉人与被上诉人的确定

【解析】《民诉法解释》第319条规定:"必要共同诉讼人的一人或者部分人提起上诉的,按下列情形分别处理:(一)上诉仅对与对方当事人之间权利义务分担有意见,不涉及其他共同诉讼人利益的,对方当事人为被上诉人,未上诉的同一方当事人依原审诉讼地位列明;(二)上诉仅对共同诉讼人之间权利义务分担有意见,不涉及对方当事人利益的,未上诉的同一方当事人为被上诉人,对方当事人依原审诉讼地位列明;(三)上诉对双方当事人之间以及共同诉讼人之间权利义务承担有意见的,未提起上诉的其他当事人均为被上诉人。"本案一审判决后,甲对对实体全义务的分担有异议。其异议所指向的对象是丙,而不是指向乙和丁。甲提起上诉,当然是上诉人,其上诉行为指向的对象丙为被上诉人,其他人依原审诉讼地位列明。故A项正确,其他选项错误。

案例分析

1.A市的左公司和B市的右运输公司在A市签订了左公司长期在B市内的货物运输合同,双方约定如果出现纠纷则交由北京仲裁委员会进行仲裁。在合同履行过程中,因为油价、养路费上涨的原因,双方就运输价格发生争议。于是,双方交由北京仲裁委员会进行仲裁。随后,左公司又向人民法院提起诉讼,要求与右公司解除合同,并赔偿左公司因此而受到的损失。

法院在不知其有仲裁条款的情况下进行了审理。在庭审过程中,右公司进行了答辩,表示不同意解除合同。一审法院经过审理,判决驳回原告的诉讼请求。原告不服,认为一审判决错误,提出上诉,并称双方当事人之间存在仲裁协议,法院对本案无诉讼管辖权。在二审中,右公司提出反诉,要

求左公司支付运输款。二审法院经过对上诉案件的审理,判决驳回上诉,维持原判。

问:(1)何地法院对本案具有诉讼管辖权?

(2)原告左公司主张双方之间存在仲裁协议,法院对本案无管辖权是否成立?为什么?

(3)如果原告左公司在上诉期间就撤回上诉,并且法院裁定准许,则右公司可否要求其履行一审判决?为什么?

(4)如果左公司在二审法院审理过程中撤回上诉,而此时二审法院认为一审法院判决确有错误,二审法院应当如何处理?

(5)对于右公司的反诉,二审法院应当如何处理?

(6)假设二审法院认为本案不应由人民法院受理,可以如何处理?

2.郎某和杨某2010年4月经人介绍认识后于同年7月结婚,婚后两人育有一子郎小样。家庭共有财产房屋3间,家具若干,存款2万元。婚后两人感情不和,经常吵架。郎某遂起诉到法院要求离婚。郎某起诉后,杨某不提交答辩状,也不出庭应诉。一审法院经审理后认为两人感情已经破裂,遂判决准予离婚,并对夫妻共同财产进行分割,由于郎小样年龄较小由杨某抚养。判决后,郎某对准予离婚没有意义,但对郎小样的抚养权有异议,遂向原审法院提起上诉。杨某对判决离婚不服,向原审的上一级人民法院提起上诉。后郎某又反悔,向法院提出撤回上诉。①

问:(1)对于郎某和杨某的上诉,法院应当如何处理?

(2)对于杨某拒不出庭的行为,法院可以缺席判决吗?为什么?

(3)对于郎某的撤回上诉的行为,法院应当如何处理?

(4)对于本案二审法院的审查范围是哪些?如果杨某没有提出上诉,二审法院认为一审判决离婚确有错误,那么是否应当审查和处理?

(5)如果一审法院判决不准离婚,郎某不服提起上诉,二审法院经审理认为应当准许离婚,应当如何处理?

(6)本案二审法院可否径行裁判?为什么?

---

① 参见张能宝主编:《2013年案例分析专题例解》,法律出版社2013年版,第366页。

第三讲 审判监督程序

【案情】杜双华豪门离婚再审案

日照钢铁控股集团有限公司董事长杜双华位列2008年胡润中国富豪榜榜眼,当年43岁的他总资产为350亿元。杜双华"豪门离婚案"在河北衡水中院再审开庭,早在2010年9月,杜双华的发妻宋雅红就起诉到法院,要求离婚并分割双方的共同财产。此案因涉及高达数百亿的财产分割,成为当年国内财产标的最高的离婚案。开庭当天,杜双华的律师却拿出2001年河北衡水中院的一份判决,衡水中院以宋雅红"下落不明",缺席判决双方离婚,一套房产归宋雅红所有。宋雅红自称,她起诉离婚时,才知道11年前已被判离婚。2011年8月15日,北京市一中院对这起被中止审理一年多的离婚案恢复审理,并以"案件正在河北衡水中院再审审理过程中,宋雅红另行选择在北京法院起诉与杜双华离婚,不符合法律规定的受理条件为由",在程序上裁定驳回了宋雅红的起诉。

裁定驳回作出的次日,宋雅红的律师陈旭就接到了衡水中院法官的协商开庭的电话,宋雅红于2011年8月23日正式收到了衡水中院的传票,此案在衡水中院开庭。在宋雅红提出了11年前离婚判决存在诸多疑点、衡水中院决定依职权再审此案之后,这份判决是否有效,成为案件关注的焦点。再审开庭仅涉及财产问题,对于婚姻问题,已经有生效判决作了相应的处理,不再审查。宋雅红方认为2001年的判决已经中止执行,所有的问题都是待定,那么对于财产起止点、范围不应仅仅限于2001年之前,所以他们已就1988年后所有的财产线索进行了梳理,并向法庭提交了相关证据,包括1992年成立的一家制管有限公司、1993成立的京华焊管总厂,此后成立的京华制管有限公司,京华创新集团在香港上市公司的股份,以及由京华创新集团全资投资的日照钢铁而产生的收益及股权价值,都应该作为夫妻共同财产进行分割。杜双华方认为财产分割应另行起诉,杜双华的律师提出了两点意见。首先,婚姻问题已经在判决中解决,现在只讨论财产,而且还是2001年以前的财产。其次,婚姻问题已经处理完毕,如果有财产分割问题,应该另行再诉,引用的是《最高人民法院关于适用〈中华人民共和国民事诉讼法〉若干问题的意见》第209条,申请人就财产问题申请再审,应该另诉,即便对离婚后财产分割有意见,宋雅红一方也应该另行再诉。对此宋雅红律师当庭表示,申请人申请再审的案件,根据法律规定应该另诉,但是,此案是法院依照职权进行再审的,所以不应另诉。

点评: 天下熙熙,皆为利来;天下攘攘,皆为利往。毋庸置疑,无论是当事人双方,还是媒体方,关注此起豪门离婚案最多的仍是财产问题,河北衡水市中级人民法院启动再审也仅针对财产分割问题进行审理,这符合现行法律的规定,据媒体称宋雅红方要求分割的财产达到人民币350亿元,若法院对杜双华财产进行评估后作出判决,宋雅红一方拿到的财产肯定会远远超过2001年时的判决,若出现此种结果,受影响的相信不仅是当事人双方,而且还有企业的生存问题等,因此抛开豪门恩怨不谈,或许杜双华与宋雅红之间的再审案件的最好结果是和解。

知识结构回忆

审判监督程序,也称再审程序,是为纠正已经发生法律效力的错误判决、裁定,依照法律规定,对案件重新进行审理时所适用的程序。

一、再审的启动

(一)人民法院启动的再审

1.各级人民法院院长。《民事诉讼法》第198条规定:"各级人民法院院长对本院已经发生法律效力的判决、裁定、调解书,发现确有错误,认为需要再审的,应当提交审判委员会讨论决定。"

2.上级人民法院和最高人民法院。《民事诉讼法》第198条规定:"最高人民法院对地方各级人民法院已经发生法律效力的判决、裁定、调解书,上级人民法院对下级人民法院已经发生法律效力的判决、裁定、调解书,发现确有错误的,有权提审或者指令下级人民法院再审。"

(注意:这里并不强调上一级,只要是上级法院即可启动这一程序,因为上下级法院之间是监督关系。上级法院和最高人民法院启动再审处理方式有两种:提审或指令下级法院再审。)

[例1]甲医学器材研究所诉乙医疗器械公司侵犯其风湿治疗仪专利产品制造方法纠纷一案,市中级人民法院经过一审,认定乙医疗器械公司生产的风湿治疗仪侵犯了甲医学器材研究所的专利权,判决责令乙医疗器械公司停止侵权行为,并赔偿给甲医学器材研究所造成的损失。乙医疗器械公司不服,提出上诉。省高级人民法院判决驳回上诉,维持原判。问:如果最高人民法院发现该案生效判决确有错误,可如何处理?

(二)当事人申请再审

《民事诉讼法》第199条规定:"当事人对已经发生法律效力的判决、裁定,认为有错误的,可以向上一级人民法院申请再审;当事人一方人数众多或者当事人双方为公民的案件,也可以向原审人民法院申请再审。当事人申请再审的,不停止判决、裁定的执行。"

[提示:将共同诉讼案件和公民之间的案件的再审申请管辖权下放到原审人民法院。]

1.申请再审的主体

有权申请再审的主体,包括第一审的原告和被告,共同诉讼人、有独立请求权的第三人以及被判决承担民事责任的无独立请求权的第三人,第二审的上诉人和被上诉人。无民事行为能力人、限制民事行为能力人的法定代理人,可以代理当事人提出再审申请。

2.申请再审的法定期限

(1)根据《民事诉讼法》第200条、第205条的规定,当事人申请再审,应当在判决、裁定、调解书发生法律效力后六个月内提出;有下列情形之一的,自知道或者应当知道之日起六个月内提出:①有新的证据,足以推翻原判决、裁定的;②原判决、裁定认定事实的主要证据是伪造的;③据以作出原判决、裁定的法律文书被撤销或者变更;④审判人员审理该案件时贪污受贿,徇私舞弊,枉法裁判行为的。

(2)六个月为不变期间,不存在中止、中断和延长情形。

3.申请再审的法定事由

(1)判决、裁定申请再审的事由(修正)

根据《民事诉讼法》第200条的规定,当事人的申请符合下列情形之一的,人民法院应当再审:

①有新的证据,足以推翻原判决、裁定的;

②原判决、裁定认定的基本事实缺乏证据证明的;

③原判决、裁定认定事实的主要证据是伪造的;

④原判决、裁定认定事实的主要证据未经质证的;

⑤对审理案件需要的主要证据,当事人因客观原因不能自行收集,书面申请人民法院调查收集,人民法院未调查收集的;

(①—⑤是证据违法的事由)

⑥原判决、裁定适用法律确有错误的;(⑥是法律适用的事由)

⑦审判组织的组成不合法或者依法应当回避的审判人员没有回避的;

⑧无诉讼行为能力人未经法定代理人代为诉讼或者应当参加诉讼的当事人,因不能归责于本人或者其诉讼代理人的事由,未参加诉讼的;

⑨违反法律规定,剥夺当事人辩论权利的;

⑩未经传票传唤,缺席判决的;

(⑦—⑩是程序违法的事由)

⑪原判决、裁定遗漏或者超出诉讼请求的;(⑪是诉讼请求的事由)

⑫据以作出原判决、裁定的法律文书被撤销或者变更的;(⑫是裁判依据的事由)

⑬审判人员审理该案件时有贪污受贿,徇私舞弊,枉法裁判行为的。(⑬是法官职业道德的事由)

(2)调解书的再审申请事由:必须提出证据证明调解违反自愿原则或调解协议的内容违反法律,才可以申请再审。

[例2] 根据《民事诉讼法》的规定,下列哪些情况当事人不得向人民法院申请再审?( )

A. 甲诉乙合同纠纷,二审法院作出判决后一个月内,甲向二审法院申请再审,二审法院经过再审维持原判,甲认为再审案件事实认定错误,又再次向法院申请再审

B. 丙诉丁离婚案件,法院判决解除婚姻关系后一个月内,丁提出证据证明丙伪造证据,并且审判长是丙的表弟

C. 张某诉李某合同纠纷案件,法院制作的调解书送达当事人后一个月内,李某提出证据证明调解协议是在张某的强迫威逼之下达成的

D. 周某诉王某解除收养关系案件,法院裁定不予受理,一个月后,周某向法院申请再审

4.申请再审的法院

《民事诉讼法》第199条:"当事人对已经发生法律效力的判决、裁定,认为有错误的,可以向上一级人民法院申请再审;当事人一方人数众多或者当事人双方为公民的案件,也可以向原审人民法院申请再审。当事人申请再审的,不停止判决、裁定的执行。"(修正)

(1)原则上应向上一级人民法院提出。

(2)两种情形:A.当事人一方人数众多;B.当事人双方为公民的案件,当事人可以向上一级法院申请再审,也可以向原审人民法院申请再审。

(注意:一方当事人向上一级法院申请再审,另一方当事人向原审法院申请再审,无法协商一致,由原审法院受理。)

5.申请、答辩与审查

(1)申请程序:当事人申请再审的,应当提交再审申请书等材料。法院应当自收到再审申请书5日内将再审申请书副本发送对方当事人。

(2)答辩:对方当事人应当自收到再审申请书副本之日起15日内提交书面意见;不提交书面意见的,不影响人民法院审查。人民法院可以要求申请人和对方当事人补充有关材料,询问有关事项。

(3)审查期限:人民法院审查再审申请的期限为收到再审申请书之日起3个月内,有特殊情况需要延长的,由本院院长批准。

(4)裁定:审查的结果,无论是否启动再审,都应当以裁定的形式做出结论。

符合法定情形——裁定再审;

不符合法定情形——裁定驳回申请。

(三)人民检察院启动的再审

《民事诉讼法》第208条规定:"最高人民检察院对各级人民法院已经发生法律效力的判决、裁定,上级人民检察院对下级人民法院已经发生法律效力的判决、裁定,发现有本法第二百条规定情形之一的,或者发现调解书损害国家利益、社会公共利益的,应当提出抗诉。地方各级人民检察院对同级人民法院已经发生法律效力的判决、裁定,发现有本法第二百条规定情形之一的,或者发现调解书损害国家利益、社会公共利益的,可以向同级人民法院提出检察建议,并报上级人民检察院备案;也可以提请上级人民检察院向同级人民法院提出抗诉。各级人民检察院对审判监督程序以外的其他审判程序中审判人员的违法行为,有权向同级人民法院提出检察建议。"

1.本条规定了人民检察院对人民法院抗诉、再审检察建议和一般检察建议三种监督方式。

(1)抗诉,是指人民检察院对人民法院已经发生法律效力的民事判决、裁定和调解书,发现确有错误,依照法定程序要求人民法院对案件进行再次审理的诉讼行为。

(2)再审检察建议,是指人民检察院对人民法院已经发生法律效力的判决、裁定和调解书,发现确有错误,向人民法院发出检察建议请求人民法院予以改正的监督方式。此方式是对抗诉的有利补充。

(3)一般检察建议,是指人民检察院发现人民法院的审判活动中审判人员有违法行为时,向人民法院发出检察建议书请求人民法院予以纠正的监督方式。

2.检察院启动再审的方式:抗诉和检察建议

(1)最高人民检察院对各级人民法院(包括最高人民法院)的生效判决、裁定和调解书有法定情形都可以提起抗诉。

(2)上级人民检察院对下级人民法院的生效判决、裁定和调解书有法定情形都可以提起抗诉。

(3)地方各级检察院发现同级法院已经生效判决、裁定和调解书有法定情形之一,不能直接抗诉,可以提请上级检察院对同级法院提起抗诉。

(4)地方各级检察院发现同级法院已经生效判决、裁定和调解书有法定情形之一,也可以向同级法院提出检察建议,并报上级检察院备案。

举例:福建省福州市中级人民法院的生效裁判有法定情形,如果是福建省人民检察院发现了,可以直接向福建省高院提出抗诉。此处,福建省检察院是福州市中院的上级检察院,可以对其生效裁判直接向自己的同级法院(即福建省高院)抗诉;如果是福州市检察院发现福州市中院的生效裁判有法定情形,不能直接抗诉,只能提请自己的上级检察院(福建省检察院)向福建省高院抗诉,或者由福州市检察院向福州市中院提出检察建议,但是应当报福建省检察院备案。

(《人民检察院民事行政抗诉案件办案规则》第39条规定:抗诉应当由有抗诉权的人民检察院向同级人民法院提出。"上抗下,文书同级送达")

3.法定情形

(1)判决书、裁定书同当事人申请再审的法定情形:①—⑬(《民事诉讼法》

第200条）

(2)调解书损害国家利益、社会公共利益的特定情形下才可以对调解书进行抗诉。

4.人民检察院的调查取证权

《民事诉讼法》第210条:"人民检察院因履行法律监督职责提出检察建议或者抗诉的需要,可以向当事人或者案外人调查核实有关情况。"

5.抗诉的法律效果(对抗诉的处理)

人民法院接受抗诉后裁定再审的期限和审级(修正案增加内容)

《民事诉讼法》第211条:"人民检察院提出抗诉的案件,接受抗诉的人民法院应当自收到抗诉书之日起三十日内作出再审的裁定;有本法第二百条第一项至第五项规定情形之一的,可以交下一级人民法院再审,但经该下一级人民法院再审的除外。"

也就是说,只要检察院抗诉的,法院必须裁定再审。法院不能对检察院的抗诉进行审查。不存在驳回抗诉的问题。(抗诉是刚性的,必须再审;检察建议是柔性的,不必然引起再审。)

6.对检察建议的处理

(1)法院收到再审检察建议后,应当组成合议庭,在3个月内进行审查,发现原判决、裁定、调解书确有错误,需要再审的,依照《民事诉讼法》第198条规定裁定再审,并通知当事人。

(2)经审查,决定不予再审的,应当书面回复人民检察院。

(四)人民法院依职权启动、人民检察院抗诉和当事人申请再审三种方式的先后顺序

《民事诉讼法》第209条规定:"有下列情形之一的,当事人可以向人民检察院申请检察建议或者抗诉:(一)人民法院驳回再审申请的;(二)人民法院逾期未对再审申请作出裁定的;(三)再审判决、裁定有明显错误的。人民检察院对当事人的申请应当在三个月内进行审查,作出提出或者不予提出检察建议或者抗诉的决定。当事人不得再次向人民检察院申请检察建议或者抗诉。"

本条也是新增条款,立法理由再审程序启动有三种方式:人民法院依职权启动、人民检察院抗诉和当事人申请再审。《民事诉讼法》却没有规定三种方式的先后顺序,尤其是后两种关系更是混乱。实践中不少当事人既向法院申请再审,又向检察院申请抗诉或者检察建议,造成多头申诉、反复缠讼等现象。

立法者关注到这一问题,明确了二者的先后顺序,当事人应当先向法院申请,只有在三种情形下,才能向检察院申请检察建议或抗诉。

具体包含以下含义:

1.明确了当事人可以向检察院申请检察建议或抗诉,但是与当事人申请再审有先后关系。具体而言,只有三种情况下,当事人才可以向检察院提出申请再审的检察建议或抗诉,由检察院向法院抗诉或者提出检察建议。

2.当事人依法向检察院申请再审检察建议或者抗诉,检察院应当在3个月内进行审查。

3.人民检察院对当事人的申请进行审查后,作出提出或不予提出检察建议或抗诉的决定后,当事人便不得再次向检察院申请。(即当事人只能向检察院申请一次检察建议或抗诉)

[例3] 根据我国《民事诉讼法》和相关司法解释的规定,下列有关检察监督的表述哪些是不正确的?(　　)

A.某省甲市检察院根据某当事人的申请,发现甲市中级人民法院作出的二审判决适用法律确有错误,甲市检察院应提请上一级检察院提出抗诉

B.某省人民检察院发现该省高级人民法院的判决有错误,应当向该省高级人民法院提出抗诉

C.最高人民检察院发现最高人民法院的判决有错误,应当向最高人民法院提出抗诉

D.最高人民检察院发现最高人民法院的判决有错误,可以向最高人民法院提出检察建议

二、再审审理程序

(一)再审的法院

1.法院启动的再审

本院启动的再审,由本院审理。

上级法院启动的再审,由该上级法院提审或者指令下级法院再审。

2.检察院启动的再审

《民事诉讼法》第211条规定:"人民检察院提出抗诉的案件,接受抗诉的人民法院应当自收到抗诉书之日起三十日内作出再审的裁定;有本法第二百

条第一项至第五项规定情形之一的,可以交下一级人民法院再审,但经该下一级人民法院再审的除外。"

3.当事人审理的再审

因当事人申请而裁定再审的案件由中级以上法院审理,但当事人依法选择向基层法院申请再审的除外。

最高人民法院、高级人民法院裁定再审的案件,由本院再审或者交由其他法院再审,也可以交由原审法院再审。

4.不得指令原审法院再审的情形

(1)原审人民法院对该案无管辖权的;

(2)审判人员在审理该案时有贪污受贿、徇私舞弊、枉法裁判行为的;

(3)原判决、裁定是原审人民法院审判委员会讨论作出的;

(4)其他不宜指令原审人民法院再审的。

(二)再审的程序

1.法院在收到再审申请书之日起3个月内审查,特殊情况,院长批准延长符合法定情形的,裁定再审;不符合法定情形的,裁定驳回申请。

2.中止原判执行

按照再审程序决定再审的,应当裁定中止原判决、裁定、调解书的执行;但是追索赡养费、扶养费、抚育费抚恤金、医疗费用、劳动报酬等案件,可以不中止执行。

3.重组合议庭

再审法院审理再审案件,应当另行组成合议庭。

4.审理程序

(1)原生效裁判是第一审法院作出的,按照第一审程序审理,所作裁判可以上诉;

(2)原生效裁判是第二审法院作出的,按照第二审程序审理,所作裁判是终审裁判;

(3)上级法院按照审判监督程序提审的,按照二审程序审理,所作裁判是终审裁判。

5.再审的范围

(1)审理的范围不超过再审申请或抗诉的范围;

(2)当事人超出原审范围增加、变更诉讼请求的,不属于再审的范围;

(3)涉及国家利益、社会公共利益,或者当事人在原审诉讼中已经依法要求增加、变更诉讼请求的,原审未予审理,且客观上不能形成其他诉讼的除外。

6.再审的裁判

(1)按照审判监督程序决定再审或者提审的案件,由再审或者提审的法院在作出新的判决、裁定中确定是否撤销、改变或者维持原判决、裁定;

(2)在再审中达成调解协议的,应当制作调解书,调解书送达后,原判决、裁定视为撤销;

(3)一审原告在再审审理程序中申请撤回起诉,经其他当事人同意,且不损害国家利益、社会公共利益、他人合法权益的,人民法院可以准许,裁定准许撤诉的,应当一并撤销原判决。

一审原告在再审审理程序中撤回起诉后重复起诉的,人民法院不予受理。

[例4] 关于再审裁判,下列说法正确的是(　　)

A.依照再审程序审理的案件,当事人对维持原生效裁判的裁判只能申请再审一次

B.再审法院发现原判决虽理由有瑕疵但判决结果正确,遂对原判予以维持

C.一审原告丙在再审审理程序中撤回起诉,人民法院经审查裁定准许撤诉一并撤销原判决

D.当事人在审理程序中增加新的诉讼请求,再审法院本着一次解决纠纷的原则对该新请求予以判决

 **真题解析**

1.周立诉孙华人身损害赔偿案,一审法院适用简易程序审理,电话通知双方当事人开庭,孙华无故未到庭,法院缺席判决孙华承担赔偿周立医疗费。判决书生效后,周立申请强制执行,执行程序开始,孙华向一审法院提出再审申请。法院裁定再审,未裁定中止原判决的执行。关于本案,下列哪一说法是正确的?(　　)(2015)

A.法院电话通知当事人开庭是错误的

B.孙华以法院未传票通知其开庭即缺席判决为由,提出再审申请是符合法律规定的

C.孙华应向二审法院提出再审申请,而不可向原一审法院申请再审

D.法院裁定再审,未裁定中止原判决的执行是错误的

【答案】B

【考点】再审

【解析】《民诉法解释》第261条第1款规定:"适用简易程序审理案件,人民法院可以采取捎口信、电话、短信、传真、电子邮件等简便方式传唤双方当事人、通知证人和送达裁判文书以外的诉讼文书。"因此,A选项错误。

《民诉法解释》第261条第2款规定:"以简便方式送达的开庭通知,未经当事人确认或者没有其他证据证明当事人已经收到的,人民法院不得缺席判决。"《民事诉讼法》第199条规定:"当事人对已经发生法律效力的判决、裁定,认为有错误的,可以向上一级人民法院申请再审;当事人一方人数众多或者当事人双方为公民的案件,也可以向原审人民法院申请再审。当事人申请再审的,不停止判决、裁定的执行。"因此,B选项正确,当选。C选项错误。

《民事诉讼法》第206条规定:"按照审判监督程序决定再审的案件,裁定中止原判决、裁定、调解书的执行,但追索赡养费、扶养费、抚育费、抚恤金、医疗费用、劳动报酬等案件,可以不中止执行。"因此,D选项错误。

2.李某诉谭某返还借款一案,M市N区法院按照小额诉讼案件进行审理,判决谭某返还借款。判决生效后,谭某认为借款数额远高于法律规定的小额案件的数额,不应按小额案件审理,遂向法院申请再审。法院经审查,裁定予以再审。关于该案再审程序适用,下列哪些选项是正确的?( )(2016)

A.谭某应当向M市中级法院申请再审

B.法院应当组成合议庭审理

C.对作出的再审判决当事人可以上诉

D.作出的再审判决仍实行一审终审

【答案】BC

【考点】再审程序的综合考查

【解析】A项考查申请再审的管辖法院。《民事诉讼法》第199条规定:"当事人对已经发生法律效力的判决、裁定,认为有错误的,可以向上一级人民法院申请再审;当事人一方人数众多或者当事人双方为公民的案件,也可以向原审人民法院申请再审。当事人申请再审的,不停止判决、裁定的执行。"据此,

谭某可以向 M 市中级法院申请再审,也可以向原审法院(即 N 区法院)申请再审。故 A 项错误。

B 项考查再审的审判组织。《民事诉讼法》第 207 条第 2 款规定:"人民法院审理再审案件,应当另行组成合议庭。"据此,B 项正确。

C 项考查对再审判决可否再次上诉。《民事诉讼法》第 207 条第 1 款规定:"人民法院按照审判监督程序再审的案件,发生法律效力的判决、裁定是由第一审法院作出的,按照第一审程序审理,所作的判决、裁定,当事人可以上诉;发生法律效力的判决、裁定是由第二审法院作出的,按照第二审程序审理,所作的判决、裁定,是发生法律效力的判决、裁定;上级人民法院按照审判监督程序提审的,按照第二审程序审理,所作的判决、裁定是发生法律效力的判决、裁定。"小额诉讼程序属于一审程序。对适用小额诉讼程序审理的案件进行再审,应当按第一审程序审理,所作的判决、裁定仍属于一审判决、裁定,当事人不服的,可以再次上诉。故 C 项正确。

D 项考查再审程序与小额诉讼程序的关系。按照《民事诉讼法》第 162 条的规定,适用小额诉讼程序审理的案件实行一审终审。当事人对小额诉讼案件的裁判不服的,只能申请再审,不得提起上诉。对小额诉讼案件进行再审时,《民事诉讼法》第 40 条第 3 款规定,审理再审案件,原来是第一审的,按照第一审程序另行组成合议庭。根据《民事诉讼法》第 207 条第 1 款的规定,按照第一审程序审理,所作的判决、裁定,当事人可以上诉。可见,D 项错误。

3.丙公司因法院对甲公司诉乙公司工程施工合同案的一审判决(未提起上诉)损害其合法权益,向 A 市 B 县法院提起撤销诉讼。案件审理中,检察院提起抗诉,A 市中级法院对该案进行再审,B 县法院裁定将撤销诉讼并入再审程序。关于中级法院对丙公司提出的撤销诉讼请求的处理,下列哪一表述是正确的?(　　)(2017)

A.将丙公司提出的诉讼请求一并审理,作出判决

B.根据自愿原则进行调解,调解不成的,告知丙公司另行起诉

C.根据自愿原则进行调解,调解不成的,裁定撤销原判发回重审

D.根据自愿原则进行调解,调解不成的,恢复第三人撤销诉讼程序

【答案】C

【考点】第三人撤销之诉与再审的关系

【解析】本案中,对甲公司诉乙公司工程施工合同案的一审判决,当事人未提起上诉,即原审为一审,但此案由中级法院进行再审,属于提审,因此再审时

依法应适用二审程序进行再审。《民诉法解释》第 302 条规定,第三人诉讼请求并入再审程序审理的,按照下列情形分别处理:(1)按照第一审程序审理的,人民法院应当对第三人的诉讼请求一并审理,所作的判决可以上诉;(2)按照第二审程序审理的,人民法院可以调解,调解达不成协议的,应当裁定撤销原判决、裁定、调解书,发回一审法院重审,重审时应当列明第三人。据此,C 项正确,其他项错误。

4.甲诉乙合同纠纷一案,法院判决甲胜诉。在执行过程中,甲和乙自愿达成和解协议:将判决中确定的乙向甲偿还 100 万元人民币减少为 80 万,协议生效之日起 1 个月内还清。乙按照和解协议的约定履行了相关义务。后甲以发现新证据为由向法院申请再审,法院对再审申请进行审查时,发现和解协议已履行完毕。法院的正确做法是(　　)(2018 年)

A.应当裁定执行回转

B.应裁定驳回甲的再审申请

C.审查执行和解协议是否违反自愿与合法原则

D.裁定终结对再审的审查

【答案】D

【解析】《民诉法解释》第 402 条规定:"再审申请审查期间,有下列情形之一的,裁定终结审查:(一)再审申请人死亡或者终止,无权利义务承继者或者权利义务承继者声明放弃再审申请的;(二)在给付之诉中,负有给付义务的被申请人死亡或者终止,无可供执行的财产,也没有应当承担义务的人的;(三)当事人达成和解协议且已履行完毕的,但当事人在和解协议中声明不放弃申请再审权利的除外;(四)他人未经授权以当事人名义申请再审的;(五)原审或者上一级人民法院已经裁定再审的。(六)有本解释第三百八十三条第一款规定情形的。"故 D 项正确。

5.甲、乙因一幅字画所有权问题产生争议,甲主张该幅字画属于自己所有,起诉要求乙返还该幅字画。A 市 B 县法院判决乙交付字画给甲,双方均未提起上诉。后因乙拒不履行判决义务,甲申请强制执行。执行过程中,丙向法院提出异议,主张该字画的所有权,法院经审查驳回了其异议。丙遂向 A 市中级法院申请再审,A 市中级法院在再审中发现该字画实为甲和丙共同所有。关于 A 市中级法院的做法,下列选项中正确的有(　　)(2018 年)

A.应当进行调解,调解不成的,再审审理后直接作出判决

B.应当进行调解,调解不成的,驳回丙再审申请,告知其提起执行异议之诉

C.应当进行调解,调解不成的,驳回其诉讼请求,告知丙另行起诉

D.应当进行调解,调解不成的,裁定撤销原判决,发回重审

【答案】D

【解析】《民诉法解释》第422条规定:"必须共同进行诉讼的当事人因不能归责于本人或者其诉讼代理人的事由未参加诉讼的,可以根据民事诉讼法第二百条第八项规定,自知道或者应当知道之日起六个月内申请再审,但符合本解释第四百二十三条规定情形的除外。人民法院因前款规定的当事人申请而裁定再审,按照第一审程序再审的,应当追加其为当事人,作出新的判决、裁定;按照第二审程序再审,经调解不能达成协议的,应当撤销原判决、裁定,发回重审,重审时应追加其为当事人。"本案A市中院再审属于提审,应当按照二审程序审理,故其应当进行调解,调解不成的,撤销原判,发回重审。故D项正确。

案例分析

永安运输公司负责为振邦物资公司运输货物,从2013年5月到2014年4月,产生运杂费35万余元,振邦公司已支付28万余元,尚欠7.8万元。永安运输公司多次向振邦公司催要一直无果,于2014年9月向某县人民法院提起诉讼,请求振邦公司支付剩余运杂费,受诉人民法院经审理,判决被告清偿原告运杂费3.5万元,原告永安运输公司不服该县人民法院的判决,向二审法院提出上诉,二审法院依法组成合议庭审理了本案。经审理,二审人民法院认为原判决认定事实清楚,适用法律正确,判决驳回上诉,维持原判决。永安公司仍不服,向省高级人民法院申请再审,高级人民法院经过复查认为原一审、二审判决确有错误,于是裁定撤销原判决、将案件发回原一审人民法院重审,原一审人民法院决定仍由原合议庭组成人员审理本案。①

问:(1)本案中再审人民法院能否指定原一审人民法院再审?

(2)高级人民法院决定再审时能否同时撤销原判决?

---

① 参见法律考试中心组编:《2015年司法考试辅导用书配套测试题解》,法律出版社2015年版,第十七章案例题。

(3)再审程序中原一审人民法院的合议庭组成是否合法？

(4)若本案在执行过程中，案外人甲对驳回其执行异议的裁定不服，认为原判决、裁定、调解书内容错误损害其民事权益的，应当如何处理？

第四讲　非诉讼程序

【案情】江山选民资格案

30岁的江山是湖北籍在深人员，移居深圳9年，已在深圳购房，2003年12月入住深圳独树社区碧岭华庭。当时深圳各居委会的换届选举陆续开始，那时的江山，已经成为所在社区业主维权活动的积极分子。他一得知居委会的换届选举信息，就力争进入居委会。2005年4月8日，独树社区发出选民公告称，选民登记已经开始；4月22日上午，选举委员会下发各小区《致全体选民的一封信》。同日，江山在东晓街道办事处得知：他可以有选举权但没有被选举权，而且要回原户籍地居委会开一张不在户籍地参加选举的证明。4月22日下午下班前，江山将武汉市汉阳区洲头街和平社区居民委员会出具的证明传真件提交至选举委员会。内容为："江山户口所在地为汉阳区洲头街派出所，因江山本人长期在深圳市工作，已购买住房，因故不能参加本社区组织的一切社会活动。"但随后的登记历程仍然波折不断：同其他几位业主一样，江山先后被要求提供证明原件而不是复印件、补交公安机关开出的无犯罪记录的证明、工作单位开出的工资证明和房产证原件，并最终没有被列入选民榜。5月11日上午，江山前往罗湖区人民法院，状告独树社区居委会选举委员会在收到他提交的有关证明材料后，把他排除在选民之外，侵犯了他的选举权利。江山要求法院依法裁定选举委员会确认其选民资格，并发放选民证。据报道，江山先后六次到法院，均未得到受理。5月25日，罗湖区法院正式受理此案，并启动了民事诉讼中的特殊程序审理此案。开庭长达六七个小时，选举委员多次尝试就自身选民资格问题提起诉讼的深圳非户籍居民江山，5月26日拿到了深圳罗湖区法院裁定其败诉的判决书。这位希望参与深圳罗湖东晓街道办独树社区居委会选举的湖北籍业主随后表示，虽然没能通过诉讼取得选举资格,但是他希望通过这个案例能引起相关学者和规则制定者的重视,让选举规则被更多的人认可并参与其中。

点评:江山的选举诉讼只是近两年来深圳多次与选举有关的事件中最新的一例。选举权与被选举权是公民的基本权利,如何进一步保障和完善公民选举权利的行使,在现今民权大旗高举的年代是特别需要执政者思考和解决的问题,除了法律本身滞后外,法律执行上诸多细节的缺失也让许多参与选举过程的民众感到不满。在江山案中,当江山按法院提示向选举委员会提交《选民资格申诉函》并要求给予书面答复时遭到拒绝。选举委员会成员只是电话告知江山:不给你选民资格是因为你未在规定时间之内提供你的证明材料,没有法律法规指明我们有义务给你出示书面答复。这样的答复方式、答复内容怎么会令人满意呢?

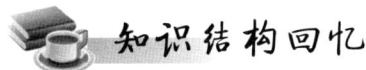

知识结构回忆

一、特别程序

《民事诉讼法》第177条规定:"人民法院审理选民资格案件、宣告失踪或者宣告死亡案件、认定公民无民事行为能力或者限制民事行为能力案件、认定财产无主案件、确认调解协议案件和实现担保物权案件,适用本章规定。本章没有规定的,适用本法和其他法律的有关规定。"

(一)特别程序的概念和特征

特别程序是指人民法院审理某些非民事权益纠纷案件所适用的特殊程序。其特点是:

1.各类型案件的审判程序独立。
2.不存在民事权益争议,只是确认某种法律事实或权利是否存在。
3.没有利害关系相对立的双方当事人。
4.审判组织具有特殊性。除选民资格案件或重大疑难案件由审判员组成合议庭,其他案件的审理,由独任制审判庭进行审理。
5.实行一审终审。
6.审限较短。
7.免交案件受理费。

8.不能适用再审程序。但有独特的救济程序:判决发生法律效力后,出现了新事实、新情况,原审法院根据有关人员的申请,经查证属实后,可以直接作出新判决,撤销原判决,无须经过审判监督程序加以纠正。

[例1] 下列关于民事非讼程序的特征说法错误的是?(　　)

A.民事非讼程序具有分立性和适用对象的特定性

B.民事非讼程序具有对抗性

C.民事非讼程序只适用于基层人民法院

D.适用民事非讼程序审理民事非诉案件实行一审终审

(二)适用特别程序的案件

1.选民资格案件

举例:顾先生家住某市B区,原在某市A区的某公司工作,顾先生与公司的劳动争议纠纷还在诉讼中,适逢选举市人大代表。A区的选民名单公布后,顾先生发现没有他的名字,便质问公司为什么漏报他。公司称:"你已经不是我公司的职工,公司当然没有把你报上去,你应当到B区参加选举。"顾先生不同意,坚持要在A区参加选举,并认为它与公司的劳动争议案件尚未审结,就应当在A区参加选举。顾先生向A区选举委员会申诉,A区选举委员会经审查作出顾先生应在B区参加选举的决定。顾先生不服申诉决定,在选举日5日之前向A区法院提起诉讼。法院立即受理,开庭时起诉人顾先生和选举委员会的代表都到庭参加诉讼,法院及时在选举日前作出判决,并及时送达。

提示:

(1)申诉处理前置:公民不能直接向人民法院起诉,而必须就选民资格问题先向选举委员会申诉,选举委员会对该申诉处理后,如果不服该处理决定,可以在选举日的五日以前向选区所在地基层人民法院起诉。

(2)人民法院受理选民资格案件后,必须在选举日前审结;审理时,起诉人、选举委员会的代表和有关公民必须参加;人民法院的判决书,应当在选举日前送达选举委员会和起诉人,并通知有关公民。

[例2] 2005年11月8日山东省某县举行人大代表的选举活动,在提前公布的选民名单中,张三发现漏写了好友李四的名字,便于2005年10月25日向选举委员会提出异议,选举委员会对此进行了处理,张三对选举委员会作出的处理不服,于2005年10月30日向人民法院提起诉讼,下列关于本案的

说法正确的是(　　)

A.选民名单中漏写了李四,张三无权向选举委员会提出异议

B.虽然选民名单中漏写了李四,但是本案中张三有权向选举委员会提出异议

C.由于选举名单中漏写的人是李四,因此即使张三对选举委员会的决定不服,也不可以向人民法院提起诉讼

D.如果人民法院受理了此案,则应当按照特别程序审理,但是应当在11月8日之前审结

2.宣告失踪、宣告死亡案件

举例1:甲的丈夫外出做生意,逐渐没了音讯。甲到处寻找打听都没下落,至今已五年。甲想把丈夫开的加工厂接过来自己管理,另外还想离婚。甲向法院提出申请宣告其丈夫失踪,法院要求其提交当地公安机关出具的其丈夫下落不明的证明。法院受理此案后,登报发出了寻找该下落不明者的公告。三个月过去了,仍然没有消息。法院确认甲的丈夫失踪,作出宣告失踪的判决,并指定甲为财产代管人。

举例2:唐家患有老年痴呆症的老父亲于70岁那年失踪,家人经过长期多方寻找,均无所获。六年后唐家儿子向其父亲原住所地某县法院申请宣告其父亲死亡,并向县法院提供了其父下落不明的证明。法院受理后,依照民事诉讼法的规定发出公告,公告期届满,唐父仍然无音讯。法院经审查,认为申请人的申请符合法定条件,于是作出宣告唐父死亡的判决。唐家父亲被法院宣告死亡后,其遗产被其继承人依法继承。

(1)宣告失踪的条件:公民下落不明满两年,利害关系人申请宣告其失踪的,向下落不明人住所地基层人民法院提出。申请书应当写明失踪的事实、时间和请求,并附有公安机关或者其他有关机关关于该公民下落不明的书面证明。

(2)宣告死亡的条件:公民下落不明满四年,或者因意外事故下落不明满两年,或者因意外事故下落不明,经有关机关证明该公民不可能生存,利害关系人申请宣告其死亡的,向下落不明人住所地基层人民法院提出且申请书应当写明下落不明的事实、时间和请求,并附有公安机关或者其他有关机关关于该公民下落不明的书面证明。

(3)宣告失踪和死亡的程序:人民法院受理宣告失踪、宣告死亡案件后,应当发出寻找下落不明人的公告。宣告失踪的公告期间为三个月,宣告死亡的

公告期间为一年。因意外事故下落不明,经有关机关证明该公民不可能生存的,宣告死亡的公告期间为三个月。

公告期间届满,人民法院应当根据被宣告失踪、宣告死亡的事实是否得到确认,作出宣告失踪、宣告死亡的判决或者驳回申请的判决。

(4)被宣告失踪、宣告死亡的公民重新出现后的处理办法:被宣告失踪、宣告死亡的公民重新出现,经本人或者利害关系人申请,人民法院应当作出新判决,撤销原判决。

《民诉法解释》第345条规定:"人民法院判决宣告公民失踪后,利害关系人向人民法院申请宣告失踪人死亡,自失踪之日起满四年的,人民法院应当受理,宣告失踪的判决即是该公民失踪的证明,审理中仍应依照民事诉讼法第一百八十五条规定进行公告。"

《民诉法解释》第348条规定:"人民法院受理宣告失踪、宣告死亡案件后,作出判决前,申请人撤回申请的,人民法院应当裁定终结案件,但其他符合法律规定的利害关系人加入程序要求继续审理的除外。"

[例3] 甲被依法宣告失踪后,经若干年仍无音讯,其儿子乙遂又向法院申请宣告其死亡,法院对此的处理正确的是( )

A.法院应当不予受理

B.如果甲从宣告失踪的次日起下落不明满4年的,法院应当受理

C.宣告失踪的判决可以作为甲失踪的证明

D.本案无须再公告

3.认定公民无民事行为能力、限制民事行为能力案件

举例:某著名影星患老年痴呆症,没有能力管理、处分其名下房产。为了他的利益,其名下房产需要管理、处分。其子女向法院申请宣告该影星为无民事行为能力人。该影星所在地法院受理了此案,对其精神状况进行了司法鉴定。司法鉴定确认该影星无民事行为能力。法院又在其亲属中为其指定了诉讼期间的代理人,经过审理,作出判决,宣告该影星为无民事行为能力人。

(1)申请条件:申请认定公民无民事行为能力或者限制民事行为能力,由其近亲属或者其他利害关系人向该公民住所地基层人民法院提出。申请书应当写明该公民无民事行为能力或者限制民事行为能力的事实和根据。

(2)鉴定:人民法院受理申请后,必要时应当对被请求认定为无民事行为能力或者限制民事行为能力的公民进行鉴定。申请人已提供鉴定意见的,应当对鉴定意见进行审查。

(3)审理程序:人民法院审理认定公民无民事行为能力或者限制民事行为能力的案件,应当由该公民的近亲属为代理人,但申请人除外。近亲属互相推诿的,由人民法院指定其中一人为代理人。该公民健康情况许可的,还应当询问本人的意见。

(4)判决:人民法院经审理认定申请有事实根据的,判决该公民为无民事行为能力或者限制民事行为能力人;认定申请没有事实根据的,应当判决予以驳回。

(5)撤销判决的条件:人民法院根据被认定为无民事行为能力人、限制民事行为能力人或者他的监护人的申请,证实该公民无民事行为能力或者限制民事行为能力的原因已经消除的,应当作出新判决,撤销原判决。

(6)诉讼程序与特别程序的关系。《民诉法解释》第349条规定:"在诉讼中,当事人的利害关系人提出该当事人患有精神病,要求宣告该当事人无民事行为能力或者限制民事行为能力的,应由利害关系人向人民法院提出申请,由受诉人民法院按照特别程序立案审理,原诉讼中止。"

[例4]甲向法院申请认定其父乙为无民事行为能力人,关于本案的处理下列说法错误的是(　　)

A.甲应当向乙住所地基层人民法院提出申请

B.甲可以进行口头申请

C.法院可以对乙的行为能力进行鉴定

D.甲可以自己提供有关乙的行为能力的鉴定

4.认定财产无主案件

举例:老董去世已多年,其配偶也去世了,无子女,无遗嘱,有少量遗产无人管理。某单位向法院申请宣告这些遗产为无主财产。遗产所在地法院受理后,发出了财产认领公告,老董的兄弟得知后,向法院申请认领。法院经审查后,裁定驳回某单位的申请。

(1)条件:申请认定财产无主,由公民、法人或者其他组织向财产所在地基层人民法院提出。申请书应当写明财产的种类、数量以及要求认定财产无主的根据。

(2)审理程序:人民法院受理申请后,经审查核实,应当发出财产认领公告。公告满一年无人认领的,判决认定财产无主,收归国家或者集体所有。

(3)《民诉法解释》第350条规定:"认定财产无主案件,公告期间有人对财产提出请求的,人民法院应当裁定终结特别程序,告知申请人另行起诉,适用普通程序审理。"

（4）撤销认定财产无主的判决：判决认定财产无主后，原财产所有人或者继承人出现，在《民法通则》规定的诉讼时效期间可以对财产提出请求，人民法院审查属实后，应当作出新判决，撤销原判决。

[例5] 申请人民法院认定财产无主的案件，应当符合下列哪些条件？（　　）

A.由公民、法人或者其他组织向人民法院申请

B.应当向财产所在地的基层人民法院提出申请

C.应当向人民法院提交申请书

D.可以口头向人民法院提出申请

[例6] 下列有关特别程序的说法，正确的是（　　）

A.选民资格案件，必须参加的人为起诉人和选举委员会代表

B.申请宣告失踪，可以书面方式提出也可以口头方式提出

C.认定财产无主案件，公告期间有人对财产提出请求，人民法院应裁定转为普通程序审理

D.若某公民在民事诉讼中被利害关系人提出为无民事行为能力人，则原诉讼应当中止

5.确认调解协议案件

举例：方家和陈家是楼上楼下的邻居，方家将自家房屋委托中介出租，原有的三间卧室及客厅被隔断成四个小间，阳台被隔断成两个小间，"群租"给24个人居住。由于房小人多，群租客不爱护房屋设施，不久就造成厨房、卫生间、卧室往楼下陈家漏水，陈家室内装修受损。两家为此发生纠纷，陈家要求方家马上解除租赁合同，并赔偿损失。方家根本不配合，态度不好，漏水情况一再发生，导致两家之间、陈家与租客之间不断发生冲突。当地人民调解委员会应邀调解，经当地派出所民警和人民调解委员会反复做工作，两家最终达成调解协议：方家解除与中介公司的群租合同，并赔偿陈家经济损失3万元。方家称经济困难，3万元分半年付清。协议达成后，人民调解委员会征求双方意见，建议他们去法院确认，他们同意了。于是，第三天，双方当事人到当地区法院申请司法确认。人民法院受理了他们的申请，依法经过审查，确定符合法律规定，裁定调解协议有效，并告知双方当事人，若义务人不履行义务，陈家可以向法院申请强制执行。

《民事诉讼法》第194条规定："申请司法确认调解协议，由双方当事人依

照人民调解法等法律,自调解协议生效之日起三十日内,共同向调解组织所在地基层人民法院提出。"

《民事诉讼法》第 195 条规定:"人民法院受理申请后,经审查,符合法律规定的,裁定调解协议有效,一方当事人拒绝履行或者未全部履行的,对方当事人可以向人民法院申请执行;不符合法律规定的,裁定驳回申请,当事人可以通过调解方式变更原调解协议或者达成新的调解协议,也可以向人民法院提起诉讼。"

《民诉法解释》第 354 条规定:"两个以上调解组织参与调解的,各调解组织所在地基层人民法院均有管辖权。双方当事人可以共同向其中一个调解组织所在地基层人民法院提出申请;双方当事人共同向两个以上调解组织所在地基层人民法院提出申请的,由最先立案的人民法院管辖。"

《民诉法解释》第 355 条规定:"当事人申请司法确认调解协议,可以采用书面形式或者口头形式。当事人口头申请的,人民法院应当记入笔录,并由当事人签名、捺印或者盖章。"

《民诉法解释》第 357 条规定:"当事人申请司法确认调解协议,有下列情形之一的,人民法院裁定不予受理:(一)不属于人民法院受理范围的;(二)不属于收到申请的人民法院管辖的;(三)申请确认婚姻关系、亲子关系、收养关系等身份关系无效、有效或者解除的;(四)涉及适用其他特别程序、公示催告程序、破产程序审理的;(五)调解协议内容涉及物权、知识产权确权的。人民法院受理申请后,发现有上述不予受理情形的,应当裁定驳回当事人的申请。"

《民诉法解释》第 360 条规定:"经审查,调解协议有下列情形之一的,人民法院应当裁定驳回申请:(一)违反法律强制性规定的;(二)损害国家利益、社会公共利益、他人合法权益的;(三)违背公序良俗的;(四)违反自愿原则的;(五)内容不明确的;(六)其他不能进行司法确认的情形。"

[例 7] 根据《民事诉讼法》和相关司法解释的规定,人民法院在审理确认调解协议的案件时,发现以下哪些情况,应当裁定不予受理或驳回当事人的申请?(　　)

A. 甲人民调解委员会确认张三与小王之间存在父子关系的调解协议

B. 乙人民调解委员会确认某甲应当向某乙给付赡养费的调解协议

C. 丙人民调解委员会确认某丙与某丁是房屋共有人的调解协议

D. 丁人民调解委员会确认北环公司应当通过破产还债程序向南城公司清偿全部债务的调解协议

6.实现担保物权案件

举例:B公司因经营资金短缺,向A公司借款200万元,约定了利息及两年的借款期限。为保障借款能够归还,经A公司要求,B公司该将其所有的位于某写字楼的一处物业作为担保物提供担保。双方签订担保协议,并约定届时B公司若不能清偿债务,A公司有权向担保财产所在地某区人民法院申请拍卖该物业以清偿债务。两年届满,B公司无力清偿债务,经A公司多次催促无果。因此,A公司根据合同约定,向该物业所在地区法院申请拍卖担保财产。该区法院受理申请后,经审查,符合法律规定,裁定拍卖担保财产,A公司依据该裁定向该区人民法院申请强制执行。

《民事诉讼法》第196条规定:"申请实现担保物权,由担保物权人以及其他有权请求实现担保物权的人依照物权法等法律,向担保财产所在地或者担保物权登记地基层人民法院提出。"

《民事诉讼法》第197条规定:"人民法院受理申请后,经审查,符合法律规定的,裁定拍卖、变卖担保财产,当事人依据该裁定可以向人民法院申请执行;不符合法律规定的,裁定驳回申请,当事人可以向人民法院提起诉讼。"

《民诉法解释》第361条规定:"民事诉讼法第一百九十六条规定的担保物权人,包括抵押权人、质权人、留置权人;其他有权请求实现担保物权的人,包括抵押人、出质人、财产被留置的债务人或者所有权人等。"

《民诉法解释》第369条规定:"实现担保物权案件可以由审判员一人独任审查。担保财产标的额超过基层人民法院管辖范围的,应当组成合议庭进行审查。"

《民诉法解释》第372条规定:"人民法院审查后,按下列情形分别处理:(一)当事人对实现担保物权无实质性争议且实现担保物权条件成就的,裁定准许拍卖、变卖担保财产;(二)当事人对实现担保物权有部分实质性争议的,可以就无争议部分裁定准许拍卖、变卖担保财产;(三)当事人对实现担保物权有实质性争议的,裁定驳回申请,并告知申请人向人民法院提起诉讼。"

《民诉法解释》第374条规定:"适用特别程序作出的判决、裁定,当事人、利害关系人认为有错误的,可以向作出该判决、裁定的人民法院提出异议。人民法院经审查,异议成立或者部分成立的,作出新的判决、裁定撤销或者改变原判决、裁定;异议不成立的,裁定驳回。对人民法院作出的确认调解协议、准许实现担保物权的裁定,当事人有异议的,应当自收到裁定之日起十五日内提出;利害关系人有异议的,自知道或者应当知道其民事权益受到侵害之日起六个月内提出。"

[例8]李某向银行贷款1000万元,由田某以自己位于甲市乙县的商品房和甲市丙县的别墅作为抵押担保。贷款到期后李某无力偿还,银行打算向法院申请适用特别程序实现抵押权。关于本案的说法下列哪些是正确的?( )

A.由于本案涉及乙县和丙县的两处担保物,银行应当向甲市中级人民法院申请

B.由于本案涉及乙县和丙县的两处担保物,银行可以分别向两地县法院申请

C.由于本案适用特别程序,只能由审判员一人独任审理

D.如果田某有可能毁损财产,银行可以向法院申请采取保全措施

二、督促程序

督促程序,是指人民法院根据债权人的申请,以支付令的方式,催促债务人在法定期间内向债权人履行给付金钱和有价证券的义务,如果债务人在法定期间内未履行义务又不提出书面异议,债权人可以根据支付令向人民法院申请强制执行的程序。

(一)适用条件

根据《民事诉讼法》第214条和《民诉法解释》第429条规定,债权人申请支付令必须符合下列条件:

1.债权人请求给付的标的物仅限于金钱或者有价证券。具体包括:请求给付金钱或汇票、本票、支票以及股票、债券、国库券和可转让的存款单等。

2.债权已经到期且数额确定。

3.债权人与债务人之间没有其他债务纠纷,也称债权人没有对待给付义务。

4.债务人在我国境内且未下落不明。

(注意:对于债务人不在我国境内,需要域外送达,或者虽在我国境内,但需要公告送达支付令的,不适用督促程序。)

5.支付令能够送达债务人。

6.收到申请书的人民法院有管辖权。

7.债权人未向人民法院申请诉前保全。

(二)申请支付令的方式

债权人申请支付令,应当提交申请书,并附有债权文书。

(三)案件管辖

案件管理由债务人住所地的基层人民法院管辖。

(四)人民法院对支付令申请的审查和处理

1.人民法院对支付令申请的审查

人民法院受理债权人提出的支付令申请后,应当由审判员一人对申请进行审查。审查时不询问债务人,不开庭审理,实行书面审理的原则。

2.人民法院对支付令申请的处理

(1)驳回支付令申请

经审查,认为债权人的申请不成立的,人民法院应当在15日内裁定驳回申请,债权人对该裁定不得上诉。

(2)发出支付令

经审查,认为债权债务关系明确、合法的,人民法院应当自受理之日起15日内,直接向债务人发出支付令。

支付令的效力。支付令一经送达债务人,便产生如下法律效力:第一,债务人应当自收到支付令之日起清偿债务,或者向人民法院提出书面异议。这里的"清偿"既包括债务人实际履行了义务,也包括债务人与债权人达成了和解协议。第二,债务人自收到支付令之日起15日内,既不提出异议又不清偿债务的,支付令发生强制执行效力,债权人可以向人民法院申请强制执行。申请执行支付令的期限为2年,申请执行的时效中止、中断,适用法律有关诉讼时时效中止、中断的规定。

特别提示:支付令自作出之日起发生法律效力,债务人15日内既不提出异议,又不履行债务,支付令取得强制执行效力。注意,发生法律效力和取得强制执行力是两个不同的概念,请注意区别。

(五)债务人异议

1.债务人异议成立的条件

(1)异议必须由债务人提出。其他人提出的不构成支付令异议。

(2) 异议必须在法定期限内提出。债权人对支付令的异议必须在收到支付令之日起15日内提出。超过法定期限提出异议的,异议不成立,人民法院可以裁定驳回异议。

(3) 异议必须以书面方式提出。债务人以口头方式提出异议的无效。

(4) 异议必须针对债权人的请求,即债务关系本身提出。根据《最高人民法院关于适用〈中华人民共和国民事诉讼法〉若干问题的意见》和《最高人民法院关于适用督促程序若干问题的规定》规定,债务人对债务本身没有异议,只是提出缺乏清偿能力、延缓债务清偿期限、变更债务清偿方式等异议的,不影响支付令的效力。

(5) 向发出支付令的法院提出。

2.债务人异议成立的法律后果

《民事诉讼法》第217条规定:"人民法院收到债务人提出的书面异议后,经审查,异议成立的,应当裁定终结督促程序,支付令自行失效。支付令失效的,转入诉讼程序,但申请支付令的一方当事人不同意提起诉讼的除外。"(修正)

这是2012年《民事诉讼法》的新规定。第一,增加了人民法院的审查程序。第二,支付令异议与诉讼程序进行了衔接。

《民诉法解释》第440条:"支付令失效后,申请支付令的一方当事人不同意提起诉讼的,应当自收到终结督促程序裁定之日起7日内向受理申请的人民法院提出。申请支付令的一方当事人不同意提起诉讼的,不影响其向其他有管辖权的法院提起诉讼。"(本条是关于支付令申请人不同意起诉的规定)

《民诉法解释》第441条:"支付令失效后,申请支付令的一方当事人自收到终结督促程序裁定之日起7日内未向受理申请的人民法院表明不同意提起诉讼的,视为向受理申请的人民法院起诉。债权人提出支付令申请的时间,即为向人民法院起诉的时间。"(本条是关于支付令异议而转入诉讼程序的规定)

[例9] 个体工商户李某拖欠甲公司货款5万元,甲公司多次催讨无果,遂向李某所在地的基层人民法院申请支付令。法院受理后经过审查,认为该申请成立。下列说法哪些是正确的?(   )

A.如果在向李某送达支付令时,李某拒绝接收,人民法院可以留置送达

B.如果李某在法定期间提出书面异议,人民法院应对异议理由是否成立进行审查

C. 如果李某在法定期间向法院书面说明目前还钱确有困难并承诺在 2 个月后一定还清,则支付令可不生效

D. 如果李某在法定期间未提出书面异议但向甲公司所在地的人民法院起诉,请求确认该债务已经偿还,则支付令的效力不受影响

三、公示催告程序

公示催告程序,是指人民法院根据申请人的申请,以公示的方法,告知并催促不明确的利害关系人在一定期限内申报权利,到期无人申报权利的,则根据申请人的申请依法作出除权判决的程序。

(一)适用范围

1. 可以背书转让的票据被盗、遗失或灭失的事项。中国可以背书转让的票据有支票、汇票、本票三种,另外,《公司法》还规定记名股票被盗、遗失或者灭失,股东可以申请人民法院公示催告并作出除权判决。

2. 依照法律规定的其他事项。

(二)停止支付与公告

1. 法院决定受理申请,应当同时通知支付人停止支付,并在 3 日内发出公告,催促利害关系人申报权利。

2. 公示催告期间,由人民法院根据情况决定,但不得少于 60 日。

3. 管辖:票据支付地基层人民法院。

4. 支付通知的效力:支付人收到通知后应停止支付,公示催告期间转让票据行为无效。

(三)利害关系人申报权利

1. 时间:除权判决作出之前都可以申报权利。

2. 形式审查:仅审查申请公示催告的票据与利害关系人出示的票据是否一致。

3. 处理:申请公示催告的票据与利害关系人出示的票据是一致的,法院应裁定终结公示催告程序;申请公示催告的票据与利害关系人出示的票据不一致,法院应裁定驳回利害关系人的申报。

(四)除权判决

1.除权判决的作出:经公示催告申请人在申报权利期间届满的次日起1个月内申请,由合议庭作出除权判决。

2.效力:除权判决一经作出,即宣告票据无效。

3.救济:可以向作出除权判决的法院起诉,但其条件是因正当理由不能在判决前向人民法院申报权利,还有就是自知道或应当知道判决公告之日起1年内起诉。

[例10]根据《民事诉讼法》和相关司法解释的规定,下列有关公示催告程序所作判决,说法正确的是(　　)

A.可称为除权判决,且有强制执行力

B.该判决应当宣告票据是否无效

C.利害关系人可以在2年内起诉

D.即便该判决有错误,也不能上诉或者申请再审

真题解析

1.李云将房屋出售给王亮,后因合同履行发生争议,经双方住所地人民调解委员会调解,双方达成调解协议,明确王亮付清房款后,房屋的所有权归属王亮。为确保调解协议的效力,双方约定向法院提出司法确认申请,李云随即长期出差在外。下列哪一说法是正确的?(　　)(2015)

A.本案系不动产交易,应向房屋所在地法院提出司法确认申请

B.李云长期出差在外,王亮向法院提出确认申请,法院可受理

C.李云出差两个月后,双方向法院提出确认申请,法院可受理

D.本案的调解协议内容涉及物权确权,法院不予受理

【答案】D

【考点】司法确认

【解析】《民诉法解释》第357条第1款规定:"当事人申请司法确认调解协议,有下列情形之一的,人民法院裁定不予受理:(一)不属于人民法院受理范围的;(二)不属于收到申请的人民法院管辖的;(三)申请确认婚姻关系、亲子

关系、收养关系等身份关系无效、有效或者解除的;(四)涉及适用其他特别程序、公示催告程序、破产程序审理的;(五)调解协议内容涉及物权、知识产权确权的。"因此,D 选项正确。

2.甲向乙借款 20 万元,丙是甲的担保人,现已到偿还期限,经多次催讨未果,乙向法院申请支付令。法院受理并审查后,向甲送达支付令。甲在法定期间未提出异议,但以借款不成立为由向另一法院提起诉讼。关于本案,下列哪一说法是正确的?(　　)(2015)

A.甲向另一法院提起诉讼,视为对支付令提出异议

B.甲向另一法院提起诉讼,法院应裁定终结督促程序

C.甲在法定期间未提出书面异议,不影响支付令效力

D.法院发出的支付令,对丙具有拘束力

【答案】C

【考点】支付令

【解析】《民诉法解释》第 433 条第 1 款规定:"债务人在收到支付令后,未在法定期间提出书面异议,而向其他人民法院起诉的,不影响支付令的效力。"因此,A、B 选项错误,C 选项正确。

《民诉法解释》第 436 条第 1 款规定:"对设有担保的债务的主债务人发出的支付令,对担保人没有拘束力。"因此,D 选项错误。

3.大界公司就其遗失的一张汇票向法院申请公示催告,法院经审查受理案件并发布公告。在公告期间,盘堂公司持被公示催告的汇票向法院申报权利。对于盘堂公司的权利申报,法院实施的下列哪些行为是正确的?(　　)(2016)

A.应当通知大界公司到法院查看盘堂公司提交的汇票

B.若盘堂公司出具的汇票与大界公司申请公示的汇票一致,则应当开庭审理

C.若盘堂公司出具的汇票与大界公司申请公示的汇票不一致,则应当驳回盘堂公司的申请

D.应当责令盘堂公司提供证明其对出示的汇票享有所有权的证据

【答案】AC

【考点】公示催告程序中的权利申报

【解析】《民诉法解释》第 451 条规定:"利害关系人申报权利,人民法院应当通知其向法院出示票据,并通知公示催告申请人在指定的期间查看该票据。

公示催告申请人申请公示催告的票据与利害关系人出示的票据不一致的,应当裁定驳回利害关系人的申报。"故 A 项正确。

《民事诉讼法》第 221 条规定:"利害关系人应当在公示催告期间向人民法院申报。人民法院收到利害关系人的申报后,应当裁定终结公示催告程序,并通知申请人和支付人。申请人或者申报人可以向人民法院起诉。"据此,若盘堂公司出具的汇票与大界公司申请公示的汇票一致时,法院应当裁定终结公示催告程序,而不是开庭审理。故 B 项错误。

根据《民诉法解释》第 451 条的规定,公示催告申请人申请公示催告的票据与利害关系人出示的票据不一致的,法院应当裁定驳回利害关系人的申报。故 C 项正确。

根据《民诉法解释》第 451 条的规定,利害关系人申报权利,人民法院应当通知其向法院出示票据,并未要求其提供证据证明所出示的票据系其所有。其所以如此,是因为法院对利害关系人的权利申报仅进行形式审查,不进行实质审查,即只审查票据的名称、号码、金额、出票人、支付人等形式上是否一致,而不审查票据来源合法等实质问题。故 D 项错误。

4.单某将八成新手机以 4000 元的价格卖给卢某,双方约定:手机交付卢某,卢某先付款 1000 元,待试用一周没有问题后再付 3000 元。但试用期满卢某并未按约定支付余款,多次催款无果后单某向 M 法院申请支付令。M 法院经审查后向卢某发出支付令,但卢某拒绝签收,法院采取了留置送达。20 天后,卢某向 N 法院起诉,以手机有质量问题要求解除与单某的买卖合同,并要求单某退还 1000 元付款。根据本案,下列哪些选项是正确的?(   )(2016)

A.卢某拒绝签收支付令,M 法院采取留置送达是正确的

B.单某可以依支付令向法院申请强制执行

C.因卢某向 N 法院提起了诉讼,支付令当然失效

D.因卢某向 N 法院提起了诉讼,M 法院应当裁定终结督促程序

【答案】AB

【考点】支付令

【解析】A 项考查支付令的送达。债权人请求债务人给付金钱、有价证券,符合法定条件的,可以向有管辖权的基层法院申请支付令。《民诉法解释》第 431 条规定:"向债务人本人送达支付令,债务人拒绝接收的,人民法院可以留置送达。"可见,支付令送达方式只有两种:直接送达和留置送达。故 A 项正确。

B项考查支付令的执行。《民事诉讼法》第216条规定:"人民法院受理申请后,经审查债权人提供的事实、证据,对债权债务关系明确、合法的,应当在受理之日起十五日内向债务人发出支付令;申请不成立的,裁定予以驳回。债务人应当自收到支付令之日起十五日内清偿债务,或者向人民法院提出书面异议。债务人在前款规定的期间不提出异议又不履行支付令的,债权人可以向人民法院申请执行。"债务人提出支付令异议的期限为收到支付令之日起15日,逾期,则支付令生效。生效的支付令与生效的判决具有同等法律效力,可以成为执行依据。故B项正确。

C、D两项考查支付令异议与提起诉讼的关系。债务人应当自收到支付令之日起15日内可以向人民法院提出书面异议。法院对此异议进行形式审查后,认定异议成立的,应裁定终结督促程序,支付令自行失效;认为异议不成立的,则裁定驳回。本案中,被申请人卢谋未在法定期限内提出支付令异议,而是在法院留置送达支付令20日后提起诉讼。《民诉法解释》第433条规定:"债务人在收到支付令后,未在法定期间提出书面异议,而向其他人民法院起诉的,不影响支付令的效力。债务人超过法定期间提出异议的,视为未提出异议。"据此,本案的支付令已经发生法律效力,M法院无须裁定终结督促程序。故C、D两项错误。

5.李某因债务人刘某下落不明申请宣告刘某失踪。法院经审理宣告刘某为失踪人,并指定刘妻为其财产代管人。判决生效后,刘父认为由刘妻代管财产会损害儿子的利益,要求变更刘某的财产代管人。关于本案程序,下列哪一说法是正确的(　　)(2017年)

A.李某无权申请刘某失踪

B.刘父应提起诉讼变更财产代管人,法院适用普通程序审理

C.刘父应向法院申请变更刘妻的财产代管权,法院适用特别程序审理

D.刘父应向法院申请再审变更财产代管权,法院适用再审程序审理

【答案】B

【解析】《民诉法解释》第344条规定,失踪人的财产代管人经人民法院指定后,代管人申请变更代管的,比照民事诉讼法特别程序的有关规定进行审理。失踪人的其他利害关系人申请变更代管的,人民法院应当告知其以原指定的代管人为被告起诉,并按普通程序进行审理。据此,本题中法院指定刘妻为财产代管人,刘父要求变更刘某的财产代管人,应当提起诉讼变更财产代管人,法院适用普通程序审理。本题答案为B。

6.甲公司购买乙公司的产品,丙公司以其房产为甲公司提供抵押担保。因甲公司未按约支付120万元货款,乙公司向A市B县法院申请支付令。法院经审查向甲公司发出支付令,甲公司拒绝签收。甲公司未在法定期间提出异议,而以乙公司提供的产品有质量问题为由向A市C区法院提起诉讼。关于本案,下列哪些表述是正确的?(   )(2017)

A.甲公司拒绝签收支付令,法院可采取留置送达

B.甲公司提起诉讼,法院应裁定中止督促程序

C.乙公司可依支付令向法院申请执行甲公司的财产

D.乙公司可依支付令向法院申请执行丙公司的担保财产

【答案】AC

【考点】支付令异议

【解析】A项考查支付令的送达。《民诉法解释》第431条规定,向债务人本人送达支付令,债务人拒绝接收的,人民法院可以留置送达。据此,A项正确。B项考查起诉与支付令效力的关系。《民诉法解释》第433条规定,债务人在收到支付令后,未在法定期间提出书面异议,而向其他人民法院起诉的,不影响支付令的效力。故B项错误。

C项考查支付令的执行。《民事诉讼法》第216条规定,债务人应当自收到支付令之日起15日内清偿债务,或者向人民法院提出书面异议。债务人在该期间不提出异议又不履行支付令的,支付令生效,债权人可以向人民法院申请执行。故C项正确。

D项考查支付令与担保的关系。《民诉法解释》第436条规定,对设有担保的债务的主债务人发出的支付令,对担保人没有拘束力。债权人就担保关系单独提起诉讼的,支付令自人民法院受理案件之日起失效。据此,D项错误。

7.海昌公司因丢失票据申请公示催告,期间届满无人申报权利,海昌公司遂申请除权判决。在除权判决作出前,家佳公司看到权利申报公告,向法院申报权利。对此,法院下列哪一做法是正确的?(   )(2017)

A.因公示催告期满,裁定驳回家佳公司的权利申报

B.裁定追加家佳公司参加案件的除权判决审理程序

C.应裁定终结公示催告程序

D.作出除权判决,告知家佳公司另行起诉

【答案】C

【考点】公示催告程序中特殊情形下的权利申报

【解析】《民诉法解释》第450条规定:"在申报期届满后,判决作出之前,利害关系人申报权利的,应当适用民事诉讼法第二百二十一条第二款、第三款规定处理。"《民事诉讼法》第221条第2款、第3款规定:"人民法院收到利害关系人的申报后,应当裁定终结公示催告程序,并通知申请人和支付人。申请人或者申报人可以向人民法院起诉。"据此,本题的四个选项中,只有C项合法。

8.谢某与周某交通事故侵权纠纷一案,2016年2月6日,经A县B乡人民调解委员会主持调解,双方签订了人民调解协议,并书面申请司法确认。2016年3月3日,A县法院作出民事裁定,确认该调解协议有效。4月2日,谢某按协议履行完了全部约定义务。2016年7月5日,谢某以发现新证据、原调解协议内容错误为由,向法院申请再审,法院当如何处理?(　　)(2018年)

A.驳回再审申请

B.告知另行起诉

C.进行再审审查,如调解协议错误,裁定执行回转

D.告知可以申请撤销调解协议

【答案】A

【解析】《民诉法解释》第380条规定:"适用特别程序、督促程序、公示催告程序、破产程序等非讼程序审理的案件,当事人不得申请再审。"本案中,法院对调解协议进行确认,属于特别程序案件,因此对该裁定不能申请再审,故A项正确。

9.高某向杨某借款23万元,到期后一直没有归还。杨某于2018年10月21日向高某住所地A区法院申请支付令,并向法院提交了高某向杨某借款时出具的借条,要求高某偿还借款23.5万元。在支付令异议期间,杨某觉得支付令不如法院判决更稳妥,于是向自己住所地的B区法院起诉。关于本案,下列说法错误的是(　　)(2018年)

A.杨某向A区法院申请支付令

B.杨某向B区法院起诉

C.杨某向B区法院起诉,会导致支付令失效

D.杨某未向发出支付令的法院起诉,不影响支付令的效力

【答案】D

【解析】根据《民事诉讼法》第23条规定,因合同纠纷提起的诉讼,由被告

住所地或者合同履行地人民法院管辖。《民诉法解释》第 18 条规定,合同约定履行地点的,以约定的履行地点为合同履行地。合同对履行地点没有约定或者约定不明确,争议标的为给付货币的,接收货币一方所在地为合同履行地;交付不动产的,不动产所在地为合同履行地;其他标的,履行义务一方所在地为合同履行地。即时结清的合同,交易行为地为合同履行地。合同没有实际履行,当事人双方住所地都不在合同约定的履行地的,由被告住所地人民法院管辖。本案中对该合同纠纷有管辖权的法院是被告高某住所地,和接受货币的一方即杨某所在地。故 B 项,杨某向 B 区法院起诉正确。

《民诉法解释》第 23 条:"债权人申请支付令,适用民事诉讼法第二十一条规定,由债务人住所地基层人民法院管辖。"因此 A 项,杨某向被告高某住所地 A 区法院申请支付令是正确的。

根据《民诉法解释》第 432 条规定:"有下列情形之一的,人民法院应当裁定终结督促程序,已发出支付令的,支付令自行失效:(一)人民法院受理支付令申请后,债权人就同一债权债务关系又提起诉讼的;(二)人民法院发出支付令之日起三十日内无法送达债务人的;(三)债务人收到支付令前,债权人撤回申请的。"故债权人就同一债权债务关系起诉的,无论是否向发出支付令的法院起诉,都会导致支付令失效。故 C 项正确,而 D 项错误。

案例分析

李龙系某厂销售人员。2009 年 5 月李龙外出跑业务失去联系,2011 年 11 月李龙所在工厂以李龙失踪两年多毫无音讯、生死不明为由申请法院宣告李龙失踪,人民法院于 2012 年 5 月判决宣告李龙失踪。2014 年 6 月,李龙的妻子孙丽以李龙失踪长达 5 年之久毫无音讯、夫妻关系名存实亡为由向法院起诉请求离婚,人民法院认为李龙失踪多年不能出庭应诉,但已符合宣告死亡的条件,遂将本案依特别程序进行审理,法院随即发布公告,寻找失踪人李龙。公告期间 3 个月届满后李龙仍无下落。人民法院遂于 2014 年 10 月 19 日作出判决,宣告李龙死亡,判决宣告之日即为其死亡之日,并且李龙和孙丽的婚姻关系自判决之日起解除。2015 年春节,失踪多年的李龙回到家中。[①]

[①] 参考法律考试中心组编:《2015 年司法考试辅导用书配套测试题解》,法律出版社 2015 年版,第十六章案例题。

问:(1)李龙所在的工厂是否有权利申请宣告李龙失踪?

(2)人民法院可否主动适用宣告死亡程序?其所适用的宣告死亡程序有无错误?

(3)在宣告死亡判决中,能否对婚姻关系作出判决?

(4)李龙回到家中后可以以何种手段寻求救济?

第五讲 执行程序

【案情】被执行人邓某某高消费、逃避债务被拘留

2011年10月15日上午7时40分,广州白云机场,即将起飞的广州至济南的航班头等舱内,正准备前往参加某选美大赛的特邀嘉宾——白衣黑裤、头戴礼帽的"影视大鳄"邓某某,被法院的办案人员请下了飞机。在机场警务室,广州市中级人民法院的执行法官当即向其宣布:因为未按执行通知履行法律文书确定的义务、未向人民法院申报财产,以及违反限制高消费令乘坐飞机等多项违反执行法律法规的事实,邓某某被司法拘留15天。原来,邓某某几年前欠下了300多万元的债务,经仲裁后拒不履行生效仲裁文书,债权人向法院申请强制执行。法院立案后先后对其财产进行查扣,并发出财产申报表、执行通知书。邓某某在法定期限内仍未履行,法院遂依法对其发出限制高消费令,并责令其与债权人达成还款计划。但邓某某不仅拒不申报财产,而且一再恶意躲避,还大张旗鼓地进行投资、办酒宴等高消费行为。针对邓某某的行为,法院才对其作了拘留的决定。2007年5月,邓某某因为拍摄电视剧《野蛮公主》第二部,而向申请执行人黄某借款200万元,约定期限一年,利息25%,同时规定了违约金60万元。2008年7月,申请人向广州市仲裁委员会提出仲裁申请,要求邓某某、巨星影业支付上述款项。广州市仲裁委员会于2009年6月作出仲裁决定,裁定邓某某、巨星影业10日内共同连带归还申请人本息250万元及支付违约金60万元。邓某某仍未理会,随后,申请执行人向法院申请要求强制执行。法院受理执行案件后,马上就对邓某某及巨星影业名下的财产进行了查询,结果在各个银行只发现被执行人名下有存款18667.56

元。法院只能从银行扣划回该部分存款,发放给申请人。而之前邓某某在番禺买的地早就被其他法院查封了,广州市中级人民法院只能对邓某某和巨星影业名下的南村镇、大石镇的4处房产进行轮候查封。巨星影业的法定代表人也早已经变更为邓某。就在法院执行阶段,邓某某却传出要和19岁的女友在长隆酒店摆结婚酒。法院立即向邓某某发出了限制高消费令,并要求长隆酒店协助执行。邓某某无奈之下,主动找到申请执行人,要求与对方达成还款计划和和解协议书。在和解协议书中,邓某某明确表示对欠债一事没有异议。邓某某还保证在2011年7月4日之前还10万元、12月31日还50万元、次年年底还140万元、继续还清余款等。申请执行人主动向法院提出,同意邓某某在长隆摆酒。然而,轰轰烈烈地摆完酒后,约定还款的日期早已过去,邓某某却未按协议归还一分钱。更让申请执行人气愤的是:就在不久前,邓某某又高调宣布将投资1800万元拍摄新剧。法院再次限令邓某某还钱,但他同样置之不理。法院对其作出拘留决定书,并开始对其实行查控、呈报拘留等行动,于是就出现了上述邓某某机场被拘留的一幕。被拘留后,邓某某当即表示想办法还钱,还可以马上先还10万,余下的再与债权人商量。邓某某一再向法官讨价还价,并提出不要宣传此事。在拘留所清点、登记个人物品时,邓某某的包里有两张最近的刷卡消费小票,一张2万元,一张1万多。另外,还有多张水疗会所、俱乐部的VIP卡。

点评: 素有"炒作大王"之称的邓某某,这次又把自己狠狠地炒了一把。不过,这次的炒作邓某某却不愿意引起社会公众的关注。原因是邓某某此次有一个特殊的身份——"老赖"。限制邓某某高消费是执行措施之一,随着飞机、酒店、娱乐等高消费场所的普及,再加上信息网络和信用体系的发展,特别是全国法院系统对执行联动机制的推行,限制高消费令为了法院执行工作的举措,2010年10月1日《最高人民法院关于限制被执行人高消费的若干规定》施行,也将限制高消费令上升到司法解释的层面。

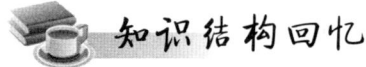

知识结构回忆

一、执行管辖

1. 法院裁判:发生法律效力的民事判决、裁定,以及刑事判决、裁定中的财产部分,由第一审人民法院或者与第一审人民法院同级的被执行的财产所在地人民法院执行。

2.其他法律文书:法律规定由人民法院执行的其他法律文书,由被执行人住所地或者被执行的财产所在地人民法院执行。

3.非诉程序文书:发生法律效力的确认调解协议效力、实现担保物权的裁定,支付令由作出该裁定的法院或者与之同级的被执行人财产所在地法院执行;认定财产无主的判决由作出该判决的法院将无主财产收归国家或者集体所有。

4.共同管辖:当事人向两个以上法院申请执行的,由最先立案的法院管辖。对两个以上人民法院都有管辖权的执行案件,人民法院在立案前发现其他有管辖权的人民法院已经立案的,不得重复立案。立案后发现其他有管辖权的人民法院已经立案的,应当撤销案件,已经采取执行措施的,应当将控制的财产交先立案的执行法院处理。

5.执行管辖异议:收到执行通知书之日起 10 日内提出,异议成立的,裁定撤销案件,告知当事人向有管辖权的法院申请执行。异议不成立的,裁定驳回。

救济:当事人对执行管辖权异议的裁定不服的,可以向上一级人民法院申请复议。

6.变更执行法院。人民法院自收到申请执行书之日起超过 6 个月未执行的,申请执行人可以向上一级人民法院申请执行。上一级人民法院经审查,可以责令原人民法院在一定期限内执行,也可以决定由本院执行或者指令其他人民法院执行。

7.委托执行:(1)被执行人或者被执行的财产在外地的,可以委托当地人民法院代为执行。受委托人民法院收到委托函件后,必须在 15 日内开始执行,不得拒绝。执行完毕后,应当将执行结果及时函复委托人民法院;在 30 日内如果还未执行完毕,也应当将执行情况函告委托人民法院。(2)受委托人民法院自收到委托函件之日起 15 日内不执行的,委托人民法院可以请求受委托人民法院的上级人民法院指令受委托人民法院执行。

8.移送执行:生效的法律文书执行,一般应由当事人依法提出申请,但是下列文书可以直接由审判庭移送执行机构执行:

(1)生效的具有给付赡养费、扶养费、抚育费内容的法律文书;

(2)民事制裁决定书;

(3)刑事附带民事判决、裁定、调解书。

[例1] 甲被乙打伤后多次与乙交涉要求赔偿未果,遂向乙的住所地某市东区人民法院起诉。在案件的审理过程中,乙的住所地变更为该市的南区。一审法院作出判决后,乙向该市中级人民法院提出上诉,二审法院驳回了乙的上诉请求,现在乙南区的家里已经没有什么值钱的财产,但其在该市西区集贸市场存有价值5万元的货物。甲可以向何地法院申请执行?(　　)

A.该市东区法院　　B.该市南区法院

C.该市西区法院　　D.该市中级法院

二、执行担保

1.执行担保是指在执行过程中,经执行权利人同意,执行义务人或者第三人为履行生效法律文书确定的义务向法院提供担保,由法院决定暂缓执行的制度。

2.执行期限:由法院决定,但受到两点限制:担保有期限的应与担保期限一致,最长不超过一年。

3.在暂缓履行期间,被执行人或者担保人对担保财产有转移、毁损、变卖、隐藏等行为的,可以恢复强制执行。在暂缓履行期间届满后仍不履行的,可以直接执行担保财产或者裁定执行担保人财产,应以担保人应当履行的义务部分为限。

[例2] 甲公司诉乙公司支付货款一案,乙公司在判决生效后未履行判决书所确定的义务,甲公司向法院申请强制执行,在执行过程中,乙公司提出目前暂时没有偿付能力,申请提供担保,对此,下列哪些说法是正确的?(　　)

A.乙公司的执行担保申请须经甲公司的同意,并由人民法院决定

B.乙公司提供担保后,可以在暂缓执行期间内与甲公司达成和解协议或调解协议

C.在暂缓执行期间,甲公司发现乙公司有转移担保财产的行为,人民法院可以恢复执行

D.乙公司在人民法院决定暂缓执行的期限届满后仍然不履行义务的,人民法院可以裁定执行担保人的全部财产

三、代为申请执行

1.代为申请执行是指被执行人不能清偿债务,但是对第三人享有到期债权,经申请执行人或被执行人申请,向第三人(次债务人)发出履行到期债务的

通知。

2.履行通知的效力:(1)次债务人应当在收到通知后15日内向申请执行人履行债务,并不得向被执行人清偿;(2)如果对债权债务关系有异议,应当在收到通知后15日内提出异议;(3)既不履行债务,又不提出异议,法院可以裁定对第三人强制执行。

3.关于第三人的异议:异议原则上要求书面,但允许口头。第三人在15日内提出异议的,不能对第三人强制执行,法院对异议不审查。但是第三人提出以下理由不属于异议,不影响履行通知的效力:自己没有履行能力;自己与申请执行人无直接法律关系。

4.第三人收到法院要求其向申请执行人履行到期债务通知后,擅自向被执行人履行,造成已向被执行人履行的财产不能追回,第三人应在已履行的财产范围内与被执行人承担连带责任,并可以追究其妨碍执行的责任。

5.对该第三人作出强制执行的裁定后,第三人确无可供执行的财产,不得就第三人对他人享有的到期债权强制执行。

四、参与分配

1.适用条件

(1)被申请人是公民或者其他组织。

(2)有多个申请人对该被申请人享有到期债权。

(3)被执行人的财产不足以清偿所有的债权。

(4)申请人已经取得执行依据。起诉后尚未获得生效裁判的债权人不具有参与分配的资格。

(5)参与分配只适用于金钱债权。

2.适用程序:债权人在执行程序开始后,被执行人财产被执行完毕前申请。

3.在参与分配中,优先权人、担保物权人享有优先受偿权。

[例3] 关于民事执行中的参与分配制度,说法错误的是( )

A.有多人参与分配的,人民法院应当制作财产分配方案

B.债权人有权就该分配方案提出异议

C.被执行人有权就该分配方案提出异议

D.对分配方案提出异议的人和未提出异议的人之间如果有不同意见,人民法院应当调解解决该分歧

五、执行行为异议和案外人对执行标的异议

1.执行行为异议。当事人、利害关系人认为执行行为违反法律规定的,可以向负责执行的人民法院提出书面异议。当事人、利害关系人提出书面异议的,人民法院应当自收到书面异议之日起 15 日内审查,理由成立的,裁定撤销或者改正;理由不成立的,裁定驳回。当事人、利害关系人对裁定不服的,可以自裁定送达之日起 10 日内向上一级人民法院申请复议。

2.案外人对执行标的异议。执行过程中,案外人对执行标的提出书面异议的,人民法院应当自收到书面异议之日起 15 日内审查,理由成立的,裁定中止对该标的的执行;理由不成立的,裁定驳回。案外人、当事人对裁定不服,认为原判决、裁定错误的,依照审判监督程序办理;与原判决、裁定无关的,可以自裁定送达之日起 15 日内向人民法院提起诉讼。

执行异议之诉的当事人:(1)案外人起诉:案外人为原告,第三人为被告,被申请人反对案外人异议的,作为共同被告;被申请人不反对案外人异议的,可以列其为第三人。(2)申请执行人起诉:申请执行人为原告,案外人为被告。被申请人反对申请人主张的,作为共同被告;被申请人不反对申请人主张的,可以列其为第三人。

[例 4] 下列关于执行过程中第三人异议的说法,正确的是(　　)

A.第三人对履行通知的异议可以以书面形式提出,也可以口头提出,由执行人员记入笔录

B.第三人在履行通知指定的期间内提出异议的,人民法院对提出的异议不进行审查

C.第三人提出自己无履行能力的,不属于执行异议

D.第三人在履行通知指定的期限内没有提出异议,而又不履行的,执行法院有权裁定对其强制执行

六、执行中止、终结和执行和解

(一)执行中止

以下情形适用执行中止,但在中止执行的情形消失后,恢复执行:

1.申请人表示可以延期执行的;

2.案外人对执行标的提出确有理由的异议;

3.作为一方当事人的公民死亡,需等待继承人继承权利或者义务的;
4.作为一方当事人的法人或其他组织终止,尚未确定权利义务承受人的;
5.人民法院认为应当中止执行的情形。

[例5] 某人民法院根据当事人的申请启动执行程序,在执行过程中,案外第三人提出异议,人民法院经过审查发现异议成立,请问,在本案程序上应当如何处理?(　　)

A.由人民法院院长裁定中止执行

B.由审判委员会裁定中止执行

C.由执行庭庭长裁定中止执行

D.由本案原审判长裁定中止执行

(二)执行终结

适用执行终结的情形如下:
1.申请人撤销申请的;
2.据以执行的法律文书被撤销;
3.作为被执行人的公民死亡,无遗产可供执行,又无权利义务承担人的;
4.追索赡养费、抚育费、抚养费案件的权利人死亡的;
5.作为被执行人的公民因生活困难无力偿还借款,无收入来源,又丧失劳动能力的;
6.人民法院认为应当终结执行的其他情形。

[例6] 人民法院在采取查询、冻结、拍卖、变卖被执行人的财产等项目措施后,被执行人仍不能偿还债务的,应当(　　)

A.裁定中止执行　　B.继续履行义务

C.裁定终结执行　　D.裁定不予执行

(三)执行和解

1.执行和解的条件

(1)案件正在执行中;

(2)执行和解的主体应是双方当事人,执行中的案件法院不得进行调解;

(3)在执行中,双方当事人自行和解达成协议的,执行员应当将协议内容记入笔录,由双方当事人签名或者盖章。

2.执行和解的效力

(1)执行和解不具有强制执行力;

(2)执行和解协议不具有撤销原执行文书的效力;

(3)执行和解具有中止或终结执行的效力。

3.恢复执行

(1)《民事诉讼法》第230条规定:"在执行中,双方当事人自行和解达成协议的,执行员应当将协议内容记入笔录,由双方当事人签名或者盖章。申请执行人因受欺诈、胁迫与被执行人达成和解协议,或者当事人不履行和解协议的,人民法院可以根据当事人的申请,恢复对原生效法律文书的执行。"

(2)和解协议已履行的部分应当扣除,和解协议已经履行完毕的,人民法院不予恢复执行。

(3)申请执行的期间为两年。执行和解产生时效中断的效力。

[例7]下列有关执行和解协议的说法,正确的是(　　)

A.和解协议可以申请法院强制执行

B.如果一方当事人不履行和解协议,当事人可以申请人民法院按原生效的法律文书执行

C.和解协议履行了一部分,一方当事人反悔并向人民法院申请执行原生效法律文书的,人民法院不予执行

D.和解协议的达成就意味着原审法律文书的撤销

七、执行回转

执行回转又称再执行,是指在案件执行中或者执行完毕后,据以执行的法律文书被撤销或者变更,执行机构对已被执行的财产重新采取执行措施,恢复到执行程序开始前的一种救济制度。执行回转制度是针对执行发生的错误而采取的一种补救措施。

(一)执行回转的情形

执行回转的情形如下:

1.据以执行的判决、裁定和调解协议确有错误,被人民法院撤销;

2.其他法律文书执行完毕后,被有关机关依法撤销的。

(二)执行回转的条件

执行回转的条件如下:
1.执行程序已经完毕;
2.执行根据依法被撤销;
3.根据新的法律文书执行。

(三)执行回转的方式

依当事人申请或依职权,按照新的生效法律文书,作出执行回转的裁定,责令原申请执行人返还已取得的财产及其孳息。拒不返还的,强制执行。

八、执行措施

(一)一般的执行措施

1.通常的执行措施
(1)查询、冻结、划拨被执行人的存款;
(2)扣留、提取被执行人的收入;
(3)查封、扣押、拍卖、变卖被执行人的财产;
(4)搜查被执行人财产;
(5)强制被执行人交付法律文书指定的财物或票证;
(6)要求有关单位办理财产权证转移手续。

2.不能采取查封、扣押、冻结等措施的财产
(1)被执行人和其扶养家属必需的生活、教育用品和费用;
(2)被执行人具有人身属性的物品,例如:勋章、荣誉表彰等;
(3)无法评估价值的知识产权,例如:未公开的发明或者未发表的著作;
(4)金融机构的特殊性:金融机构缴存的存款准备金、备付金、金融机构场所。

(二)对行为的执行措施

1.强制被执行人迁出房屋或退出土地(由院长签发公告,责令被执行人在指定期间履行。被执行人逾期不履行的,由执行员强制执行)。

2.强制被执行人履行法律文书中指定的行为

(1)对可替代履行的行为,可以委托有关单位或他人完成,发生的费用由被执行人承担。

(2)对只能由被执行人完成的行为,即不可替代履行的行为,经教育被执行人仍拒不履行的,法院应按妨害执行行为处理。处理方式包括对被执行人罚款、拘留、强制支付迟延履行金等,构成犯罪者追究刑事责任。

3.名誉侵权案件的特殊执行措施

侵权人拒不执行生效判决,不为对方恢复名誉、消除影响的,法院可以采取公告、登报等方式将判决主要内容及相关情况公布于众,费用由被执行人负担,并可按照妨害执行行为的有关规定处理。处理方式包括:对被执行人罚款、拘留、强制支付迟延履行金等,构成犯罪者追究刑事责任。

(三)保障性执行措施

1.迟延履行利息和迟延履行金

(1)被执行人如果没有按生效法律文书确定的时间履行金钱债务,应当加倍支付迟延履行期间的债务利息。即指按银行同期贷款最高利率计付的债务利息增加一倍。

(2)被执行人如果未按判决、裁定和其他法律文书制定的期间履行非金钱给付义务,无论是否已给申请执行人造成损失,都应当支付迟延履行金。已经造成损失的,双倍补偿申请执行人已经受到的损失;没有造成损失的,迟延履行金可以由法院根据具体案件情况决定。

(3)迟延履行利息或者迟延履行金自判决、裁定和其他法律文书制定的履行期间届满之日起计算。

2.继续履行

法院用尽执行措施后,被执行人仍不能偿还债务的,执行暂时中止。但债权人如果发现被执行人还有其他财产的,可随时请求法院执行。债权人依法请求法院继续执行的,不受申请执行时效期间的限制。

3.立即执行

被执行人不履行法律文书确定的义务,并有可能隐匿、转移财产的,执行人员可以立即采取强制执行措施。

4.妨害执行行为的强制措施

(1)对拒不履行人民法院已经生效判决、裁定的个人,法院可以对其予以罚款、拘留,构成犯罪的依法追究刑事责任。

(2)对拒不履行人民法院已经生效判决、裁定的单位,法院可以对其予以罚款;对其主要负责人或者直接责任人员可予以罚款、拘留,构成犯罪的依法追究刑事责任。

5.被执行人财产申报

被执行人未按执行通知履行法律文书确定的义务,应当报告当前以及收到执行通知之日前一年的财产情况。被执行人拒绝报告或者虚假报告的,人民法院可以根据情节轻重对被执行人或者其法定代理人、有关单位的主要负责人或者直接责任人员予以罚款、拘留。

[例8] 甲与乙买卖合同纠纷,法院判决乙应当承担违约责任,向甲赔偿损失2万元。后因乙未在判决规定的期限内履行义务,甲遂向法院申请强制执行。问:此时甲可否要求乙履行财产申报义务,向其报告当前以及收到执行通知之日前一年的财产情况?

6.国家执行威慑机制

被执行人不履行法律文书确定的义务时,法院可以对其采取或者通知有关单位协助采取相关措施,主要包括:

(1)限制出境:限制被执行人的出境自由,并通知有关单位协助采取限制出境措施。

(2)纳入征信系统:将其纳入失信被执行人名单,将被执行人不履行或者不完全履行义务的信息向征信机构、其他相关机构、所在单位等通报。

(3)媒体信息披露:通过媒体公布被执行人不履行义务的信息,相关费用由被执行人承担,申请执行人申请公布的应当垫付费用。

(4)限制被执行人高消费。《最高人民法院关于限制被执行人高消费的若干规定》对此进行了规定。被限制的高消费行为有:(1)乘坐交通工具时,选择飞机、列车软卧、轮船二等以上舱位;(2)在星级以上宾馆、酒店、夜总会、高尔夫球场等场所进行高消费;(3)购买不动产或者新建、扩建、高档装修房屋;(4)租赁高档写字楼、宾馆、公寓等场所办公;(5)购买非经营必需车辆;(6)旅游、度假;(7)子女就读高收费私立学校;(8)支付高额保费购买保险理财产品;(9)其他非生活和工作必需的高消费行为。

限制高消费的启动:限制高消费一般依申请执行人的申请而启动,必要时执行法院也可依职权启动。由法院向被执行人出限制高消费令(由法院院长签发)。

[例9] 童童系一名9岁儿童,玩耍中将小明的左眼捅瞎,童童的父亲李某

代其进行诉讼,被法院判决赔偿对方医药费等30万元。执行开始后,李某拒不履行,并办理出国事项,欲带童童出国定居,下列说法正确的有(   )

A.必要时法院可以依职权采取限制出境措施
B.申请执行人可以口头或书面形式申请法院采取限制出境措施
C.限制出境措施只能针对童童
D.限制出境措施可以针对李某

真题解析

1.甲向法院申请执行郭某的财产,乙、丙和丁向法院申请参与分配,法院根据郭某财产以及各执行申请人债权状况制定了财产分配方案。甲和乙认为分配方案不合理,向法院提出了异议,法院根据甲和乙的意见,对分配方案进行修正后,丙和丁均反对。关于本案,下列哪一表述是正确的?(   )(2016年)

A.丙、丁应向执行法院的上一级法院申请复议
B.甲、乙应向执行法院的上一级法院申请复议
C.丙、丁应以甲和乙为被告向执行法院提起诉讼
D.甲、乙应以丙和丁为被告向执行法院提起诉讼

【答案】D
【考点】参与分配
【解析】《民诉法解释》第512条规定:"债权人或者被执行人对分配方案提出书面异议的,执行法院应当通知未提出异议的债权人、被执行人。未提出异议的债权人、被执行人自收到通知之日起十五日内未提出反对意见的,执行法院依异议人的意见对分配方案审查修正后进行分配;提出反对意见的,应当通知异议人。异议人可以自收到通知之日起十五日内,以提出反对意见的债权人、被执行人为被告,向执行法院提起诉讼;异议人逾期未提起诉讼的,执行法院按照原分配方案进行分配。诉讼期间进行分配的,执行法院应当提存与争议债权数额相应的款项。"

本题中,针对甲和乙对分配方案的异议,丙和丁提出了反对意见,因此甲和乙可以丙和丁为被告向执行法院提起诉讼,故本题答案为D。

2.田某拒不履行法院令其迁出钟某房屋的判决,因钟某已与他人签订租房合同,房屋无法交给承租人,使钟某遭受损失,钟某无奈之下向法院申请强制执行。法院受理后,责令田某 15 日内迁出房屋,但田某仍拒不履行。关于法院对田某可以采取的强制执行措施,下列哪些选项是正确的?(　　)(2016 年)

A.罚款

B.责令田某向钟某赔礼道歉

C.责令田某双倍补偿钟某所受到的损失

D.责令田某加倍支付以钟某所受损失为基数的同期银行利息

【答案】AC

【考点】强制执行措施的考查

【解析】《民诉法解释》第 505 条规定:"被执行人不履行法律文书指定的行为,且该项行为只能由被执行人完成的,人民法院可以依照民事诉讼法第一百一十一条第一款第六项规定处理。被执行人在人民法院确定的履行期间内仍不履行的,人民法院可以依照民事诉讼法第一百一十一条第一款第六项规定再次处理。"《民事诉讼法》第 111 条第(六)项规定:"诉讼参与人或者其他人有下列行为之一的,人民法院可以根据情节轻重予以罚款、拘留;构成犯罪的,依法追究刑事责任:……(六)拒不履行人民法院已经发生法律效力的判决、裁定的。人民法院对有前款规定的行为之一的单位,可以对其主要负责人或者直接责任人员予以罚款、拘留;构成犯罪的,依法追究刑事责任。"故 A 项说法是正确的,B 项说法于法无据,不选。

《民诉法解释》第 507 条规定:"被执行人未按判决、裁定和其他法律文书指定的期间履行非金钱给付义务的,无论是否已给申请执行人造成损失,都应当支付迟延履行金。已经造成损失的,双倍补偿申请执行人已经受到的损失;没有造成损失的,迟延履行金可以由人民法院根据具体案件情况决定。"本案为非金钱义务,应该责令田某支付迟延履行金,题干中已经表明了房屋租给了他人,不退出房屋,肯定会导致原告对他人的违约,所以这里也是有损失。故 C 项说法正确。D 项说法错误。

3.何某依法院生效判决向法院申请执行甲的财产,在执行过程中,甲突发疾病猝死。法院询问甲的继承人是否继承遗产,甲的继承人乙表示继承,其他继承人均表示放弃继承。关于该案执行程序,下列哪一选项是正确的?(　　)(2016 年)

A.应裁定延期执行

B.应直接执行被执行人甲的遗产

C.应裁定变更乙为被执行人

D.应裁定变更甲的全部继承人为被执行人

【答案】C

【考点】作为被执行人的公民死亡时如何变更被执行人

【解析】《民诉法解释》第475条规定:"作为被执行人的公民死亡,其遗产继承人没有放弃继承的,人民法院可以裁定变更被执行人,由该继承人在遗产的范围内偿还债务。继承人放弃继承的,人民法院可以直接执行被执行人的遗产。"

本题中,被执行人甲死亡,甲的继承人乙表示继承甲的遗产,因此法院应裁定变更乙为被执行人,应选择C项。

4.易某依法院对王某支付其5万元损害赔偿金之判决申请执行。执行中,法院扣押了王某的某项财产。案外人谢某提出异议,称该财产是其借与王某使用的,该财产为自己所有。法院经审查,认为谢某异议理由成立,遂裁定中止对该财产的执行。关于本案的表述,下列哪一选项是正确的?(　　)（2017）

A.易某不服该裁定提起异议之诉的,由易某承担对谢某不享有该财产所有权的证明责任

B.易某不服该裁定提起异议之诉的,由谢某承担对其享有该财产所有权的证明责任

C.王某不服该裁定提起异议之诉的,由王某承担对谢某不享有该财产所有权的证明责任

D.王某不服该裁定提起异议之诉的,由王某承担对其享有该财产所有权的证明责任

【答案】B

【考点】案外人执行异议

【解析】本案中,易某为申请执行人,王某为被执行人,谢某为案外人。《民诉法解释》第309条规定:"申请执行人对中止执行裁定未提起执行异议之诉,被执行人提起执行异议之诉的,人民法院告知其另行起诉。"即被执行人对法院中止执行的裁定不服的,只能另行起诉,而不能提起执行异议之诉。因此,本案中的C、D两项可排除。第310条规定:"案外人或者申请执行人提起执

行异议之诉的,案外人应当就其对执行标的享有足以排除强制执行的民事权益承担举证证明责任。"据此,B项正确,A项错误。

5.钱某在甲、乙、丙三人合伙开设的饭店就餐时被砸伤,遂以营业执照上登记的字号"好安逸"饭店为被告提起诉讼,要求赔偿医疗费等费用25万元。法院经审理,判决被告赔偿钱某19万元。执行过程中,"好安逸"饭店支付了8万元后便再无财产可赔。对此,法院应采取下列哪一处理措施?（　　）(2017年)

A.裁定终结执行
B.裁定终结本次执行
C.裁定中止执行,告知当事人另行起诉合伙人承担责任
D.裁定追加甲、乙、丙为被执行人,执行其财产

【答案】D

【考点】执行程序中无财产可供执行的处理

【解析】A项考查执行终结。《民事诉讼法》第257条规定:"有下列情形之一的,人民法院裁定终结执行:(一)申请人撤销申请的;(二)据以执行的法律文书被撤销的;(三)作为被执行人的公民死亡,无遗产可供执行,又无义务承担人的;(四)追索赡养费、扶养费、抚育费案件的权利人死亡的;(五)作为被执行人的公民因生活困难无力偿还借款,无收入来源,又丧失劳动能力的;(六)人民法院认为应当终结执行的其他情形。"很明显,本案不符合终结执行的条件。故A项错误。

B项考查终结本次执行。《民诉法解释》第519条规定,经过财产调查未发现可供执行的财产,在申请执行人签字确认或者执行法院组成合议庭审查核实并经院长批准后,可以裁定终结本次执行程序。依照前款规定终结执行后,申请执行人发现被执行人有可供执行财产的,可以再次申请执行。再次申请不受申请执行时效期间的限制。本案不符合终结本次执行的条件。故B项错误。

C项考查中止执行。《民事诉讼法》第256条规定:"有下列情形之一的,人民法院应当裁定中止执行:(一)申请人表示可以延期执行的;(二)案外人对执行标的提出确有理由的异议的;(三)作为一方当事人的公民死亡,需要等待继承人继承权利或者承担义务的;(四)作为一方当事人的法人或者其他组织终止,尚未确定权利义务承受人的;(五)人民法院认为应当中止执行的其他情形。"本案不符合中止执行的条件。故C项错误。

按照民事实体法的规定,合伙人对合组织承担无限连带责任。《民诉法解释》第473条规定,其他组织在执行中不能履行法律文书确定的义务的,人民法院可以裁定执行对该其他组织依法承担义务的法人或者公民个人的财产。因此D项正确。

6.龙前铭申请执行郝辉损害赔偿一案,法院查扣了郝辉名下的一辆汽车。查扣后,郝辉的两个哥哥向法院主张该车系三兄弟共有。法院经审查,确认该汽车为三兄弟共有。关于该共同财产的执行,下列哪些表述是正确的?(　　)(2017)

A.因涉及案外第三人的财产,法院应裁定中止对该财产的执行

B.法院可查扣该共有财产

C.共有人可对该共有财产协议分割,经债权人同意有效

D.龙前铭可对该共有财产提起析产诉讼

【答案】BCD

【考点】案外人执行异议

【解析】《最高人民法院关于人民法院民事执行中查封、扣押、冻结财产的规定》第14条规定:"对被执行人与其他人共有的财产,人民法院可以查封、扣押、冻结,并及时通知共有人。共有人协议分割共有财产,并经债权人认可的,人民法院可以认定有效。查封、扣押、冻结的效力及于协议分割后被执行人享有份额内的财产;对其他共有人享有份额内的财产的查封、扣押、冻结,人民法院应当裁定予以解除。共有人提起析产诉讼或者申请执行人代位提起析产诉讼的,人民法院应当准许。诉讼期间中止对该财产的执行。"据此,B、C、D三项正确,A项没有规定。

7.付某诉甲公司借款纠纷一案,法院主持作出调解书:甲公司以其位于A地工业园区厂区内的所属地上附着物抵偿借款。因甲公司到期未履行民事调解书确定的义务,付某向法院申请强制执行。执行中,法院发现工业园区管委会已经拆除了甲公司在该园区建设的部分地上附着物,并允许其他企业入驻建厂。双方当事人就折价赔偿一事未能达成协议。法院此时应该如何处理(　　)(2018年)

A.中止执行,申请执行人另诉请求赔偿

B.终结执行,申请执行人另诉请求赔偿

C.法院按照原来的借款数额继续执行

D.应当裁定折价赔偿或按标的物的价值强制执行被执行人的其他财产

【答案】B

【解析】《民诉法解释》第494条规定:"执行标的物为特定物的,应当执行原物。原物确已毁损或者灭失的,经双方当事人同意,可以折价赔偿。双方当事人对折价赔偿不能协商一致的,人民法院应当终结执行程序。申请执行人可以另行起诉。"本案中,作为该园区建设的附着物属于特定物,已被拆除,法院无法执行,故应当终结执行,申请执行人可以另行起诉。故本题答案为B。

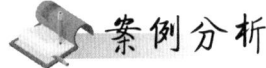

案例分析

2017年7月8日,家住朝阳区的甲向海淀区法院起诉乙,要求法院判决乙交付合同项下的三辆小轿车。法院于8月15日作出一审判决,判决乙在判决生效后1个月内向甲支付价值30万元的A、B、C三辆小轿车,并承担全部诉讼费用。乙缴纳了诉讼费用,但并没有将小轿车交给甲,上诉期满,双方均未上诉。10月12日,甲向法院申请强制执行,法院接受了申请,指派执行员丙负责执行。在执行中,乙的朋友丁提出异议,主张其中一辆小轿车是其所有的财产,丙经过审查认为异议理由不成立,驳回了丁的异议。10月18日,甲与乙告知丙达成和解协议:A、B两辆小轿车折算成人民币20万元,乙在2017年12月31日前向甲交付;C轿车折算成人民币7万元,在2018年10月底之前将7万元交给甲,丙将协议内容记入笔录并由双方当事人签名。2017年12月底,乙按照协议约定,交付20万元现金。2018年11月,由于乙不愿意交付剩余的7万元现金,甲向原申请强制执行的法院申请恢复执行原生效判决,法院接受申请后,作出执行裁定:责令乙在执行裁定送达之日起10日内,将A、B、C三辆小轿车交付给甲,甲退还20万元现金。①

问:(1)甲应向哪个法院申请强制执行?应在什么期间内申请强制执行?

(2)如果丁提出的异议理由成立,人民法院应当如何处理?

(3)甲、乙之间达成的和解协议是否有效?为什么?

(4)法院接受甲恢复原生效判决的申请是否正确?作出的执行裁决是否正确?为什么?

---

① 参见法律考试中心组编:《2015年司法考试辅导用书配套测试题解》,法律出版社2015年版,第二十一章案例题。

第六讲　涉外诉讼程序

【案情】桑兰在美国打官司

1998年7月,17岁的桑兰在第四届友好运动会的一次跳马练习中受伤,造成颈椎骨折,胸部以下高位截瘫。那一次的事故令桑兰不得不终日与轮椅为伴,而她在其后表现出的乐观与坚强也博得了公众的不少好感。桑兰在自己的微博中令人意外地再度谈及已被尘封多年的往事,她透露,当年的"事故"并非"意外",当时她的动作变形是因为在她练习时有一名教练临时撤走垫子,"这种干扰直接导致我空中姿态犹豫,最后导致今天的结果。如果诉讼,我将不会起诉这名教练。但主办方对场地管理以及秩序混乱是导致事故的原因"。桑兰强调,之所以时隔多年再提旧事,是因为当年的一些外界因素不允许她"寻求说法","12年后我的教练和当年的许多当事人已经退休,和原单位已经没有什么关系,如果我现在对事故责任方采取法律措施,那么这些当年的'证人'就不会被单位再次下达封口令。显然,我也可以通过法律武器来保护自己"。桑兰表示,因为诉讼准备等方面的保密性,不能接受媒体的采访。她的经纪人黄建在此间通过电话确认,桑兰发布微博并非一时冲动,她早就着手收集当年受伤事件的相关资料,准备打这样一场跨国官司。桑兰还在微博中暗示,中国国家体操队在她受伤后12年间不闻不问,"我在北京生活了12年,每年的体操队春晚都没人邀请我。前些年王钧副局长来家看望我,要求体操队邀请我参加他们的春晚,我才有幸回了一次体操队。想当初领导们求某央视体育主持人说:'你们别报桑兰啦,都没人练体操了'"。桑兰又指,国家体操队对她不闻不问,却干扰她接受采访,曾有美国记者报道她伤后待遇差,体操队领导闻讯后打电话骂她,要她改口。2011年4月初,负责为桑兰维权的9人律师团队已在美国组建完毕,预计将于本月下旬启动诉讼程序。索赔赔偿金额或近亿美元。谈及即将开始的这次维权之旅,桑兰显得十分平静,"没有太多期待,心情也很平静,毕竟我已经历过太多不顺利的事,心态趋于成熟。但我相信法律的公正"。这支律师团中有一名华人律师,其余8人为美国当地知名律师,他们均具有丰富的伤害索赔案件经验。律师团与桑兰签署了风险代理协议,官司打不赢不收取代理费。律师团已在美走访了当年经历过桑兰受伤事件的相关证人,并收集了部分证言,还找到一些当年报道桑兰受伤的新闻视频截图。目前,他们已经准备好所有与本次诉讼相关的资料和手续,约两周后将向当地司法部门递交立案申请。据悉,律师团在美收集资料期间得到了当地华人、华侨团体的鼎力支持。目前,多名华侨商会领袖共同为桑兰组建了"维权后援会",将在她赴美参加诉讼时提供精神和物质帮助。

2011年4月28日诉状已由其美国的代理律师提交给位于纽约市曼哈顿区的美国纽约南区联邦地方法院,目前法院已经立案并发出有关传票。这份诉状的索赔金额总计18亿美元。根据桑兰代理律师海明的介绍,这份诉状的起诉对象包括5个机构和3名个人,分别是:美国时代华纳公司、美国体操协会、TIG名下的两家保险机构、一家名为RIVERSTONE的保险代理公司、友好运动会创始人前时代华纳副董事长特德·特纳、桑兰受伤后在美监护人刘国生、谢晓虹夫妇两人。起诉书总共列举了针对上述8个被告的18项控罪,每一项的索赔金额均为1亿美元,其中包括违反协议、违反美国残疾人法、违反纽约州及纽约市人权法、违反美国1964年民权法、违反纽约州保险法、不当得利、侵占财产、未履行监护职责、诽谤、民事共谋、侵犯个人隐私等控罪。海明称,作为友好运动会的组织者,美国时代华纳公司、美国体操协会对桑兰的受伤直接负责,组织方甚至没有给桑兰这样的与会运动员上意外保险,只保了1000万美元的医疗看护保险。即便如此,美国的保险公司并没有按照保险条约,负责桑兰终身医疗看护,过去13年来,保险公司以只负责在美国的医疗保险为由,拒绝承担美国以外地区的医疗看护费用,这存在歧视,违反民权法和保险法。对于刘国生、谢晓虹夫妇,海明称,作为监护人,他们没有很好地履行应尽的责任,当年桑兰只有17岁,还不到法定提起诉讼的年龄,但作为监护人应该替她去争取权益。另外,根据起诉书,刘国生、谢晓虹夫妇在担当监护人的过程中,还存在不当得利、侵犯隐私等行为。关于为什么将每项控罪的索赔金额定在1亿美元,海明解释,这在美国是很正常的,不仅代表事情的严重、危害的重大,也是确保客户损失得到完全赔偿的手段。具体的赔偿金额将由法官和陪审团裁定。另外,桑兰如果没有受伤,或许能成为世界冠军,其中的损失很难估算。关于诉讼期限,海明称,18项控罪中的部分诉讼有效期的确已经过去,但也是有原因的,一些诉讼还是在时效期内的。对于为什么拖到现在才提告,海明称,当时桑兰的确遇到某些方面的压力。据海明介绍,目前桑兰已经出现肌肉萎缩、骨关节病变等状况。这也更需要她通过法律手段为自己讨个说法。海明称,并不指望18项控罪都能成立,只要有几项控诉成功就可以了,此案已申请陪审团裁决,他们会作出公正判决的。

[桑兰天价官司始末]

2011年4月28日,桑兰向纽约南区联邦法院递交起诉书,起诉美国时代华纳、美国体操协会、TIG保险公司以及刘国生、谢晓虹等8个机构和个人。

2011年4月29日,桑兰向法院提出18项指控,每项索赔1亿美元,共计18亿美元,法院立案,发出传票。

2011年5月5日,经纪人暗示刘国生、谢晓虹夫妇放纵儿子猥亵桑兰,次日,桑兰就猥亵案报案。

2011年5月13日,桑兰向法院递交起诉书的第一次修改稿,增加被告律师莫虎、谢晓虹之子薛伟森和15名网友为被告,起诉"罪名"增加到21项,索赔金额达21亿美元。

2011年10月31日,海明辞呈获得法院批准,海明与桑兰成为相互被告的关系。

2012年2月27日,海明在出席桑兰案和解会议的时候,与刘国生、谢晓虹和莫虎达成了口头和解协议。在此基础上,双方后来商定了"九点和解协议"。

2012年3月2日,海明签署了《公开道歉》,公开向被告刘国生、谢晓虹、莫虎和薛伟森道歉,承认包括性侵在内的指控"欠缺依据、明显恶意和不符合纽约州法律",对被告"造成严重伤害",表示"非常后悔"。莫虎于同日递交了法庭动议,请求法官撤销对海明惩罚,但是保留了对桑兰进行惩罚的要求。

点评:桑兰的跨国官司如同连续剧,跌宕起伏,高潮不断,并且剧情悬疑,大有未到剧终时,让人无法知道其中真相的感觉。桑兰是勇敢的维权斗士,还是被人利用的棋子,世人无法得知,或许只有桑兰、海明等这些当事者最清楚。无论结果如何,希望桑兰都能尽快走出这段经历,毕竟打官司不是她生活的全部。

知识结构回忆

涉外民事诉讼程序是人民法院审理具有涉外因素的民事案件时所适用的程序。

一、涉外民事诉讼的一些原则

(一)适用我国民事诉讼法原则

《民事诉讼法》第 259 条明确规定:"在中华人民共和国领域内进行涉外民事诉讼,适用本编规定。本编没有规定的,适用本法其他有关规定。"

(二)优先适用我国缔结或者参加的国际条约原则

《民事诉讼法》第 260 条规定:"中华人民共和国缔结或者参加的国际条约同本法有不同规定的,适用该国际条约的规定,但中华人民共和国声明保留的条款除外。"

(三)司法豁免权原则

《民事诉讼法》第 261 条规定:"对享有外交特权与豁免的外国人、外国组织或者国际组织提起的民事诉讼,应当依照中华人民共和国有关法律和中华人民共和国缔结或者参加的国际条约的规定办理。"

(四)委托中国律师代理诉讼原则

《民事诉讼法》第 263 条规定:"外国人、无国籍人、外国企业和组织在我国人民法院起诉、应诉,需要委托律师代理诉讼,必须委托中国律师。"

《民事诉讼法》第 264 条规定:"在中华人民共和国领域内没有住所的外国人、无国籍人、外国企业和组织委托中华人民共和国律师或者其他人代理诉讼,从中华人民共和国领域外寄交或者托交授权委托书,应当经所在国公证机关证明,并经中华人民共和国驻该国使领馆认证,或者履行中华人民共和国与该所在国订立的有关条约中规定的证明手续后,才具有效力。"

(五)使用我国通用的语言、文字原则

《民事诉讼法》第 262 条规定:"人民法院审理涉外民事案件,应当使用中华人民共和国通用的语言、文字。当事人要求提供翻译的,可以提供,费用由当事人承担。"

二、涉外民事诉讼管辖

(一)特殊地域管辖(牵连管辖)

《民事诉讼法》第265条规定,因合同纠纷或其他财产权益纠纷,对在中国领域内没有住所的被告提起诉讼,如果合同在中国签订或者履行,或者诉讼标的物在中国,或者被告在中国有可供扣押的财产,或者被告在中国设有代表机构的,可以由合同签订地、合同履行地、诉讼标的物所在地,可供扣押财产所在地、侵权行为地或者代表机构住所地人民法院管辖。

1.适用范围:因合同纠纷或者其他财产权益纠纷,被告为在中华人民共和国领域内没有住所的当事人。

2.适用条件:合同在中华人民共和国领域内签订或者履行,或者诉讼标的物在中华人民共和国领域内,或者被告在中华人民共和国领域内有可供扣押的财产,或者被告在中华人民共和国领域内设有代表机构。

3.管辖法院确定:案件可以由合同签订地、合同履行地、诉讼标的物所在地、可供扣押财产所在地、侵权行为地或者代表机构所在地人民法院管辖。

(二)涉外专属管辖

根据《民事诉讼法》第266条的规定,因在中华人民共和国履行中外合资经营企业合同、中外合作经营企业合同、中外合作勘探开发自然资源合同发生纠纷提起的诉讼,由中华人民共和国人民法院管辖。

(三)涉外协议管辖

《民诉法解释》第531条规定:"涉外合同或者其他财产权益纠纷的当事人,可以书面协议选择被告住所地、合同履行地、合同签订地、原告住所地、标的物所在地、侵权行为地等与争议有实际联系地点的外国法院管辖。依照民事诉讼法第三十三条和第二百六十六条规定,属于中华人民共和国法院专属管辖的案件,当事人不得协议选择外国法院管辖,但协议选择仲裁的除外。"

(四)告知向更为方便的外国法院起诉

《民诉法解释》第532条规定:"涉外民事案件同时符合下列情形的,人民法院可以裁定驳回原告的起诉,告知其向更方便的外国法院提起诉讼:(一)被告提出案件应由更方便外国法院管辖的请求,或者提出管辖异议;(二)当事人之间不存在选择中华人民共和国法院管辖的协议;(三)案件不属于中华人民共和国法院专属管辖;(四)案件不涉及中华人民共和国国家、公民、法人或者其他组织的利益;(五)案件争议的主要事实不是发生在中华人民共和国境内,且案件不适用中华人民共和国法律,人民法院审理案件在认定事实和适用法律方面存在重大困难;(六)外国法院对案件享有管辖权,且审理该案件更加方便。"

(五)中国法院与外国法院均享有管辖权时的处理方式

《民诉法解释》第533条规定:"中华人民共和国法院和外国法院都有管辖权的案件,一方当事人向外国法院起诉,而另一方当事人向中华人民共和国法院起诉的,人民法院可予受理。判决后,外国法院申请或者当事人请求人民法院承认和执行外国法院对本案作出的判决、裁定的,不予准许;但双方共同缔结或者参加的国际条约另有规定的除外。外国法院判决、裁定已经被人民法院承认,当事人就同一争议向人民法院起诉的,人民法院不予受理。"

[例1]下列哪些案件只能由中华人民共和国人民法院专属管辖?( )

A.涉外财产权益纠纷案件合同纠纷

B.在中华人民共和国履行的中外合资经营企业合同纠纷

C.在中华人民共和国履行的中外合作经营企业合同纠纷

D.在中华人民共和国履行的中外合作勘探开发自然资源合同纠纷

[例2]居住在法国的商人詹姆与北京市齿轮厂签订了一份中外合资经营企业合同,后双方因合同履行发生争议,经协商,双方约定到德国某县法院进行诉讼。依我国《民事诉讼法》的有关规定,该诉讼应由谁管辖?( )

A.法国的商人詹姆居住地法院管辖

B.中国法院管辖

C.德国某县法院管辖

D.国际法院管辖

[例3]某英籍人士安迪于2012年在甲市A区买了一栋别墅,当年年底,因工作原因回国,将别墅卖给甲市刘某,签订合同但尚未交房。2013年房价上涨,安迪后悔,不愿意履行合同。刘某欲诉至法院,双方协议于B区人民法院进行诉讼,请问关于本案管辖的法院正确的有( )

A.A区人民法院

B.双方协议约定的B区人民法院

C.合同签订地甲市C区人民法院

D.被告住所地英国相关法院

三、涉外民事诉讼中的期间与送达

(一)对在中华人民共和国领域内没有住所的当事人法律文书的送达方式

1.依照受送达人所在国与中华人民共和国缔结或者共同参加的国际条约中规定的方式送达;

2.通过外交途径送达;

3.对具有中华人民共和国国籍的受送达人,可以委托中华人民共和国驻受送达人所在国的使领馆代为送达;

4.向受送达人委托的有权代其接受送达的诉讼代理人送达;

5.向受送达人在中华人民共和国领域内设立的代表机构或者有权接受送达的分支机构、业务代办人送达;

6.受送达人所在国的法律允许邮寄送达的,可以邮寄送达,自邮寄之日起满3个月,送达回证没有退回,但根据各种情况足以认定已经送达的,期间届满之日视为送达;

7.采用传真、电子邮件等能够确认受送达人收悉的方式送达;

8.不能用上述方式送达的,公告送达,自公告之日起满3个月,即视为送达。

[例4] 根据《民事诉讼法》的规定,下列关于送达方式的说法哪些是正确的?(   )

A.涉外案件的诉讼文书,可以采用电子邮件等能够确认受送达人收悉的方式送达

B.经受送达人同意,调解书可以采用传真的方式送达

C.涉外案件公告送达,自公告之日起满6个月,视为送达

D.对居住在外国的中国当事人,可以通过我国驻该国的使领馆代为送达诉讼文书

(二)答辩期限

1.被告在中华人民共和国领域内没有住所的,人民法院应当将起诉状副

本送达被告,并通知被告在收到起诉状副本后 30 日内提出答辩状。被告申请延期的,是否准许,由人民法院决定。

2.在中华人民共和国领域内没有住所的当事人,不服第一审人民法院判决、裁定的,有权在判决书、裁定书送达之日起 30 日内提起上诉。被上诉人在收到上诉状副本后,应当在 30 日内提出答辩状。当事人不能在法定期间提起上诉或者提出答辩状,申请延期的,是否准许,由人民法院决定。

(三)涉外案件的审限

人民法院审理涉外民事案件的期间,不受一审 6 个月和二审 3 个月的审限限制。

四、司法协助

(一)一般司法协助(代为送达文书、调查取证)

外国驻中国使领馆可以向其本国公民送达文书、调查取证,但不得违反中国法律,并不得采取强制措施。

我国法院应外国法院的请求提供司法协助,依照中国法律规定的程序进行,外国法院请求采取特殊方式的,也可以按照其请求的特殊方式进行,但不得违反中国的法律。

(二)特殊司法协助(外国法院判决和仲裁裁决的承认与执行)

1.对外国法院的裁判的承认与执行:可以直接由当事人向我国有管辖权的中级人民法院申请执行,也可以由外国法院按照我国与外国间的条约关系或互惠关系向我国法院申请。

2.对外国仲裁裁决的承认与执行:只能由当事人直接向被执行人住所地或财产所在地的中级人民法院申请执行。

《民诉法解释》第 546 条规定:"对外国法院作出的发生法律效力的判决、裁定或者外国仲裁裁决,需要中华人民共和国法院执行的,当事人应当先向人民法院申请承认。人民法院经审查,裁定承认后,再根据民事诉讼法第三编的规定予以执行。当事人仅申请承认而未同时申请执行的,人民法院仅对应否承认进行审查并作出裁定。"

《民诉法解释》第 548 条规定:"承认和执行外国法院作出的发生法律效力

的判决、裁定或者外国仲裁裁决的案件,人民法院应当组成合议庭进行审查。人民法院应当将申请书送达被申请人。被申请人可以陈述意见。人民法院经审查作出的裁定,一经送达即发生法律效力。"

[例5] 关于外国法院的判决、裁定的承认与执行,下列说法正确的是( )

A.对外国法院作出的发生法律效力的判决、裁定或者外国仲裁裁决,需要中华人民共和国法院执行的,当事人应当直接向人民法院申请执行

B.当事人仅申请承认而未同时申请执行的,人民法院仅对应否承认进行审查

C.承认和执行外国法院作出的发生法律效力的判决、裁定或外国仲裁裁决的案件,由独任庭进行审查

D.与中华人民共和国无司法协助条约又无互惠关系的国家的法院,未通过外交途径直接请求人民法院提供司法协助的,人民法院经审查后决定是否提供协助并说明理由

真题解析

1.达善公司因合同纠纷向甲市A区法院起诉美国芙泽公司,经法院调解双方达成调解协议。关于本案的处理,下列哪些选项是正确的?( )(2016)

A.法院应当制作调解书

B.法院调解书送达双方当事人后即发生法律效力

C.当事人要求根据调解协议制作判决书的,法院应当予以准许

D.法院可以将调解协议记入笔录,由双方签字即发生法律效力

【答案】ABC

【考点】涉外民事诉讼中的法院调解。

【解析】《民诉法解释》第530条规定:"涉外民事诉讼中,经调解双方达成协议,应当制发调解书。当事人要求发给判决书的,可以依协议的内容制作判决书送达当事人。"据此,A、C两项正确。

《民事诉讼法》第97条第3款规定,调解书经双方当事人签收后,即具有法律效力。故B项正确。

《民事诉讼法》第98条规定:"下列案件调解达成协议,人民法院可以不制作调解书:(一)调解和好的离婚案件;(二)调解维持收养关系的案件;(三)能够即时履行的案件;(四)其他不需要制作调解书的案件。对不需要制作调解书的协议,应当记入笔录,由双方当事人、审判人员、书记员签名或者盖章后,即具有法律效力。"达善公司起诉美国芙泽公司的合同纠纷案件,显然不属于不需要制作调解书的案件,是应当要制发调解书的案件,因此所谓在法庭笔录上签字即生效的说法是错误的。故D项错误。

案例分析

2012年4月,中国甲公司同美国乙公司签订了一份货物买卖合同,双方在合同中约定如果合同履行出现争议,则双方应当将争议提交瑞士仲裁机构仲裁解决。甲公司收到货物后,发现货物质量不符合合同的约定。遂于2012年10月10日向中国某人民法院提起民事诉讼,请求乙公司承担违约责任。乙公司于2012年10月25日收到中国某人民法院送达的起诉状副本后,并未就管辖权问题提出异议,并且于2012年11月20日向人民法院提交了书面答辩状,2013年2月1日,该人民法院经审理判决乙公司败诉,并赔偿甲公司经济损失100万美元,同年2月5日,一审判决书分别送达双方当事人。3月7日,乙公司以双方在合同中约定了瑞士仲裁机构仲裁因而一审法院无管辖权为理由提起上诉。2014年4月1日,二审人民法院驳回了乙公司的上诉,维持了一审判决。[①]

问:(1)甲公司和乙公司是否可以约定将合同争议交给瑞士仲裁机构仲裁解决?

(2)乙公司于2012年10月25日收到起诉状副本后最迟应于什么时候提出答辩状?

(3)若乙公司以一审法院严重超过6个月审限为由,提出上诉,是否应当支持?

[①] 参见法律考试中心组编:《2015年司法考试辅导用书配套测试题解》,法律出版社2015年版,第二十二章案例题。

专题二 例题参考答案

第一讲 一审程序

例1:D　　　　例2:ABC　　　　例3:B　　　　例4:ABD
例5:ABCD　　例6:BCD　　　　例7:D　　　　例8:D
例9:CD　　　例10:D　　　　　例11:D

例12:分析:(1)应当适用第一审普通程序审理。(2)即使根据程序选择权,也不得适用简易程序审理,因为这是一宗由中级人民法院管辖的第一审案件,中级人民法院不可以适用简易程序审理案件,简易程序仅适用于基层法院及其派出法庭。

例13:C　　　　例14:B

第二讲 二审程序

例1:B　　　　例2:BC　　　　例3:A　　　　例4:C
例5:C　　　　例6:B　　　　　例7:ABD

第三讲 审判监督程序

例1:最高人民法院既可以提审该案,也可以责令省高级人民法院再审该案。

例2:AB　　　例3:BD　　　例4:C

第四讲 非诉讼程序

例1:B　　　　例2:BD　　　　例3:C　　　　例4:B
例5:ABC　　　例6:D　　　　　例7:ABCD　　例8:BD
例9:AD　　　例10:D

第五讲 执行程序

例1：AC　　　例2：AC　　　例3：D　　　例4：ABCD
例5：A　　　例6：B　　　例7：B

例8：不能。因为被申请人报告财产状况的对象是法院，即被执行人应向法院报告，而不是向申请执行人报告，但是申请执行人可以向法院提出查询申请，法院应当允许，但申请执行人对其查询到的信息负有保密义务。

例9：AD

第六讲 涉外诉讼程序

例1：BCD　　　例2：B　　　例3：AC　　　例4：AD
例5：B

图书在版编目(CIP)数据

民事诉讼法案例与法条教程/丁兆增,林艺容编著.—2版.—厦门:厦门大学出版社,2019.8

(法学案例教学系列)

ISBN 978-7-5615-7554-3

Ⅰ.①民… Ⅱ.①丁…②林 Ⅲ.①民事诉讼法—案例—中国—资格考试—自学参考资料 Ⅳ.①D925.105

中国版本图书馆 CIP 数据核字(2019)第 180427 号

出版人	郑文礼
责任编辑	李 宁
封面设计	李嘉彬
技术编辑	许克华

出版发行	厦门大学出版社
社 址	厦门市软件园二期望海路 39 号
邮政编码	361008
总 机	0592-2181111 0592-2181406(传真)
营销中心	0592-2184458 0592-2181365
网 址	http://www.xmupress.com
邮 箱	xmup@xmupress.com
印 刷	厦门市万美兴印刷设计有限公司

开本	720 mm×1 000 mm 1/16
印张	14
插页	2
字数	238 千字
版次	2019 年 8 月第 2 版
印次	2019 年 8 月第 1 次印刷
定价	52.00 元

本书如有印装质量问题请直接寄承印厂调换

厦门大学出版社
微信二维码

厦门大学出版社
微博二维码